THE IMPULSE SOCIETY

American in the age of instant gratification

冲动的美国

[美] 保罗 · 罗伯茨(Paul Roberts)◎著
鲁冬旭　任思思　冯宇 ◎译

中信出版集团 | 北京

图书在版编目（CIP）数据

冲动的美国 /（美）保罗 · 罗伯茨著；鲁冬旭，任思思，冯宇译 . -- 北京：中信出版社，2021.4

书名原文：The Impulse Society: America in the age of instant gratification

ISBN 978-7-5217-2738-8

Ⅰ . ①冲… Ⅱ . ①保… ②鲁… ③任… ④冯… Ⅲ . ①社会问题–研究–美国 Ⅳ . ① D771.28

中国版本图书馆 CIP 数据核字（2021）第 048355 号

冲动的美国

著　者：［美］保罗 · 罗伯茨
译　者：鲁冬旭　任思思　冯宇
出版发行：中信出版集团股份有限公司
（北京市朝阳区惠新东街甲 4 号富盛大厦 2 座　邮编　100029）
承 印 者：天津丰富彩艺印刷有限公司

开　本：787mm × 1092mm　1/16　　印　张：21　　字　数：318 千字
版　次：2021 年 4 月第 1 版　　印　次：2021 年 4 月第 1 次印刷
京权图字：01–2014–5971
书　号：ISBN 978–7–5217–2738–8
定　价：69.00 元

服务热线：400–600–8099
投稿邮箱：author@citicpub.com

从个人感情到政治、商业，在现在生活的每一个方面，以自我为中心的文化塑造了新的常规和新的预期，从而使人类已经很难像以前那样以文明的、社会的方式行事了。我们无法做出长期的承诺。对所有不能直接或立即与我们发生联系的人和观点，我们越来越难以产生兴趣，我们甚至无法容忍这样的人和观点。我们的同理心弱化了，我们越来越难以相信人类之间有任何共同点，而一旦这种信念崩溃，民主制度也将随之面临挑战。

冲动的美国
The Impulse Society

献给林恩、莫莉、马修和
我的老邻居安妮

THE
IMPULSE
SOCIETY

推荐序一

美国到底怎么了

金灿荣

中国人民大学国际关系学院教授、长江学者、中国未来研究会理事长

孙子曰："主不可因怒而兴师，将不可以愠而致战。"这就是说决策者如果因为一时感情的冲动而做出判断，多半要丧师辱国。这句古训翻译成民间老百姓的俗话，就是那句著名的小品金句——"冲动是魔鬼"。可见，冲动对个人而言可不是什么好事。那么，冲动对于一个国家、一个社会而言，又意味着什么呢？美国记者保罗·罗伯茨的著作对此做出了回答。

全书洋洋洒洒30余万字，从"冲动"这个独特的视角为我们提供了观察当代美国经济演化、社会变迁与政治沿革的切片。这位在美国著作颇丰、多次获奖的资深记者和畅销书作家给读者们描绘的美国是这样的：企业不顾长期社会成本，无耻地追求最快的回报；政治领导人条件反射性地选择短期解决方案，而不是广泛、可持续的推动社会进步的方案；在这里，人们感到自己越来越多地被市场所利用，这个市场痴迷于人们的私人欲望，却忽略了人类的精神幸福或家庭和社区

的更大需求。

上述变化是如何产生的呢？罗伯茨给出的答案是“市场和自我的虚拟融合”。换言之，就是快速发展的技术、腐败的意识形态和商业道德底线结合在一起，将美国社会推向了一个前所未有的状态。

显然，罗伯茨所描述的美国，与我们过去长期以来的“美国印象”大相径庭。但细细品来，似乎一切也都在情理之中。尤其是联系最近四五年来美国社会所产生的种种矛盾和冲突，以及在国际社会的所作所为，罗伯茨的深刻洞见似乎为我们对当代美国的经验感知提供了理论上的诠释。这正是这本书吸引我将它一口气读完的主要原因。

在书中，罗伯茨坦言：

> “我们的经济产出了一系列令人瞠目结舌的个人商品（从智能手机到金融创新产品，再到神奇的保健药品），却不再能产出足够多的公共产品（比如公路、桥梁、教育和科技、预防性的医药产品和清洁能源）。这些公共产品对经济的长期稳定是极为重要的，这些公共产品的缺乏已经对我们的经济和社会造成了负面的影响。我们能制造出等离子电视机、座位加热器、牙齿美白产品以及能一步一步指引你到达最近的潮流酒吧的手机导航软件。但当我们需要解决全球气候变化、金融体制改革、医疗体制弊病或者现实世界中的其他重大问题时，我们却完全不知道该从哪里下手。”

这段直白的叙述让一个已经高度“异化”的“发达工业化资本主义经济”的内生顽疾毫发毕现而又鲜血淋漓地摆在每一个读者面前，并迫使我们去思考：美国到底怎么了？美国是如何一步一步走到这步田地的？

从20世纪80年代开始系统学习国际关系理论，到第一次踏上美国的土地，我从事美国研究和中美关系研究到现在也将近40年了。但说实话，最近10年，尤其是最近三四年来的美国，即使是我也感到非常陌生。现在的美国和我青年时期见到的美国，好像真的是两个国家。这种困惑促使我不断思考美国社会、政治变迁背后的动力与逻辑究竟是什么。

在最近几年的讲座和文章中，我多次提到自由主义的流行可能是造成美国现状的重要原因。这一点与罗伯茨的观察不谋而合。自由主义在哲学中也可以被称作“个体主义”，就是从个体的角度看人与人的关系、人与社会的关系、人与政府的关系。这种思想发展出的经济学就会强调私人企业，并认为自发形成的市场最有效率。而在政治上，个体主义哲学认为政府解决问题，但同时也带来问题，所以主张小政府，强调社会的自主性。在文化层面，这种哲学主张个人英雄主义，反对集体主义。这些形成了一套完整的思想。

但是，人类的天性决定了人是社会性的。英国完成了工业革命后，生产力有了很大提升，人类个体相对于自然和他人都变得比以前安全。因此，英国就出现了现代自由主义，然后风靡了整个西方。现代自由主义确实带来了一些正面的影响，对人类进步是有好处的，但也带来了负面影响：竞争导致了贫富分化，在经济上表现为大危机。贫富分化与政治一结合导致了世界大战。所以，二战之后西方国家实行了一段时间的有社会主义性质的福利资本主义，让社会矛盾得到了很大缓解，但是经济效率下降了。

20 世纪 70 年代时，欧洲、美国和日本的市场都出现了一定程度的停滞，新自由主义应运而生，其标志就是 1979 年的撒切尔革命。新自由主义的特点就是特别喜欢资本、服务于资本。在我看来，它对美国社会造成了破坏。支撑美国的有三大力量：资本、政府和民众。新自由主义使得资本的力量变得非常大，造成了这三者的失衡，酝酿了许多矛盾。

我们不妨把当代美国和历史上的中国做一个类比，这样中国读者们可能更容易理解这本书中的美国社会变迁。古代封建中国有一个特点，就是周期循环。一般来说，新政府刚刚建立的时候都很小、很能干，也相对比较清廉，豪强的力量也很少。这个时候，社会治理起来比较容易，税收不重，老百姓的生活也不错。但是，随着王朝变得稳定，一定就会出现越来越多的豪强，他们强大到一定程度以后政府就拿不到他们的税收。另一方面，政府机构到了后期也会越来越臃肿，效率下降，对社会税收要求也随之变高。这时候，社会就面对着两股压迫的力量，一个是庞大的政府，另一个就是豪强。民众无法承受的时候就会起义，将它们全部摧毁，再重新建立一套。从中国历史的角度看美国，美国也遭遇到了类似的困难。现在美国的华尔街、大资本就相当于古代中国的豪强。与此同时，美国的政府也已经变得很庞大臃肿了。所以民众越来越困苦，矛盾越来越多。这其中就有新自由主义带来的问题。

了解美国社会内部的深刻变化及其背后的动力机制，有助于我们更好地理解美国不断嬗变的对外政策，也包括对华政策、中美关系。今天我们所见到的美国跟以前的美国在性格上就很不一样，以前的美国是很有远见的、愿意承担责任的，比较宽容大度，也很有幽默感。而今天我们面对的是一个分裂、焦虑、冲动的美国。

现在，美国人民以微弱的优势选出了拜登做总统，这或许也是一种自我纠偏吧。作为建制派的代表，拜登和他的民主党执政团队能否消弭过去 4 年来美国一系列非常行为给美国国内社会以及国际社会、中美关系、美欧关系所造成的伤害，我们现在还很难说，需要听其言、观其行。同时，中国人民也要有信心、有战略定力，因为美国的对外行为也不是它一家说了算的，同样取决于国际互动，尤其是与像中国这样的大国之间的战略互动。换言之，我们把自己的事情做好，把自己的祖国建设得更加繁荣富强，客观上也有帮助美国人民纠偏的功效。

最后我想说的是，这本书作者即便通篇痛心疾首、针砭时弊，目睹美国困境加剧而“直面惨淡的人生，正视淋漓的鲜血”，但他仍不忘给他的美国读者指出光明之所在，坚持认为美国社会还有能够发现希望的迹象。他尤其为当下一些普通美国人对不受约束的市场的底线价值观所进行的反抗鼓与呼。这样的拳拳爱国之心不仅让我深受感动，更引起我的深思：一个在高度“异化”的“发达工业化资本主义经济”内浸淫多年的记者，尚能以如此清醒的头脑针砭时弊、恳切直言，同时又“不忘初心”，总想着为自己的祖国和同胞指出一条向善、向着光明、回到真实而持久的美好世界的道路，那么我们呢？面对这“百年未有之大变局”，身处“比历史上任何时期都更接近中华民族伟大复兴的目标”的好时代，又怎能不擦亮初心、奋发向前呢？

只争朝夕，不负韶华。

与读者诸君共勉。

是为序。

THE IMPULSE SOCIETY

推荐序二

将“美国病人”置于心理学的解剖台上

赵向阳博士

北京师范大学经济与工商管理学院副教授

如果您只想浅浅地了解一下美国为什么会相对衰落，我建议您读一下诺贝尔经济学奖得主斯蒂格利茨的《美国真相》（从经济学和制度理论的视角进行剖析），或者旅美华裔历史学家许倬云先生的《许倬云说美国》（从宏观大历史的角度，结合个人生活经验来解读美国），但是，如果您想深入研究美国的“病根”，理解我们所生活的这个时代，推荐阅读《冲动的美国》。

在我看来，作为一个记者，该书作者保罗·罗伯茨对问题的分析深度和渊博的知识储备已经超过了绝大多数学者，《冲动的美国》读来令人感到震惊，或者感到汗颜。相比其他同主题的作品，这部作品基于一种更加底层的逻辑，也就是心理学的视角，他把问题的根源追溯到了 20 世纪 70 年代（越南战争、石油危机之后）消费主义的兴起（或者准确地说，消费主义和新自由主义经济学两者相伴而生）。商家处心积虑地贩卖焦虑，诱惑消费者即时满足、过度消费，这导致自我和市场过度融合，甚至被市场吞噬。美国人民放弃了曾经持有的那种建设性的、可持续的价值观（以生产为中心、长期导向、“我们”高于“我”等），而采用一种短视的、以自我为中心的价值观（单纯强调效率、客户满意度、创新无止境而摒弃了传统价值的可取之处、股东价值最大化等）。

从个人心理到消费者行为，从企业经营到宏观经济，从宏观经济到政治制度，从国内政治到全球局势，罗伯茨抽丝剥茧，层层递进，分析严密，读来非常“烧脑”，需要我们静下心来反复咀嚼，才能理解其中的逻辑。今天美国日益严重的贫富分化、难以调和的政党纷争、民意撕裂、民粹主义和仇外情绪等，可以说都是冲动消费的直接或者间接产物。从政治上看，美国各个党派放弃了对长期政治目标的承诺（比如，美国国内糟糕的基础设施建设，美国是西方发达国家中唯一不接受全民医疗保险的国家等），转而选择暂时性的、收益率最高的党派主义的策略，以迎合愚蠢而短视的选民。而华尔街的金融资本家和硅谷的高科技企业家更是如此，他们相互勾结，以创新之名推波助澜，激发人们的欲望，堪称火中取栗。美国甚至世界，已经被他们推向了失控的境况，很少有人再拥有安全感和内心的宁静。

反观中国，我们在某些方面也面临着与美国相似的困境，让人感到非常悲观。但相比之下，中国有强大的政府和悠久的文化传统，我们或许可以超越这种短视和即时满足，采取一致性的集体行动，解决重大而长远的问题，让我们的后代生活在一个可持续发展的、有一定的安全感的、没有完全失控的世界。“他山之石，可以攻玉”，阅读《冲动的美国》不是要幸灾乐祸，而是为了更好地理解中国，建设一个更加平衡的社会。

THE IMPULSE SOCIETY

目 录

THE IMPULSE SOCIETY

导论

在西雅图以东不到半个小时车程的地方，坐落着美国第一座帮患者戒除“技术毒瘾”的康复中心。这所康复中心的名字叫作“重新开始”。这里距离微软、亚马逊及其他数字革命时代的支柱公司的总部并不远，然而这条蜿蜒的乡间小路却仿佛引领我们走向一扇不为人知的窗户。透过这扇窗户，可以看到我们即将迎来的更广阔世界的全貌。这间康复中心的大部分患者正试图戒除网游。这些患者都曾出现强迫性网游成瘾的症状，而这严重影响了他们的工作、人际关系以及未来的幸福指数。对不熟悉这个世界的人来说，这种成瘾现象也许很难理解，但当你倾听过这些患者的故事，你就会慢慢理解他们的感受。在一间能够眺望草坪的起居室中，29 岁的布雷特·沃克讲述了他与网游《魔兽世界》的故事。《魔兽世界》是一款非常受欢迎的角色扮演网游，这款游戏为玩家塑造出一个蒸汽朋克的中世纪世界，在这个世界中，玩家将扮演战士等角色。在过去的 4 年中，虽然游戏把沃克的现实生活搞得一塌糊涂，但他在网络世界中拥有着近乎完美的身份：他在《魔兽世界》中拥有无限的权力，并有着黑帮大佬和摇滚明星般的地位。沃克说：“在游戏世界里，我可以做任何我想做的事，我可以去任何我想去的地方。”当他这么对我说的时候，我感受到沃克的语气中混杂着骄傲和自嘲。沃克说：“那个世界是我的避风港和天堂。”

其实沃克自己也理解这种具有讽刺性的情况。沃克花了无数时间扮演网络游戏中的超级英雄，而在现实生活中，网游成瘾使他身体虚弱、一贫如洗，并且在社交上极度孤立——在最严重的时候，沃克甚至几乎不能与人面对面地谈话。事实上，这还不是网游成瘾最深层的效应。有研究显示，高强度、长时间地进行网络游戏活动会改变人类的大脑结构，影响大脑负责决策和自我控制的部分。网游成瘾的这种效果与毒品和酒精的效果类似。网游成瘾会导致患者的感情发展推迟或异常，使患者认为自己无能、脆弱，无法参与社交，也就是自我凌驾于超我之上。用“重新开始”康复中心的创始人之一、网络成瘾治疗专家希拉里·凯什的话说：“这些患者完全被他们的冲动控制。”

这些特点导致网游成瘾者更容易受到网络世界复杂魅力的吸引。游戏公司当然希望游戏玩家玩得越久越好：玩家玩得越久，就越有可能升级游戏。为了达到这个目的，游戏设计者开发了复杂的数据回馈系统，尽可能刺激游戏玩家升级的欲望。随着玩家在虚拟世界中不断前进，他们向游戏公司提供了越来越多的数据，而游戏公司通过对这些数据的分析，把后续的游戏设计得更加逼真。也就是说，玩家玩得越久，游戏公司得到的数据就越多，玩家后续的游戏体验也就越逼真、越吸引人，这样的循环可以不断地继续下去。《魔兽世界》会定期发布升级程序，又称“补丁”，补丁为玩家提供新的武器和技能。要想在《魔兽世界》中继续保有上帝般的权力，玩家就必须使用这些新的武器和技能，因此升级对玩家来说总是有致命的吸引力。所有这一切形成了一个永动机般的循环。这种永无止境的循环既受游戏公司对利润的贪婪所驱动，又是游戏玩家永远无法满足的自我表达欲望所导致的。在彻底放弃《魔兽世界》之前，沃克从不拒绝任何升级的机会。只要有可能取得任何一点额外的权力，沃克都会选择立刻获得这种权力，即使这种游戏世界的权力在不断侵蚀他的现实生活。

从表面上来看，沃克的故事与我们并没有什么关系，因为我们并不会整天沉溺在游戏世界的虚拟战争之中。事实上，这种电子时代的弊病显示的是后工业社会中每个人最终都会面对的一个难题：现在的社会、经济环境总能轻松满足我们的任何欲望，我们究竟应该如何面对这个过于“友好”的社会？在这里，我指的不仅仅是智能电话、搜索引擎、奈飞、亚马逊等各种产品或服务商对使用者偏好的预测。事实上，整个消费者经济的大厦早已悄悄改变了自身的结构，并且日益围绕我们的个人兴趣、个人形象和内在幻想而运作。现在，在北美和英国，甚至在欧洲和日本，要过上一种完全私人定制的生活成了一种很正常的需求。我们用药物和音乐来调适我们的情绪；我们让食物适应我们的过敏症和生活观念；我们通过健身、油墨、金属、手术以及可穿戴技术来私人定制我们的身体；我们可以选择不同的车型来表达我们的品位和态度；我们可以搬去最符合我们社会价值观的社区居住；我们可以找到与我们的政治观点最一致的新闻媒体；我们可以创造一个社交网络，使我们说的每句话、发的每条状态都得到赞美。伴随着每一次交易和升级，伴随着每一次点击和选择，生活离我们越来越近，世界变成了"我们的"世界。

我想，即使我们没有变成网游成瘾者，我们也可以清楚地看到，我们正在尽一切可能，用我们自己的想象和愿望去改变世界的面貌，而这种趋势会导致一些严重的问题。显然，当我们从一个层次的满足迈向另一个层次的满足时，这种追求给我们带来了高额的成本。这方面最好的例子是，最近一次房地产和信贷危机几乎葬送了整个世界经济。但我们面临的问题并不仅仅是简单的过度放纵问题。即使经济正在缓慢地复苏，我们中的很多人仍然觉得不够充实和稳定：如今我们对自我表达的渴求变得如此强烈，导致这种渴求似乎已经摧毁了日常生活的核心结构。实际情况也确实如此，从个人感情到政治、商业，在现在生活的每一个方面，以自我为中心的文化塑造了新的常规和新的预期，从而使人类已经很难像以前那样以文明的、社会的方式行事了。我们无法做出长期的承诺。对所有不能直接或立即与我们发生联系的人和观点，我们越来越难以产生兴趣，我们甚至无法容忍这样的人和观点。我们的同理心弱化了，我们越来越难以相信人类之间有任何共同点，而一旦这种信念崩溃，民主制度也将随之面临挑战。

这种情况并不是最近才出现的。40 年前，丹尼尔·贝尔、克里斯托弗·拉希以及汤姆·沃尔夫等社会批评家就曾警告我们：我们日益增长的以自我为中心的意识正在摧毁战后时代的理想主义与信念。在 1978 年的一次题为"自恋文化"的辩论中，克里斯托弗·拉希曾说："个人主义的逻辑已经把我们的日常生活变成了一场残酷的社会斗争，我们在进行霍布斯所说的'与所有人的战争'，而这种战争摧毁了我们的快乐与存在的意义。”事到如今，当我们再回顾这些悲观者的言论时，我们会发现，他们还远远不够悲观。那个时代的人永远无法想象，在几十年后，以自我为中心和高度自恋会变成主流文化中不可分割的一部分。恐怕他们也从来不曾猜到，如今，个人的自私想法会变成这个社会的共同想法。政府、媒体、学术界，尤其是商界，曾经帮助我们平衡对即时自我满足的不当追求，如今它们自身却越来越多地沉醉在这种自私的追逐中。一个又一个板块在这种文化中沦陷，不管在大的尺度上，还是在小的尺度上，我们的社会都日益变成一个追求即时满足的社会，却对这种追逐的后果不加考虑。这就是我们目前生活于其中的“冲动的社会”。

我所描述的这种传统文化已经超越了消费者文化的范畴。随着我们对即时回报的不断追求，一整套社会经济体系因此而启动，并不断自动升温。关于共同行动和个人承诺的传统观念在不断消退。我们的经济曾经创造过长期的、基础广泛的繁荣与富裕，现在却渐渐缺乏缔造这种繁荣的能力。更糟糕的是，目前看来美国的经济似乎被锁定在一个过热—崩溃的循环周期中，而这种周期的幅度还在不断放大。最令人不安的是，美国的政治体制曾经能够合理地动用资源，鼓励人们做出实质性的创新并实现进步，如今却倾向于逃避复杂的长期问题（比如教育改革和气候变化，比如为防止下一次危机的发生而必须进行的金融改革）。让我们来正视这样的事实：3/4 个世纪以来最严重的经济危机本应成为社会重启的契机，本应使我们反思自动升级和关注短期收益的社会经济模型，但实际情况是，我们在危机之后最关注的仍然是经济的能量、企业家的才华以及能在短期内产生最大回报率的创新。事实上，由于经济模型的失灵，我们中越来越多的人已经无力负担对即时满足的追求了，正是出于这样的原因，目前愤怒的民粹主义倾向导致很多国家面临政治瘫痪的局面。但即使在如此糟糕的情况下，我们也没有做出应有的改变和调整。

我们是如何走到这一步的？为什么我们曾经理性而又团结的社会如今变得如此冲动并以自我为中心？在未来几年甚至几十年中，这些变化会如何影响作为个人和作为集体的我们？这些问题是本书将讨论的核心问题。

从某种程度上说，对上述问题的研究是一种高度个人化的经验。正像很多生活在发达国家的人一样，我在生活中常常需要与我们的经济体系艰难相处，因为该体系总是将我想要的东西和我需要的东西混为一谈。因此，我最初的研究重点是习惯了资源稀缺的个人与物质极度丰富的经济体系之间强烈的不匹配现象。然而，我渐渐发现，问题的核心并不是狡猾的市场与容易受骗的消费者之间的矛盾，而是个人与整个社会经济体系之间的关系，这种复杂而重要的关系已经发生了一种宏大的、历史性的变化。比如，我们可以很清楚地看到，在美国的战后时期，今天的这种高度自私的文化并没有如此露骨地占据主流。因此我们可以做出这样的论断：今天自我中心主义的不断升温至少部分源于宗教和家庭等制度的弱化，因为这些制度曾经对自我沉迷的行为起到过限制作用。然而，这里还存在一种更为严格的经济层面上的叙事。美国战后时代无私精神的垮塌始于20世纪70年代的经济动荡时期，显然这种时间上的关联性不仅仅是巧合。经济危机削弱了我们的安全感，也增强了我们的自我保护意识；而经济上的成功也同样助长了自私文化的盛行，因为新经济理念和新科学技术的爆炸式发展使我们的经济能够更快地、更高效地、更个性化地满足消费者的各种欲望。获得个人满足变得如此容易，因此我们常常难以确认自我和市场的界限究竟在哪里。换句话说，我们现在之所以面临困境，不仅仅是因为我们处在经济危机后的正常紧缩阶段，更是因为我们正在经历一场大型的“侵略战争”。市场这台巨大的“侵略机器”一直在加速扫清它与消费者之间的一切障碍，而这场侵略战争现在已经进入了剧烈的最终阶段——市场与我们的自我、经济形势和我们的心理状态正在以前所未有的方式融合。

如果回到一个世纪以前，回到消费者经济产生以前的时代，我们一定会被技术的匮乏所震惊。那时候经济与人之间的距离是那么遥远，人们的经济生活和感情生活是分离的。这并不是说那个时代的人很少参与经济活动，那个时代与现今的区别主要表现在经济活动发生的地方。一个世纪以前，大部分经济活动发生在我们的“外围生活”中，所谓“外围生活”指的是物质的“生产”世界。我们生产各种各样的东西：我们农耕，我们制造手工艺品，我们修鞋，我们钉钉子，我们烘烤食物，我们腌制食物，我们酿酒……我们生产各种各样有形的商品和服务，其价值是相对客观和可量化的——它们的价值不仅取决于市场，还取决于我们物质的、外在的生活需要，而这种需要是很容易度量的。如今，情况几乎完全相反。虽然我们的经济规模变大了许多，但是大部分经济活动（在美国约占 70%）是以消费为中心的。我们消费的很大一部分都具有可选择性——这些消费不是由我们的“需要”驱动的，而是被我们内在世界的无形标准所驱动的：包括我们的理想和希望，包括我们的自我认知和我们秘密的渴望，包括我们的焦虑和我们想克服无聊的心情。由于我们的内在世界在经济中发挥着越来越明显的作用，尤其是由于公司的利润越来越依赖人们瞬间的喜好（这种瞬间的喜好会永不停息地产生），整个市场变得更以自我为中心。于是，整个经济便逐步向人们的自我靠近。有些人甚至认为，自 20 世纪 70 年代计算机革命以来，消费者市场已经进入了自我的内部。如今，市场不仅与我们的欲望和决策不可分割，甚至还与我们的自我认知不可分割。

通常来说，这种市场与自我的融合被描述成一种带有敌意的接管——如果没有商家几十年来的市场宣传和广告洗脑，也许我们仍然生活在生产者经济的田园牧歌之中。但是，市场与自我的融合其实一直在我们的视野之内。一旦消费者成为经济活动和公司利润的中心，自我的死亡就已经注定。市场注定会冷酷无情地改变其复杂的结构和过程，来吞噬消费者的自我，因为只有消费者无穷无尽的自我欲望才能消化发达工业化资本主义经济的各种产出，而这些产出永远不会停止增长。虽然被市场吞没是不可避免的，但我们的自我却会欢迎市场的吞噬，因为如果没有这些不断翻新的产出，我们的内在生活就无法接触这么多美丽的幻想，无法将自我表达的力量持续不断地转移和放大。从这一角度来说，市场对自我的侵占实际上是市场和自我的双赢。

我们当然可以继续辩论这种融合是不是我们想要的东西：我们可以谈论这种融合现象的道德性和可持续性；我们可以讨论是否存在自我与市场的另一种关系，以及自我与市场的另一种关系是否会比目前的关系更好。然而这种融合现象本身已成定局。今天，我们这个以自我为中心的社会经济体系已经如此完善，这个系统受到如此强烈的认同，以至任何进步的意义都要靠这个系统本身来定义。这个系统塑造了我们的期望，控制了我们对成功与失败的度量。这个系统引导了对资源和才华的分配，尤其是决定了我们如何使用创新的巨大能力：苹果的成功正是这种以自我为中心的经济模式的缩影——这个目前市值最高、品牌认同率最高的公司的故事，可以告诉我们很多东西。而上述所有潮流都没有任何减缓的趋势。事实上，如果不对目前的趋势进行严肃的修正，那么这种融合的现象将会随着新技术的产生而不断加速，因为新的技术会帮助市场更好地满足消费者最秘密的喜好，并且能够持续不断地调整和适应这些喜好的变化。市场和自我正融为一体。

但是，市场和自我的融合真的是一件坏事吗？如果我们把一个人从19世纪90年代或者20世纪70年代带到现在，恐怕这个人并不会认为目前以取悦消费者为唯一目标的社会经济体系存在什么巨大的问题。事实上，很多专家会告诉我们，一个被我们的冲动塑造的社会正是自由的象征；而一种由我们的欲望塑造的经济是最好的经济，因为这样的经济能够充分满足我们的愿望。正如亚当·斯密在200多年前所说的那样，如果经济活动中的每一个个人都能自由地追求他们的自我利益（这种自我利益甚至包括他们最微小的欲望），那么这些行为的总和就会让经济以最高的效率运转，并且向大多数人提供最高的效用。（用亚当·斯密的名言来说，通过追求每个人的个人利益，我们像“被一只看不见的手所领导，共同达到一个与我们本意无关的最佳状态”。）以自我为中心的经济确实为我们提供了很多的好处，这一点不容否认。这样的经济产生了很多财富，很多创新，更重要的是创造了很多个人的力量。你我都可以运用这种个人的力量来塑造我们的生活、我们的感情，甚至我们的自我意识。为了获得这种前所未有的自我创造的力量，难道我们不能忍受周期性萧条、党派政治以及过度自恋的文化吗？

也许，我们确实不能。虽然目前的经济希望向我们提供所有我们想要的，但结果是这样的经济并不能向我们提供我们所需要的。我们越是有效地满足了个人的即时欲望，就越难达到一些长期的、对社会有利的条件。是的，这样的经济为我们创造了大量的财富，但这些财富却不再是以前那种稳健的、广泛分配的、让所有社会阶级共同受益的财富了。是的，我们的经济产出了一系列令人瞠目结舌的个人商品（从智能手机到金融创新产品，再到神奇的保健药品），却不再能产出足够多的公共产品（比如公路桥梁、教育和科技、预防性的医药产品和清洁能源）。这些公共产品对经济的长期稳定是极为重要的，这些公共产品的缺乏已经对我们的经济和社会造成了负面的影响。我们能制造出等离子电视机、座位加热器、牙齿美白产品以及能一步一步指引你到达最近的潮流酒吧的手机导航软件。但当我们需要解决全球气候变化、金融体制改革、医疗体制弊病或者现实世界中的其他重大问题时，我们却完全不知道该从哪里下手。

我们常常用“政治失灵”来解释上述难题。这些问题确实反映了一种失灵现象，然而这种失灵现象的根源是市场与消费者心理的过度融合。市场利用了消费者心理中最不应该被鼓励的部分，这种心理特点是我们在进化的过程中形成的——我们过度追求即时的奖励而忽略了未来的成本。我们的整个消费者文化把即时满足上升为人生最主要的目标，这种文化鼓励人们用最直接的、最有效的方法来最大限度地追求这个目标。这种追求即时满足的、忽略长期成本的倾向在整个消费者经济中的所有参与者个体和机构身上都有所体现，这些参与者和机构似乎已经牢牢地控制了我们的整个经济。追求利润永远是最优先的目标。然而我们似乎已经忘记了，过去我们曾有过更广泛的社会责任和预期，认为利润和这些社会责任是不可分割的。如今，这些社会元素已经被贴上了“低效率”的标签，我们试图用最新的科技（比如自动化）和最聪明的商业策略（比如离岸金融）来减少或消除这些社会元素。这种彻头彻尾的实用主义解释了为什么如今的公司利润处于前所未有的高水平上。从公司利润的角度看，我们似乎早已从经济危机中恢复。然而，也正是这种彻头彻尾的实用主义导致我们的劳动者、我们的社区和其他的群体面临着前所未有的不安全感，而这些群体曾经天真地把商业世界当作一种能增强社会稳定的力量。

确实，商业是一种强大的力量，这种力量是我们大部分物质进步的来源。因此，当我们批评现在的商业组织不应该一味地用技术来提高利润，而完全不考虑这些商业行为的社会效应时，我们并不是在表达反商业主义或反技术主义的呼声。技术进步和资源的合理分配曾经提高过我们的整体社会效能，并且推动了很多社会目标的实现。如今，这些技术和资源却被越来越多地运用于“金融工程”之类的领域，而我们都知道这些领域正给我们带来高昂的社会成本。我们清楚地看到，美国和英国的大部分利润曾经来自制造业，如今金融业却成了最大的利润来源。对于令人兴奋的大数据技术，我们不是用它来解决这个时代的很多复杂的问题（先不谈我们误用大数据技术的可能性），而是利用这项技术帮助市场进一步吞噬消费者的自我——我们用大数据技术开发出更多逼真的游戏，更多量身定制的个人技术，甚至把整个数据经济放在离大脑只有几厘米的数字眼镜上。

显然，这并不是经济运行的最优方式。但是，对于一个靠我们的幻想和恐惧来支配的经济体系而言，我们还能期望一些别的什么呢？从更本质的层面上说，对于一种把合作价值、耐心、自我牺牲看得一文不值的文化来说，我们还能期待一些别的什么呢？在目前的文化中，我们不再把自我陶醉和以自我为中心看作一种问题，反而把它们看作所有问题的解决之道。在这样的文化中，自我已经变成了一种“产品类别”，我们欢庆着这种产品类别的合法化。这就是目前社会中我们的“自我”的真实样子，我们的“自我”形象不再是美国人曾引以为荣的那种强有力的、确定的、自信的自我，不再是沃尔特·惠特曼歌颂的那种自我，而是变成了一种腐败的、缺乏安全感的、高度妥协的自我。

最具讽刺意味的是，在这个冲动的社会中，所有对快乐和满足的强调，最终的产物却是焦虑。我们中的大部分人其实都明白，以短期自我利益为目标的文化意味着灾难迟早要发生；至少在潜意识的层面，很多人都明白这一点。我们现有的经济体系每年都制造出更多的贫富不均现象，我们看到政治体系是如此的短视，可以被利益收买而做任何事情，这些现象都导致了愤怒情绪的日益堆积。在情绪的层面，我们也越来越清楚地感觉到，虽然冲动的社会强调个人兴趣的满足，强调“我”高于“我们”的哲学，但这一切只是让我们变得更加难以被满足。想怎么生活就怎么生活的自由是一种神奇的特权，然而我们越是拼命地追求自我的满足，就越会发现一个古老的事实从未改变过：只为自己而活、只为当下而活的理念会严重埋没人们的潜能。

但是，好在我们仍有自救的潜能。上文提到的网游成瘾者布雷特·沃克就通过戒除网瘾拯救了自己。通过逃离网络游戏给予他的持续不断的即时满足，沃克发现在脱离这种自我沉迷之后，自己其实会变得更快乐。也许我们都应该学习沃克的经验。我们的社会通过制造对狭隘的即时满足的预期，把我们变成了和沃克一样的“瘾君子”，使我们陷入了深重的社会和经济危机，导致我们至今未能康复。通过康复治疗，沃克已经戒除了网瘾，而我们却尚未从即时满足的陷阱中逃脱。相反，我们认为问题的解决之道是重建危机前的经济——以自我为中心的经济。正是这样的经济导致了本次危机的发生，重建这样的经济只会重蹈覆辙。

但是，我们完全可以选择一条不同的道路。如果我们确实有意重振整个社会低落的精神面貌，我们首先应该认识到即时满足的社会局限性，这种局限性表现在情绪和金融两个方面。我想强调的一点是，我这样说并不是在质疑“效率”的重要性，通过探索新的技术和方法，达到进展更快、成本更低的效果，这是完全合理的。效率是人类文明的基石，我们需要追求更高的效率来解决我们面临的各种危机：贫富差距的危机、全球气候变化的危机、冲动的社会无法有效解决的各种根本问题所带来的危机。我想要批评的是盲目追求效率的意识形态，这种意识形态弥漫于当代的政治领域，更弥漫于当代的商业领域，它让人们相信以最低的成本达到最高的产出永远是社会的最优先目标。我不否认这种意识形态曾经为我们带来过经济繁荣，但是现在这种意识形态却正在摧毁已有的繁荣。如果我们一心逃避所有劳动的必要，我们如何能修复劳动力市场的问题？如果我们制造的所有产品（包括所有商品和服务、所有成就、所有经验以及所有感情状态）在被制造出来的那一瞬间就已经过时，我们怎么可能制造出任何真正有价值的东西？在这种不断升级换代的经济模型中，我们怎么可能保有传统，怎么可能理解永恒，怎么可能对未来做出长期的个人承诺呢？

我们的自我正变得越来越脆弱，通过这些讨论，我想我们已经找到了背后的原因。我认为这也正是我们的经济多年来持续低迷的真正原因。我们的经济之所以面临危机，并不仅仅是因为资产泡沫的破裂和非理性的经济过热周期。更深层次的原因是，我们的社会经济体系过于关注短期目标，对长期投资的观念极不友好；我们的文化忽略了长期承诺和某些真正永恒的东西，以致我们无法生产出任何真正具有可持续性的社会和经济价值的东西。在一个富有野心的“新兴”社会（如中国、巴西、印度、印度尼西亚等）的时代，这些新兴社会仍以我们过去的价值观来定义产生价值的过程。在这样的情况下，过度关注短期和暂时价值的冲动可能会变成我们这个时代的一个致命弱点。

在冷战结束后的世界中，任何反对资本主义的行为都被认为是非常“过时”的，甚至设想在资本主义之外还存在其他意识形态都被认为是不合时宜的。但是，难道我们不应该至少拥有选择的权力，去决定采取何种形式的资本主义吗？难道我们不应该要求资本主义社会生产真正有价值的东西，创造一个可持续的、平等的、审慎的社会吗？对于巴西、印度、印度尼西亚等国所采取的那种政府严重干预经济市场的制度，我们也许应该持有一定的怀疑态度，但至少这些国家在努力让它们的经济朝某个特定的方向前进，而不是任由盲目追求效率的意识形态推动经济发展。从更本质的层面来说，这些国家用清晰的社会语言定义了经济发展和财富的标准。虽然我们不一定认同这些国家的标准，但我们应该意识到，所谓的“第一世界”用来度量进步的标准现在已变得不可持续了。我们急需一套新的体系来度量经济发展和财富的价值，仅仅用“每股收益”作为度量指标显然是远远不够的。

因此，要解决美国社会的问题，我们首先应该提出一系列的问题：我们希望我们的经济将我们带向何方？我们希望产出何种形式的财富？我们应该如何重新定义财富，让财富的价值评估体系包含社会的可持续性目标，并平衡短期与长期的目标？我们应该如何设计出一套系统，使得经济活动更多地考虑社会效应？我们应该如何教育大众放弃即时满足和狭隘的自我利益，重新建立长期责任感，并建立一种永久性的、稳定的自我意识？

必须承认，在目前的政治文化中，要制定一套体系来平衡上述所有目标几乎是不可能的。看看我们在医疗改革和应对全球气候变暖问题方面所面临的重重困难就知道了。我认为我们在这些方面的失败不仅反映出这些任务的艰巨性和复杂性，而且反映出左派和右派之间不可调和的根本性差异：对于市场的功能、政府的角色、个人的权利和义务，左派和右派都持有相当不同的看法。在美国的政治领域，中间立场是不存在的。

但是，左派和右派之间这种不可调和的理念分歧本身就是一种政治发明。当我开始试图理解美国社会时，我还是一名无可辩驳的自由派人士，对自由放任主义的经济框架非常不信任，并认为对快速的、高效回报的追求正在把我们的整个经济与文化体系碾为齑粉。然而，虽然目前我的经济立场在很大程度上并没有改变，但是在深入研究过这个冲动的社会背后的社会和文化成因以后，我发现自己越来越倾向于得出保守主义的结论。我认为要保持一个稳定的、可持续发展的社会，最关键的社会因素正是那些传统的价值观，比如对家庭和社区观念的强调以及对自律等个人美德的推崇等。我最终得出的结论是，在政治上我们应该兼顾双重目标：通过监管和提供激励机制建设一种更好的经济体系，它应对各种社会效应更加敏感；同时我们应该启发和说服民众放弃追求即时满足和狭隘的自我利益，重新建立长期责任感，并建立一种永久性的、稳定的自我意识。

我得出的这一结论并不独特，在过去40年中，很多社会评论家都得出了与我类似的结论。但是这样的结论使我相信，目前的分歧（右翼和左翼的分歧、自由市场和社会主义的分歧、全能政府和自由个人的分歧）显示的不是本质层面的不同的理念，而是错误的选择。政治上的党派分歧本身就是冲动的社会的产物：各党派放弃了对长期政治目标的承诺，转而选择收益率最高的党派主义策略。对长期政治目标的承诺曾经是工业化社会的政治特点，然而我们的经济模型和技术进步却使我们相信这样的行为是低效率的，从而使我们放弃了上述有益的态度。但是，这种目光更长远的传统政治态度并没有灭绝：虽然在冲动的社会的影响下，世界上很多国家和地区出现了极端主义盛行的现象，但我相信我们中大多数人的政治立场仍然是比较中立的，而且做好了随时改变的准备。

在此，我认为与历史的比较是我乐观态度的真正来源。在历史上，美国曾经解决过很多大规模的、复杂的问题（比如世界战争、经济萧条、种族不平等），我们完全有能力再打一场胜仗。从某些方面来看，我们今天面对的挑战确实更加艰巨。不过我们必须认识到维持现状是没有前途的。

THE IMPULSE SOCIETY

AMERICA IN THE AGE OF INSTANT GRATIFICATION

第一部分

自我社会

第一章　越多越好

这是一个星期五的傍晚，在北西雅图地区的一家苹果专卖店中，我正与五六个中年客户一起参加新 iPhone（苹果手机）功能的学习讨论班。曾经，星期五的傍晚是酒吧时间，属于半价酒精饮料和调情，但是如今购买个人技术用品已经成为最时髦的娱乐项目。本次学习讨论班的教练名叫奇普，是一个 20 多岁的瘦弱小伙子，由于店里的人太多，他必须使用扩音器才能让大家听清他的话。奇普戴着时髦的眼镜，脸上的表情安静又绝望，仿佛在老年旅游巴士上工作的年轻导游一般了无生气。现在，奇普正在教我们使用苹果公司最新的 iPhone 辅助技术 Siri（苹果产品的一项智能语音控制功能），根据苹果公司的宣传，Siri 无所不能，从文字输入到寻找可入住的酒店，再到搜索最好的美式烤肉店，没有什么事是 Siri 不能帮你做到的。Siri 通过所谓的“调整型智能”为我们提供这种前沿的服务。[1] 根据奇普的解释，所谓调整型智能就是，你对 Siri 说的话越多，Siri 的反应和理解能力就会越强，Siri 能帮你做的事情也就越多。苹果公司将 Siri 定义为一款以人为中心的生产力 App（应用程序），也就是说这种软件能够帮助我们在更短的时间内以更高的效率完成更多的任务，因此被视作人机关系方面的一项重要进步。但是，奇普同时也警告我们说，这种强大的能力有时也会令我们感到不安。“老实讲，对着一个机器说话，让机器回答你，告诉你应该做什么，这确实有些奇怪。”当奇普这么说的时候，他脸上带着一种排练好的同情的神色，仿佛试图让我们相信他自己也曾在与 Siri 对话的时候感到过尴尬和羞涩。奇普建议我们首先在家中进行充分的练习，然后再开始在公共场合使用 Siri。“但是相信我，经过几天的练习，你们就能够泰然自若地公开使用 Siri 了。”

虽然奇普对 Siri 的功能进行了庄严的演讲，但是当 Siri 在 2011 年首次推出的时候，却受到了一些并不友好的批评。除了一些十分具体的抱怨（比如 Siri 听不懂布朗克斯口音）以外，还有很多评论对 Siri“生产力促进者”的角色表示嘲笑。确实，在苹果的 Siri 广告中，Siri 的使用方法（“Siri，给我来杯拿铁咖啡”，“Siri，快播放我跑步用的音乐”）看起来并不能提高生产力，而只是为无聊的雅皮士们提供一些随手可得的数字娱乐而已。[2] 苹果一向善于制造一些技术乌托邦式的媚俗洗脑广告（苹果平板电脑被形容为“一扇魔力的窗口，让你与你所爱的东西之间保持零距离”），来辅助公司以激进闻名的新产品推出战略（一旦该产品的利润空间下降，苹果公司就立刻推出新的产品），因此我们不难看出，Siri 只是苹果向客户提供的一根特别具有吸引力的胡萝卜而已。

几天之后，我让 Siri 帮我设置一个 5 分钟的计时器，而 Siri 立即照做，虽然我对苹果公司的产品抱有不太友好的想法，但在那一刻我仍然感到惊喜与激动。我让 Siri 通知我的儿子，因为越野训练我必须迟一点去接他，Siri 立刻给我儿子发了一条短信，短信中的文字与我的口述一字不差。我要 Siri 帮我查找昨晚西雅图水手队的比赛分数，我让 Siri 告诉我明天的天气，我让Siri大声读出我收到的短信，这些任务她都一一照做，分毫不差。虽然一开始有些尴尬，但随着Siri渐渐熟悉我说话的规律，她对任务的完成也变得越来越顺畅。我无法否认在这个过程中我感到的快乐，当我开始下载其他生产力型的App（包括网上银行集成App，记录我慢跑时卡路里消耗的App，让我俯瞰这个城市甚至可以偷窥邻居后院的App）时，我的内心弥漫着一种奇怪的激动与快感。我仍然无法理解为什么这些工具号称可以提高生产力，实际上我非常确定因为玩手机我的工作效率下降了，但是，这些App确实让我感觉很棒，这种激动和快感是深层次的、发自内心的。我相信当我们的祖先能够轻松快速地找到食物、住宿、性伴侣的时候，他们脑中也曾释放过同样的化学物质。我意识到，苹果公司真正的产品是这种生物化学性的刺激。很多人批评苹果公司的产品徒有其表而实质空虚。但实际上，苹果公司和其他个人技术公司（比如谷歌、微软、脸书等）所售卖的产品确实是一种生产力：这种生产力就是让人们通过最少的努力，快速获得最高水平的瞬时快感的能力。

显然，这并不是亚当·斯密式的生产力。对经济学家而言，生产力意味着效用的最大化、成本的削减和提高人们的生存能力（比如用更有效率的方法产出一桶谷物，使得单位粮食产出所消耗的劳动力时间更短）。那种经典意义下的生产力帮助我们的祖先免于饥饿和贫穷，免于物质的匮乏。但是，要评判苹果公司的压倒性成功（目前苹果公司的市场价值已经超过了美孚石油公司，虽然后者的产品对人类来说更加必不可少），以及个人技术发展带来的好处（消费者每年在智能电话和平板电脑上花费250亿美元），我们必须认识到这种新的、更个人化的生产力，从某种更深的层次上来说与其他的生产力一样重要。我们不仅愿意花费大量的金钱为这些技术埋单，而且我们像原始社会的猎手和采集者一样，高度关注这方面的动向，期盼着这种生产力的每一点新进步。只要新的产品上架，我们便迫不及待地第一时间将它们买回来，这种狂热和我们的祖先对新武器和新工具的狂热如出一辙。这种随时随地对更高效率和更高生产力的狂热追求，正是冲动的社会的核心，也是本书的出发点。

靠我们对生产力的狂热追求来赚钱的公司早已有之，今天的大型技术公司根本谈不上是这方面的先驱。早在100多年前，欧洲和美国尚处于混乱的工业化进程之中，人们周期性地面临着经济的崩溃和物资的短缺，那时候就出现了一个完整的行业，来帮助我们以最少的成本获得最多的产出。人类社会诞生了各种各样的生产力专家：弗雷德里克·泰勒教会经理人如何让工人生产更多的产品。《效率优化者》一书的作者爱德华·普林顿，告诉读者如何把低效率的活动从生活中清除出去，这些低效率的活动包括午后茶会、有礼貌的谈话、使用4套餐叉的餐桌礼仪。[3]但是更强大的生产力专家，是工业主义的实业家们，他们建起了超高效率的工厂，大规模生产世界上的第一批生产力产品：灯油、罐头汤、连发步枪、打字机、洗衣机以及其他让我们能在更短时间内完成更多任务的工具。在这些实业家中，影响力最大的是亨利·福特，在他的努力下，大规模的汽车生产成为可能，这一创新对个人产出起到了前所未见的促进效果，甚至完全改变了个人的生活体验和个人的定义。

亨利·福特是为提高个人生产力而生的。他出生在底特律郊外的一个农场，对于农民来说，只要任何新的工具和方法能让他们用一小时的人工生产出更多的农产品，这些工具和方法就能充分激发他们的狂热和激情。对生产力的这种农民式的追求流淌在亨利·福特的血液中，他将这种追求作为他所开办公司的核心原则。当他的竞争对手还在为镀金时代①的子孙

---

① 镀金时代：指美国内战后的繁荣时期，约1870—1898年。——译者注

们手工制作豪华轿车的时候，亨利·福特已经创造出了福特T型车，他的目标是以足够低的成本为大多数人生产汽车。为了做到这一点，亨利·福特不仅生产出了简单耐用的汽车，还创造了一个新的生产系统，这个新系统的核心是世界上第一条流水生产线。这个高效率的系统使得亨利·福特能够大批量生产汽车，从而取得规模化效应带来的效率提高。随着福特汽车公司每月的汽车产量越来越高，每辆汽车所分摊的固定成本越来越低。换句话说，生产一辆汽车变得更便宜了，这使得亨利·福特能够逐渐降低汽车的单位售价，从而吸引更多的购买者；而销售量的上升进一步提高了汽车的产量，导致汽车售价进一步降低，如此循环。1923年，亨利·福特已经把福特T型车的售价从每辆850美元（约相当于今天的21 000美元），降到了每辆290美元（约相当于今天的4 000美元）。这个价格相当于一位普通工人年工资的1/3，更重要的是，这个价格只相当于马车价格的一半，而马车是当时标准的个人交通工具。

换句话说，中等收入的市民也买得起汽车，也可以享受前所未有的个人权力升级。当时的马车每小时约能行进8英里[①]（需要随时暂停让马匹休息、进食、饮水），而福特T型车可以轻松达到每小时40英里的速度，并且可以连续行驶200英里不用加油，这就让个人的交通能力提高了5倍。当然，在拥挤的都市中，汽车可能无法充分发挥速度上的优势。但是，直到今天，我们中的大多数人仍然住在美国的农村地区，这里遥远的距离造成了经济和社会上的深度隔离，因此汽车所带来的个人权力的提升完全改变了人们的生活。现在，一个农民家庭往返最近的城镇只需一小时，而以前这需要花费整整一天。现在，医生可以及时赶到农村居民的家中挽救患者的生命。销售员可以在5倍于从前的地域范围内推销。年轻的夫妇们

① 1英里≈1.61千米。——编者注

（我们的曾祖父母）可以逃离压抑、刻板、受左邻右舍监视的乡村生活。正如社会学家丹尼尔·贝尔所说，随着福特的技术突破，仅仅过了几年的时间，汽车就变得如此便宜和普及，“小镇的男孩和女孩都可以轻松驱车20多英里去路边的旅馆跳舞，而无须忍受邻居监视的目光”。[4]从前只有精英阶层才能享受的自由，如今几乎每个人都可以享受到，而正是随着这种自由的普及，产生了“自我”这一概念。

福特的新生产技术的影响力远远超出了个人汽车的领域。20世纪20年代，福特发明的新商业模型几乎重塑了美国的整个经济模式。随着其他生产厂家学习福特的方法，市场上出现了无数种普通人能买得起的新工具，从家用电器到半成品食品，再到电话和收音机，每一种产品的上市都标志着个人权力的进一步提升。虽然并不是每种商品的影响力都和汽车一样大，但是在那个普通人必须依靠某种巨大的非个人力量施舍的仁慈才能生活下来（尤其是商业精英可以为了追求个人利润，而随时无情地碾压普通人）的时代，个人权力的小小提升就能完全改变人们的生活。为了满足人们日益高涨的需求，新的企业家不断开发出新的产品。更多的工厂被建立起来，人们发明了更高效的生产线和生产工序，这些新的工厂发放给工人的工资又催生出新的需求，而这些需求进一步催生出更多的工厂、更高的工资、更多赋予个人权力的商品。

随着整个经济发生巨大的变化，作为经济参与者的自我的认知也在快速改变。美国曾经是一个生产者的国度，我们每天重复着缓慢的农耕和手工制造的工序，我们在有限产出的范围内生活。如今，美国变成了一个消费者的国度。越来越多的人通过劳动挣得工资，然后用工资直接购买需要的成品，这些成品通常比家庭制造的产品更便宜，质量也更好。一个世纪以后，哀悼过去的生产者经济成了一种时髦。现在，在我们的想象中，过去的生产者经济是那样真实、简单和纯粹。然而在生产者经济消亡时，却很少有人表现出悲哀和惋惜。像亨利·福特这样的新消费者经济创造者大多生于19世纪，他们知道那个时代其实充满了繁重的体力劳动，长期的物资短缺，以及镀金时代严重的贫富不均现象。对他们来说，新的消费者经济不仅意味着生活标准的大幅提高，而且是确保这种进步不断持续的动力。消费者经济仿佛一台神奇的永动机，每年都让普通的个人获得更多的权力。

然而，这场个人权力的革命只成功了一半。人们发现，亨利·福特发明的这种循环战略（通过降低价格提高销量，然后再通过销量的增加进一步压低价格）事实上有点像一台不准人们停步的跑步机。商家要想保持利润，就必须不断售出越来越多的个人权力。然而这是不可持续的，因为在到达某一点之后，消费者就无法再消费更多的产品了。虽然工资水平不断提高，但大部分劳动者仍保持着一种19世纪的俭朴生活态度，他们买回一件工具，就会一直使用，直到它坏掉（在工具坏掉以后，他们还会试图修好它并继续使用）。20世纪20年代中期，大部分美国家庭都已经拥有了一辆汽车，然而由于亨利·福特生产的汽车非常耐用，很少有家庭需要再次购入汽车。[5]于是汽车的销量增速减缓了，亨利·福特的利润也降低了，福特汽车公司不得不开始削减产量，这导致了规模效率加成的损失，并且威胁到了整个商业模型的成功。面临这个难题的不仅是亨利·福特一个人，大部分生产厂家都面临着同样的困难。为了达到福特式的规模和市场份额，这些厂家花费数十亿美元建造工厂、生产线、分销网络以及产品展示商店。然而，只有巨大的销量才能帮助厂家收回这些成本，但这些过量的产品已经超过了消费者的消费能力。于是福特和其他实业家面临一个艰难的选择：要么大幅削减产量，让数十亿美元的投资血本无归，要么设法劝说人们购买和使用更多的个人权力。

最终，商家选择了后一条路：说服消费者购买更多的产品。这方面的先驱是另一位汽车生产者——福特在商业和哲学上的最大竞争对手，通用汽车的总裁阿尔弗雷德·斯隆。福特是农民的儿子，他不喜欢过多华丽的展示和包装，而斯隆则生于富裕家庭，受过最好的教育，习惯了高品质的生活。在汽车制造方面，福特采取的是非常实用主义的态度，他关注的是每个零件的功能，是汽车的技术性能。而斯隆认识到，大规模生产消费者商品的关键已不再是技术，而是心理学：如何劝说消费者，让他们更开心地掏出口袋中的工资。

斯隆的心理学战略包括两个阶段。首先，通用汽车公司推出了一项崭新的服务：通过内部银行提供便宜的消费者信贷。当时，大家对消费者信贷的接受度还很低，大部分人觉得向金融机构借钱与吸食鸦片没有什么区别。福特认为，借钱是不道德的，因此在销售汽车时只接受现金付款。斯隆的举动大胆而充满智慧。提供消费者信贷服务不仅让斯隆的客户有能力更快地买车（而不需要经过储蓄的过程），还让他的消费者有欲望购买更多的汽车，而卖出更多的汽车正是斯隆的目标。传统的制造商只向消费者提供很少的选择，比如福特汽车公司只生产一种基础的车型，并且只提供一种颜色——黑绿色。而通用汽车公司却为顾客提供了一系列的选择，从经济实用的雪佛兰到顶级豪华的凯迪拉克。通用汽车的全线产品经过精心的设计，让每一位消费者都可以购买与他们的社会经济地位相匹配的汽车品牌，然后还可以通过升级到更好的车型来体会地位提升为自己带来的巨大快乐。事实上，通用汽车不仅向顾客提供了交通工具，还为顾客提供了一种提升自己社会地位的渠道，当时的美国人开始对自己的社会地位越来越在意，因此斯隆的这种发明实在是一个天才的主意。

其次，最重要的是，斯隆向消费者提供了一条可以永不停歇地提高自身地位的魔力通道。1926 年，通用汽车引入了“年度模型升级”的商业策略，公司每年都对所有车型进行改进。其中有些改进确实是可度量的、实质上的改善，比如更好的刹车系统或更安全的传动系统；而更多只是表面的装饰性改进，这些改进的目标是给消费者提供一种感情上的激励，比如拥有整个街区最新潮的车辆带来的快感，比如暂时逃离家庭与工作的冗繁任务，开车去兜风的快乐。（斯隆的首席汽车设计师亨利·厄尔曾在一次采访中这样说："我希望我能设计出这样一种汽车，每次你坐进去都感到由衷的快乐和放松，开我们的车就像享受一次短暂的度假一样。"[6]）事实上，斯隆并不是第一个利用消费者的软性偏好的商人。几百年来，富裕阶层一直通过金钱来购买地位感和其他令人愉快的感情体验，索尔斯坦·凡勃伦把这种消费行为称为"炫耀性消费"。通过大规模生产、每年的设计更新以及宽松的消费者信贷，斯隆也向普通消费者提供了同样的自我满足途径。在新的消费者经济中，每个人都可以通过不断购买升级换代的产品，来追求更高层次的情感满足。在过去的生产者经济中，消费者只有经过长期的自律和努力才能获得一瞬间的强烈满足，然而在新的消费者经济中，人们可以更快、更有效率地获得这样的满足。从某种意义上说，斯隆创造了一种新的个人生产力，这是一种情绪性和启发性的生产力，人们通过很少的努力就可以获得愉快的情感体验，难怪我们会像农民追求更高效的拖拉机一样，迫不及待地拥抱这种新的现象。

这种冲动和欲望并不是由斯隆发明和生产出来的，我们喜新厌旧的原因和我们的祖先一样：新的东西代表着环境的改变，意味着我们可能交上好运。我们每个人都有提高自己社会地位的内在渴望，因为在我们生存的世界里，个人的生存很大程度上取决于个人与集体的权力关系，因此社会地位是一种非常重要的武器。我相信，斯隆并不太了解原始人的神经化学，但是他一定非常清楚人类天生具有追求新事物、追求社会地位的本能。更重要的是，斯隆知道这种对欲望的满足只是暂时性的，一旦我们离开汽车展示商店，新事物带给我们的快感就开始消退。随着新车型的推出，去年的旧车型带给我们的地位感马上化为乌有。保持快乐的唯一途径就是不断更新自己拥有的产品，而这正是制造商最需要的。现在，不仅生产者走上了这台让人永不停歇的跑步机，消费者也爬上了这台机器。通过精心的设计和广告，只要向消费者提供足够的刺激，消费者的这台跑步机就可以完全适应生产者跑步机的需求。斯隆把这种商业策略称为“动态淘汰”，而且他并不避讳谈论这种策略的目的。斯隆曾说：“每年我们都尽可能造出最好的汽车来满足消费者的需求。下一年我们会继续造出更好的车型，让消费者再次觉得不满足。”[7] 至此，斯隆找到了解决现代工业机器过度生产问题的完美方案。从此，无论商家生产出多少过剩的商品，消费者无穷无尽的欲望都可以将其消化掉。

很快，大家都发现了斯隆这种销售策略的天才之处。通用汽车很快成为世界上最大的公司，而动态淘汰策略则成为新经济的典范。这种动态淘汰策略把消费者的心理和工业产出的偏好联系起来，把自我和市场联系起来。曾经由工程师和会计师控制的大型制造公司开始雇用大批的社会学家、心理学家，甚至弗洛伊德学派的心理分析师，一位业内人士曾这样描述：“这场战争的关键是消费者的内在心理状态，因为这种状态动态地决定了人们想要购买什么，不想购买什么。”[8] 这真是一场精彩的战争。在商家的努力下，消费者开始为各种各样的理由购买商品：我们不仅为追求新奇感和社会地位而购物，我们还为重振受损的自尊而购物，为缓解平庸的婚姻带给我们的失望而购物，为逃脱办公室工作的烦琐和奴役而购物，为反抗城郊生活的甜腻感和令人窒息的统一性而购物，为摆脱疾病和衰老带给我们的无力感而购物。哥伦比亚大学的社会学家罗伯特·林德是批评消费主义文化的先锋之一，林德指出，如今的产品通过市场化营销被消费者所购买和使用，这些产品的作用类似于药物治疗：通过购买和使用这些产品，消费者可以解决几乎所有类型的感情和社会问题。[9] 林德和其他一些学者对这种治疗型的消费主义极度反感，然而并没有人愿意倾听他们的呼声。伴随着每一次产品周期和模型升级，消费者产品赋予我们无穷的权力，现在我们不仅能够掌控外部世界，而且可以如上帝一般全面掌控我们的内在世界了。

至此，距离这个消费主义的个人权力时代只有一步之遥了。当我们的身份从生产者转为消费者，我们的身心已经完全被市场所掌控，我们不仅需要商家生产出来的产品，还需要从这些商家那里挣得工资来购买这些产品，这实在是一种不太安全的处境。在当时的商业环境中，劳动力仅仅被视为一种达到目的的手段，因此劳动者要看雇主的脸色生活。当时的雇主经常压低工资，甚至使用暴力（或者贿赂当权者）来阻挠工人组建工会的努力。在这样的情况下，美国最富裕的一小部分人与大众的财富差距越拉越大。另一方面，消费者发现市场所提供的产品有时并不是最符合消费者利益的产品。很多新的产品和服务是有缺陷的、危险的，甚至是欺骗性的。另一个更大的问题是，有些新产品的功能太好太强，为消费者提供了过大的个人权力，消费者根本无法安全、可持续地使用这样的权力。比如，当时的汽车速度已经超过了主要公路系统能够承受的安全范围（20 世纪 20 年代，美国每天、每英里死于交通事故的人数是现在的 17 倍）。过于宽松的消费者信贷鼓励美国家庭大量借款，为 1929 年的金融危机和后续的大萧条埋下了伏笔。商家为消费者提供了越来越多的便利，让消费者可以获得个人欲望的满足，却同时让社会承担相应的高昂成本。今天这种情况仍然十分盛行，而当时这些便利曾被视作只有富裕阶层才能享受的特权。

我们的经济出现了危险的失衡现象。随着我们从生产者经济转向消费者经济，私人商品（比如汽车和消费者信贷）的产出越来越多，而公共产品（比如高速公路安全和稳定的信贷市场）的产出却严重不足。市场逐渐向个人的兴趣倾斜，而忽视了对社会利益的关注，这种倾斜是逐渐的，但从未出现过逆转的趋势。当然，这种倾斜在逻辑上完全是可以理解的。因为从纯经济学的角度来看，生产私人商品（尤其是那些为个人消费者提供更多个人权力的商品）获得的利润要远远超过提供公共产品获得的利润。然而，不管这种行为是否符合逻辑，从公共产品转向私人商品的这种倾斜都会导致现代社会的核心难题：如果不重新调整，社会的经济利益将缓慢但不可逆转地被个人利益所侵占。

当然，这种公共利益和个人利益之间的不平衡现象并不是永远无法扭转的，在 1929 年的金融危机发生之前，西奥多·罗斯福和伍德罗·威尔逊等改革者就已经设法通过大规模、强有力的政府干预措施扭转市场（包括公司和个人）过度追求短期满足的不良倾向。标准石油公司和铁路托拉斯等垄断组织被打破，并受到了合理的监管。法律规定了资本家必须向工人支付的最低工资标准，并保护工人的联合谈判权（这种谈判权最终导致公司必须与工会握手言和）。通过建立法律和监管制度，消费者免于受到不安全的产品、有毒的食品以及居心不良的放贷者的伤害，过于短视的投机分子所造成的巨大风险也受到了限制。政府还通过在教育、科研，特别是基础设施（包括公路、桥梁、灌溉系统和土地开垦项目）方面的大量投资，扭转了公共产品投资不足的现象。政府投资的增加进而刺激了私营板块的投资增加。从中我们可以看出，通过坚持不懈的政治努力，即时满足和以自我利益为中心的文化是可以被制服的。正像富兰克林·罗斯福在他 1933 年的就职演说中所说的那样，美国“必须像一支训练有素的忠诚军队那样前进，必须为了共同的原则而牺牲”，“必须随时准备为了维护这种共同的原则而放弃我们的生命和财产”。[10] 换句话说，如果以自我利益为中心的经济不能或不愿意生产足够的公共产品，那么政府就要想办法迫使它增加公共产品的产出。

这种对社会需求和个人需求的重新平衡被罗斯福称为“新政”。这种“新政”的成果是非常惊人的。1941 年，美国参加二战时，不仅经济产出已经完全从大萧条中恢复，而且已经完全准备好研发新一代的高科技消费品，并开创更高水平的经济繁荣，而这得益于政府和企业的投资。[11] 虽然由于战争的影响，这一波经济繁荣被推迟了，但短暂的推迟只是让美国的消费者经济积蓄了更强的潜力和能量。在接下来的 4 年中，政府为了提高工业产出进行了大量的政府支出，支出总额约合今天的 43 000 亿美元。[12] 一方面，大量新的工厂、生产工序和技术被创造出来；另一方面，战争时期的配给限制制度节制了消费。1945 年，二战结束时，美国人积累了大量的储蓄，储蓄金额约合今天的 15 000 亿美元，这笔积蓄为战后的经济繁荣打下了坚实的基础。[13] 随着战后时期的开始，这笔巨大的资金及其代表的被长期压抑的欲望，立刻流向工业板块，此时美国的工业板块已经远比战前规模更大、结构更复杂、更适应消费者的需求。

战后美国的环境为大规模的经济繁荣提供了最理想的条件。消费者的需求高涨。通用汽车、福特、埃索、通用电气、AT&T（美国电话电报公司）、IBM（国际商业机器公司）、杜邦等美国公司不仅变得比战前规模更大、结构更复杂，而且由于战争扫除了国际市场上的竞争，这些公司在当时的国际市场上没有任何对手。自然资源非常便宜，原油价格只有今天的 1/4，而能够使用这些自然资源的科学技术又在飞速地发展。这些因素共同导致当时美国的工业生产率（劳动力每工作一小时的产出）以每年 3%~4% 的速度增长。在接下来的 25 年中，美国经济的规模几乎达到了之前的三倍，[14] 而人均 GDP（国内生产总值）也达到了以前的两倍。[15]（日本和西欧的情况也与美国相似，在日本和西欧，靠美国纳税人支持的战后重建项目很快使它们的人均收入达到了以前的三倍。[16]）更重要的是，这种新的繁荣比以前任何时期的经济繁荣都具有更广泛的基础。实际上，处于收入金字塔底层的人比顶层的人收入增速更快：不断向社会阶层的更高处迈进成为美国社会的主题。20 世纪 60 年代，美国家庭收入的中位数已经上升了一半以上，[17] 也就是说美国有 2/3 的家庭已经步入了中产阶级的行列。[18]

我们应该注意的是，美国社会收入差距的显著缩小是通过政府对市场的不断干预实现的。华盛顿当局非常希望避免战前经常发生的劳资双方暴力冲突（我们不得不羞愧地承认，联邦政府和州政府也常常在这种冲突中扮演暴力角色）。由于当时美国最大的国际政治竞争对手苏联经常宣传社会主义国家才是劳动者的天堂，因此美国政府面对政治上的压力，也希望抓紧推出对劳动者更为有利的政策。在这样的风潮下，工会和雇主进行了和解，白宫公开支持工人通过与雇主签订协议来获得养老金、医疗福利以及公司生产率提高的部分利润分成。在美国的战后时期，工会提供的劳动合同将工人的工资与工业生产率挂钩，而当时工业生产率以平均每年 3% 的速度增长。[19] 此外，美国政府对高收入人群征收 70%~80% 的边际税率，这一政策也使得公司不愿意像镀金时代那样向高管支付高额的工资［20 世纪 70 年代，美国 CEO（首席执行官）的平均工资只有员工中位数收入的 20 倍左右，远远小于今天的比例。］

除了政府干预以外，私营板块也发生了很大的变化。截至 20 世纪 50 年代末 60 年代初，很多公司已经不情愿地接受了更重视社会福利的经济形势。许多公司与工会达成协议，雇主开始对其雇员进行长期投资（比如，向雇员提供各种培训，保证雇员能够适应高速变化的技术发展）。职工获得医疗保险和其他福利的现象日趋普遍。大公司变得越来越像一种私营的福利组织。也许彼得 · 德鲁克这样的管理大师所提出的公司社会责任论并没有真正打动公司的董事会和高管们，但是作为向消费者提供产品的生产者，公司日益意识到它们自身的利益与消费者的利益是不可分割的。当通用汽车的前 CEO 查尔斯 · 威尔逊被总统艾森豪威尔提名为国防部部长的时候，他在一次参议院听证中被问及是否会做出对他的前雇主不利的政策决策。面对这个问题，威尔逊回答说，他完全可以做出这样的决策，但他同时表示做出这种决策的可能性很小，因为国家的利益与公司的利益目前是高度一致的。威尔逊表示："对我们的国家有利的政策也会对通用汽车有利，对通用汽车有利的政策也会对我们的国家有利。在这方面，国家利益和公司利益是一致的。因为通用汽车公司的规模太大了，公司的利益影响着国家的福利。"

当时，我们似乎已经达到了一种社会权力和个人权力的完美平衡，高速增长的个人能力被强有力的社会结构所平衡。个人享受到了完全工业化的经济带来的财富与福利，却不再受战前经济不安全因素的困扰，这是那个黄金时代的标志。20 世纪 60 年代，美国人的平均收入（至少是美国白人男性的平均收入）已经是他们祖辈的两倍以上。工人的每周工作时间缩短了 1/3，却可以享受雇主提供的各种福利、终身就业保障以及退休金。[20] 美国人的住房条件也获得了明显的改善，人们的平均住房面积几乎达到其祖辈的两倍（而家庭的规模大约减小了一半）。很多人住在郊区的别墅中，远离城市的喧嚣，房屋配备先进的空调设备和各种节约劳动力的家用电器，同时在离家很近的地方就有高质量的学校和各种娱乐场所。美国的医疗条件和公共健康条件当时处于世界第一的位置，美国人获得了更好的营养，因此平均寿命比祖辈延长了 6 年。[21] 寿命的延长和工作时间的缩短使美国人有更多休闲的时间来娱乐和自我提高——阅读、旅行、欣赏艺术、参加夜校课程，这一系列活动使得美国人的生活更加丰富，对自我的满意度也日趋提高。美国精神病协会休闲研究委员会主席、精神病专家保罗·豪恩在1946年接受《生活》杂志采访时说："不管个人的潜力究竟意味着什么，可以肯定的是，现在我们有更多的机会来发展个人的各种潜力。"[22]

发展个人潜力的过程自然伴随着大量的消费行为。消费日益成为情感成长和自我发现的一个不可或缺的环节。随着商家每年推出新型号，每季推出新产品，我们在消费中不断寻找着真正的自我。无论转向何方，各种各样的消费选择都在邀请我们通过花钱来寻找真正的自我。战后时代的著名消费者市场推广专家皮埃尔·马蒂诺曾经说过："几乎所有商业行为背后的动因都是消费者的个人理想，即消费者想要成为什么样的人。在强调自我表达的时代，消费者选择某种产品、某种品牌、某种机构，往往是因为这些东西可以帮助他们成为自己想要成为的人。"[23]甚至连工作、育儿、婚姻等传统社会功能也被巧妙地转化为各种自我表达的模式。社会学家罗伯特·贝拉的研究显示，到了战后时代的晚期，很多中产阶层的美国人甚至认为爱情本身也是一种"互相探索无穷丰富、无穷复杂和令人无比兴奋的自我"的机会。[24]

不难想象，这种不断寻找自我的过程让我们疲惫不堪、压力巨大，甚至让我们觉得内疚。事实表明，虽然在战后的经济繁荣期间，大部分人都获得了更大的个人权力，但是某些族群（比如妇女和有色人种）获得的权力提升幅度比其他人群要小。同时，也出现了对消费主义过度盛行的担忧，有些人担心我们追求真正自我的欲望会导致过度消费的正常化。《纽约邮报》的评论员威廉·香农曾经说道："我们进入了一个猪的时代，如今在这片土地上最嘹亮的声音就是贪婪自私的猪叫声。"[25]我们渐渐认识到这样一个事实：不管我们花多少钱，不管我们如何精细地修饰自我，不管我们达到多高的水平，我们永远有更高的目标需要实现，永远有下一次升级在等着我们。这种永不停歇的追求让我们深感不安。

但是，不用着急，工业化的进步向每位公民提供了克服上述困难的工具。商家每年制作大量新的电影和电视节目。甲丙氨酯、氯氮等越来越多的药物帮助我们解决情绪上的问题。20 世纪 60 年代，个人技术发展的高潮来临了，一波又一波的新产品，如半导体收音机、电视机、高保真音响及其他电子消费品让我们可以随心所欲地把我们的空闲时光塑造得完全符合我们的个人品位。对战后的普通美国人来说（至少对中产阶层的白人来说），他们每年都能获得更多的个人权力，都能对自己的生活拥有更高的选择权。各种永不停歇的跑步机越转越快，个人权力提升的速度也越来越高。人们不再辛苦地工作以求“生存”，而是将越来越多的精力投入个性化的“生活”之中。1964 年，《生活》杂志曾刊出过这样的话：“现在，人类第一次拥有了这样的工具和知识，用以创造出任何我们想要的世界。”

那么，我们想要的世界究竟是一个怎样的世界呢？看起来，那仍然是一个美好的世界。虽然有的人认为这片土地上充满了贪婪自私的猪叫声，虽然我们日益沉溺于自己的内在生活中，但当时的普通美国人在必要时仍然“愿意为了共同的原则而牺牲”。当约翰·肯尼迪提出“美国人到底可以为国家做些什么”的问题时，大多数美国人认同为国家奉献是一件十分合理的事。情况并不像批评家说的那样严重，经济的繁荣和个人权力的增长似乎让美国人愿意更深入地参与广泛的社会活动。美国人参政议政的意愿变得更强了：20 世纪 60 年代初，全民投票率比半个世纪前高了许多。对社区活动的参与度也提高了：志愿者和出席教堂活动的人数都达到了有史以来的最高水平。越来越多的人加入了国际狮子会和扶轮社等服务性组织，家长教师协会成为美国最大的组织之一。1964 年，一位评论人曾说，美国人“现在正通过参加各种各样的社区活动来满足他们内心的需求，这些活动的目的包括改善当地道路、清理垃圾以及监督公务员履行职责等”。美国人也并不是只愿意做一些容易做到的好事，20 世纪 60 年代初，越来越多的人愿意冒着巨大的社会和个人风险参加反对种族主义、性别歧视和其他不平等现象的抗议游行活动。即使有些事情是个人无法做到的，我们也会积极促使政府代表我们完成这些任务。与今天的美国人相比，当时的大部分美国人支持政府在国家生活中扮演更重要的角色，也支持政府为此而增加支出。[26]

虽然美国人不断追求更高的个人权力和个人能力，虽然市场急不可耐地想要满足大家的上述愿望，但回顾历史我们发现，当时的美国人仍然愿意为维护社会利益而牺牲部分个人权力，大家普遍认同社会关系是社区和个人生活的基石。20 世纪美国公民生活的记录者艾伦 · 埃伦霍尔特指出，战后的美国是一个忠诚的国家。美国人“不仅对他们的婚姻伴侣忠诚，也对他们的政治选择忠诚，甚至对他们支持的棒球队忠诚。公司也长期保持对它们成长于其中的社区的忠诚”。虽然这种忠诚也许是以牺牲个人自由为代价的，但埃伦霍尔特写道：“这样的忠诚给我们带来了一种个人的安全感，对那时的人们来说，社区是安全和熟悉的。当我们每天上床睡觉的时候，从不担心明天会丢掉工作或者离婚。我们拥有充分可靠的规则，我们遵守这些规则，或者等我们足够成熟的时候也可以反叛这些规则。我们相信我们的领导人能够充分地执行这些规则。”[27]

这些现象对当时的社会学家来说一点也不稀奇，尤其是对心理学家亚伯拉罕 · 马斯洛这样的“人文主义”学者来说，这些事情简直是理所当然的。20 世纪四五十年代，马斯洛发展出了一套关于人类行为动机的理论，这套理论的核心是需求的不同层次。这种理论把物质的富足和人们高层次的社会行为有机地联系起来。马斯洛的理论核心非常简单：随着人们的基本需求（如食物、住房以及物理安全保障）得到满足，他们的欲望自然会转向更高层次的需求，比如爱和社区地位。随着不断追求更高层次的满足，人们最终会完全实现自己的潜力。马斯洛认为，这种完成了“自我实现”的个人不仅对社会非常有用，而且能体会到高度的快乐，他们还展现出马斯洛所称的“民主的性格结构”：这些人一方面独立并富有自由思考的能力，另一方面又具有很高的道德节操和宽容能力。更重要的是，完成了自我实现的个人非常愿意参与世界的社会和政治进程。简言之，这种自我实现的个人是完美的个人，每个人都希望身边有这样的邻居、老师或选民。

该理论的重点之一是，人们在追求这些高层次的精神需求之前，必须首先获得基本的物质满足：不管是低层次的基本需求，还是后续的更高级的、更复杂的需求，都是以物质为基础的。没有物质和金钱，我们就无法攀登这座自我实现的阶梯。然而，随着物质条件的满足，人们追求更高层次的自我实现的欲望会变成一种不可抗拒的内在动力，这种动力和我们自然具有的所有其他本能一样强烈。马斯洛曾经这样写道：“只要一个人能够做到，他就必须做到。就像音乐家必须创作音乐，艺术家必须画画，诗人必须写诗一样，我们要获得终极的快乐，就必须进一步挖掘自身的潜力。因此，我们所有的人都有着强大的内在驱动力，促使我们去寻找最适合我们的角色。”[28] 虽然并不是每个人都能达到完全的自我实现，但是离这个目标越接近，民主的性格结构就会表现得越明显和深刻。对马斯洛来说，人类民主的实现不仅是一种政治的、集体的进程，同样也是一种心理的、个人的过程。马斯洛认为，每个个体自我实现的过程最终会导致一种集体性的转化：整个社会会向更高的需求层次移动，整个社会将变得更加智慧和民主。换句话说，“社会的层次和个人需求的层次是相对应的”。[29]

马斯洛对大众自我实现的乐观看法仅仅是一种看法而已。20 世纪 60 年代末，密歇根大学一位名为罗纳德·英格莱哈特的政治学者测量了富裕程度与更社会化的、更民主的个人性格之间的关系。在研究战后欧洲政治动向的过程中，英格莱哈特发现，马斯洛的需求层次理论在现实中确实得到了体现。二战爆发之前出生的人，由于成长于不安全的时代，更重视经济稳定、政治秩序以及其他传统的物质价值（他们愿意为取得这些价值而牺牲部分个人的自由）。二战后出生的一代却拥有相当不同的价值观。由于成长于经济高速发展的时代，“婴儿潮”一代的人更愿意追求一些并不那么急迫的目标，比如娱乐和休闲，教育、文化、旅游、政治以及其他更高层次的需求。换句话说，婴儿潮一代的人由于成长环境更为优越，他们不仅会追求自己所“需要”的东西，而且还愿意追求自己“想要”的东西。而他们（更确切地说是“我们”）越是习惯于这种自我表达的自由，就越愿意努力保护和扩展这种自由。他们保护和扩展这种自由的途径是支持自由的社会制度，比如民主、言论自由、性别平等、劳工权益以及环境保护。这不仅仅是一种理论。通过翔实的调查数据，英格莱哈特有力地证明了这种重视自我表达的“后物质主义”价值观发生于所有物质条件明显改善的国家和地区。[30]

英格莱哈特的这种沉默革命理论可以解释20世纪下半叶的许多进步。这种理论可以解释20世纪60年代很多大规模的政治冲突，这些冲突的根源是战后一代在从种族平等到越南战争的各个方面挑战父母一辈的权威。从环保意识的提高到对文化多样性的进一步宽容，再到长期被压抑的世界各国人民对民主的不懈追求，所有这些现象都可以用英格莱哈特的沉默革命理论来解释。更重要的是，后物质主义向我们展示了文明的前进方向。英格莱哈特认为，随着经济增长的持续，随着更重视物质的老一辈人的死亡，这个社会会逐渐接受后物质主义的价值观。此外，英格莱哈特还预测，我们将在21世纪末迎来一个转折点，届时后物质主义将全面超过物质主义。一旦这种转折发生，我们将迎来全球性的后物质主义革命，在这场革命中，整个社会都会全力帮助个人完成自我实现的过程。

虽然英格莱哈特的沉默革命理论听起来非常有吸引力，但是这个理论也有很多潜在的风险。最明显的是，如果社会进步是以稳定的经济增长为基础的，那么如果经济增长的速度放缓，甚至完全停滞，我们将面临怎样的情况呢？我们是否会退回更低的需求层次，从而变得更加物质主义呢？这种回归物质主义的倾向会不会导致与英格莱哈特所描述的方向相反的另一场沉默革命呢？20 世纪 60 年代末、70 年代初，我们已经看到了一些令人不安的现象，美国经济无法继续保持高速增长的状态，也无法继续提高工作岗位的数量和工资水平。通货膨胀开始抬头，美国在世界市场上的主导地位也受到了威胁。更令人担忧的是，美国公司的生产率增速下滑了，我们的工人无法再像过去那样以更高的效率创造财富。更严重的是，随着美国的衰落，亚洲和欧洲的经济却在重建中焕发出强大的活力，美国面临着新的国际竞争。雪上加霜的是，由于中东国家提高原油价格，美国这个高度工业化的社会最需要的原材料变得更昂贵了。如果美国经济真的陷入困境，我们的社会进步是否也会全面停止呢？

如果情况和上述讨论的完全相反，我们又会怎样呢？假设美国的经济和技术持续高速进步，为个人提供越来越多的表达自由，我们会不会因此觉得不再需要支持高层次的、后物质主义的共同原则了呢？事实上，英格莱哈特在后续研究中也确实发现了这样的规律：随着社会日益接受后物质主义的价值观，社会中的个人会变得更加个人主义，从而更不愿意支持传统的集体主义制度和价值观。然而，英格莱哈特和他的同事认为，个人主义的盛行并不会导致狭隘的利己主义。他们认为，持后物质主义价值观的人会像他们的先辈一样，对社区和社会富有责任感。[31] 然而，很多例子却显示，当消费者疯狂追求急剧上升的个人权力时，他们会表现出一些愚蠢自私的行为，从而损害整个社会的利益。这方面最突出的例子就是汽车。

随着汽车的普及和发展，车辆变得越来越大，动力越来越强，到20世纪60年代末，个人汽车不仅对整个国家的公路安全造成了威胁，甚至还造成了严重的空气污染问题，汽车的普及还导致美国过度依赖原油进口，并减少了其他公共产品的供给。显然，汽车问题只是一个开始。随着个人科技的发展，我们可以越来越容易地在不经周围其他人同意（甚至是损害他人权益）的情况下追求个人的利益。面对这样的趋势，我们的后物质主义社会最终将走向何方呢？

也许，上述两个方向的发展是可以同时进行的。随着战后经济高速发展时段的结束，我们进入了更加艰难的20世纪70年代，从而我们有机会观察美国社会是如何同时表现出上述两方面的发展趋势的。

第二章　缺乏自信

每年，密歇根大学的调查研究中心都会举行 12 次全国范围的调查。在每次调查中，研究中心的工作人员会通过电话联系 500 名消费者，并询问他们对美国经济状况的看法。调查问卷的内容包括 50 个问题，涵盖了消费体验的方方面面。有些问题是关于消费者对总体经济情况预期的（比如，“你认为现在是购房的好时机吗？”[1]）。也有一些问题更加私人化（比如，“在未来 12 个月内，你认为你的收入会比去年高还是低？”）。所有这些问题的答案反映的是各种意见、经验、启发、焦虑的综合体（这些都是受访者“自我”的体现），最终所有这一切都会被经济学家总结为一个数字，那就是密歇根大学消费者信心指数。这个指数在每月中旬公布，是美国最受关注的经济指标之一。虽然这些受访的民众并不是经济专家，但将他们的答案汇总起来，能可靠地预测未来 3~12 个月美国的经济表现。对未来经济表现的预测包括很多方面，从通货膨胀率和失业率到房屋购买情况、零售业销量以及美国经济的总体增长率。如果消费者信心指数达到或超过 85，就意味着美国将迎来良好的经济前景。而如果消费者信心指数下降 15 个点或更多，则说明未来将面临经济萧条。最近几年，上述消费者信心指数一直保持在 70~80，这个水平比美国战后经济高速发展时期低了许多，但也合理地反映了消费者对经济缓慢恢复的焦虑。

为什么消费者信心指数有如此强大的预测能力？其实这个现象并不奇怪。目前美国经济增长的 70% 来自消费者的支出，而在这些支出中有很大一部分是受消费者信心影响的非必要性支出。考虑到这样的情况，消费者的信心和情绪当然对经济前景有很强的预测性。因此，在任何情况下，密歇根大学消费者信心指数（以及其主要竞争对手纽约消费者信心指数）都被市场当作神谕一般的指标。当零售商和制造商制订其节假日消费预期和生产计划的时候，一定会参考消费者信心指数。当美联储和其他国家的中央银行决定利率水平和制定其他经济政策的时候，也一定会参考消费者信心指数。当然，华尔街更是把消费者信心指数当作能影响市场走向的数据。在消费者信心指数发布后的几毫秒内，成千上万只面向消费者的公司的股票就会被买进和卖出，因为交易员（更准确地说是负责交易的超级电脑）争先恐后地想把人们的乐观和焦虑情绪直接转化为资本利得。[1] 如果消费者信心指数能够真实地反映消费者的精神状态，那么现在自我与市场之间的距离已经是在毫秒水平上被度量了。

消费者信心指数还为我们提供了一种有趣的工具，使我们能够追踪自我和市场之间关系的演进。密歇根大学消费者信心指数创建于二战刚刚结束时，在指数创立之初的 25 年中，这一指数长期保持在 90~100，这反映了战后的经济繁荣情况和乐观情绪的盛行。然而到了 1970 年，该指数

① 2012 年，密歇根大学消费者信心指数引起了巨大的争议。因为新闻媒体透露，自 2009 年以来，该指数在向市场发布之前，每次都被提前两秒透露给某些组织的高频交易员，此举让这些金融机构获得了不正当的优势。

突然出现了大幅波动。指数一度跌至50出头，虽然之后出现了短暂的反弹，但之后又进一步下跌。消费者摇摆不定的情绪反映的是一系列的经济冲击，首先是欧洲和亚洲竞争力量的崛起，接着是原油价格的暴涨，以及大萧条之后最严重的两次经济危机（分别发生于1974年和1980年）。仿佛在一夜之间，战后的繁荣化为乌有。收入停滞不前，失业率长期居高不下。美国经济主导世界时，美国人民曾拥有过强烈的信心，此时这种信心被全球化经济带来的陌生感和不安全感取代了。

然而，消费者不稳定的情绪不仅反映了经济方面的变化，还导致了一种更深层次的改变。20世纪80年代，罗纳德·里根等保守主义政治家采取了一系列崭新的经济和社会政策。在罗斯福新政中，政府曾对经济进行过大规模的干预，然而到了20世纪80年代，美国转向了以自由市场为基础的自由主义经济方针。所谓自由主义经济方针，字面上的意思就是放任经济自由运行。政府政策的核心是给予公司和个人最大限度的经济自由。自由主义经济政策的推行标志着持续了几十年的政府战略突然改变，然而这种趋势也许是不可避免的。20世纪70年代发生的经济危机动摇了美国人民对政府干预经济的能力的信心。保守派的经济学家认为，正是罗斯福新政中的经济管理政策（包括大量政府监管、高税收、对工会的强力支持等措施）使得美国公司无法适应国际竞争环境。对里根和其他保守派人士（如英国的玛格丽特·撒切尔夫人）来说，解决这个问题的方案是显而易见的：只有让经济活动的参与者（包括公司和消费者）最大化地追求其个人利益，才可能促进整个社会重新回归经济高速增长的正途。

然而，事实发展的方向和政治家的理想并不一样。虽然被解放的美国公司很快就成为国际竞争中的优胜者，但对于很多普通消费者而言，经济自由的意义却和我们想象的完全不一样。随着经济革命的结束，普通美国人的财富显著增加，消费者的自我与市场的关系也发生了深刻的变化。从经济自由主义推行的那一天开始，“冲动的社会”的趋势再次抬头。

如果我们想把这些崭新的理论和自由市场的新时代浓缩成一种人物形象的话，那就是狙击手型的企业家。在战后的商业世界中，占主导地位的形象是商业帝国的建造者（这些公司的CEO通过科学方法将大量工人有序地组织起来，大规模地生产各种产品）。而在自由市场的新时代，占主导地位的形象却变成了狙击手型的企业家，他们的行为很多时候带有破坏性。“狙击手”的作案手法非常简单：他们在市场上寻找经营不善的、股价低迷的公司，然后悄无声息地买进这些公司的股票，变成这些公司的大股东（他们的融资手段通常是发行高收益债券，又称垃圾债券）。在成为这些公司的大股东以后，“狙击手”就开始进行所谓的“公司重组”。很多时候，所谓的“公司重组”其实意味着对原有组织的大量破坏性行为，这方面最著名的人物是债券交易者卡尔·伊坎和房地产大鳄维克托·波斯纳。狙击手们会关闭所收购的公司中业绩较差的部门，解雇成百上千的员工，然后将重组后的公司以几千万美元的高价卖出。在另一种情况下，“狙击手”则会将收购公司拆分成许多部分，将其分别出售获取利润。在整个20世纪80年代，美国有数百家公司被收购，这些公司有的被重组，有的则完全消失在公众的视野中。这种收购重组行为无异于一种经济上的暴力，不仅伤害了脆弱的公司，更伤害了公司的员工和依赖公司而生存的社区。上文提到的维克托·波斯纳在收购一些公司后，完全掏空了公司员工的退休基金，用这些钱购买游艇和赛马，支持自己奢华的生活方式。而另一位“狙击手”卡尔·伊坎在收购美国环球航空公司以后，以这家经营不善的航空公司的名义借款5亿美元（其中大部分流入了他自己的腰包），然后再出售环球航空公司利润最高的航线（这种行为被称为“资产剥离”）来支付这笔巨额债务。这些“狙击手”甚至还成立了自己的沙龙。组织公司收购业务的德崇证券公司每年组织会议，让这些公司重组界大鳄齐聚一堂。这个会议被称作“捕杀者的舞会”。

整个20世纪80年代，美国公司文化的时代精神为“贪婪是一种美德”。对很多批评家以及在公司并购过程中受到严重伤害的劳动者而言，这些公司“狙击手”是一帮穷凶极恶的恶魔。然而对很多保守派经济学家而言，这些公司“狙击手”却是美国经济的救世主。“狙击手”之所以选择对某些公司下手，是因为这些公司股价低迷，而股价下降是因为这些公司存在管理不善的问题。随着战后30年经济的高速发展，许多美国公司变得过于自满、效率低下。它们雇用了太多的员工，把公司的规模铺得太大，根本无法完成精打细算的成本控制工作。正因如此，很多美国公司被外国竞争者打得一败涂地，并且因对经济危机毫无准备而遭受了巨大的损失。这些情况导致股价大幅下跌，在20世纪70年代早期，纽约股票交易所的股指下降了50%，而这些公司的股东只能眼睁睁地看着自己手中的股票贬值一半，却无力扭转这一趋势。因为在当时的商业环境中，股东对公司的经营几乎没有任何决策权：当时公司的主要决策是由高级管理人员做出的，而当时他们并不重视公司的股价以及股东的利益，他们更看重的因素是劳动力或供应商。从华尔街的角度看，公司“狙击手”实际上是在用一种市场化的方法纠正美国公司管理不善的问题。

这种纠正进行得极为迅速。随着一家又一家公司被收购拆分，美国的商业社会陷入了恐慌之中。即使是没有被“狙击手”盯上的公司也想尽一切办法抬高公司股价。很多公司大幅削减成本。更重要的是，公司开始以公司股票代替现金作为付给公司高管的报酬，这种激励机制极大地改变了公司高管的战略和行为。以前，公司高管通常把股东当作一群指手画脚、好管闲事的家伙；如今，公司高管自己也成了公司的股东，因此他们有极大的动机尽可能抬高公司股价。这种把抬高公司股价作为终极目标的行为让很多传统的公司管理专家深感不安，然而支持新股东制度的自由市场派学者却为这种行为拍手叫好。这些学者认为，高股价说明公司的经营行为让股票市场觉得满意，并且他们认为，股票市场在大部分时候都是正确的。根据所谓的“效率市场假说”，市场——或者更准确地说是成千上万认真研究上市公司信息的投资者——代表着一种无所不知的最高智慧。这种最高智慧每时每刻都在评估所有公司的优点和弱点，然后通过买卖公司股票告诉大家哪些公司经营得好，哪些公司经营得不好。买入某公司的股票导致该公司股价上升，卖出某公司的股票导致该公司股价下降。不管是上述哪一种情况，效率市场都通过公司股价的变化明确表达了自己的意见。只有那些能充分领会效率市场的智慧，并根据市场指示来调整自己的公司，才能保持较高的股价，从而获得经营上的成功，而不能适应这种市场智慧的公司将被淘汰。这就是华尔街所说的“股东革命”。

这种达尔文式的经济理念与美国战后盛行的经济哲学完全不同。在战后时代，人们认为公司不仅应该对股东负责任，还应该对所有利益相关方负责，这些利益相关方包括公司的员工以及公司所在的社区。然而，如今保守派的经济学家却认为，这种要求公司对所有利益相关方负责的理念是完全错误的。他们认为，公司并不是一种需要供养各种利益相关方的社会机构，而只是一种法律上的发明，用经济学家迈克尔·詹森的话来说，公司只是“一系列合同关系的集合”，公司唯一的目的是“最大化股东的价值”。[2] 这种合同关系的集合对任何人（如公司的员工）都没有义务，就像我们没有义务在某一家特定的副食店买东西一样。[①] 股东价值学说的支持者认为，正是所谓的社会责任（即公司对员工——或者对社会其他各方——所负的除高效经营之外的任何责任）让很多公司无法实现它们真正

① 经济学家阿门·阿尔钦和哈罗德·德姆塞茨曾这样说：“我并没有在某家副食店买东西的合同义务，雇主和雇员之间也不存在任何合同义务要求他们永远保持雇佣关系。”

的社会责任——实现财富最大化，这是所有社会进步的基础。著名经济学家米尔顿·弗里德曼曾在《纽约时报》上发表过一篇后来被大量引用的文章，在这篇文章中，弗里德曼说："对公司来说，它们的社会责任有且只有一个，那就是利用手中的资源，充分参与所有能够提高利润的经济活动。"这种说法实际上是把亚当·斯密"看不见的手"的理论推广到了公司界。这派经济学家认为，让公司最大化自己的财富才能提高整个社会的效用，而靠政府干预来促进社会责任的履行只会导致低效率现象的产生。

到20世纪80年代，效率市场和股东价值的逻辑已经拓展为一种政治哲学。市场不仅是公司战略的最佳设计者，甚至成为组织自由社会的最有效方法。随着罗斯福新政的全面结束以及罗纳德·里根的上台，美国的政治文化发生了与经济文化完全平行的变化，我们远离了罗斯福新政的经济管理理念，投向了自由市场的怀抱。对罗纳德·里根、撒切尔夫人以及其他保守派政治家而言，他们不仅成功废除了许多商业管制条例（如阻止公司收购的条款），而且成功改变了人们的价值观：人们再也不相信政府能对经济活动产生任何正面的影响。罗纳德·里根曾经开过一个非常著名的玩笑，他说："在英语中，最可怕的一句话（翻译过来）就是：我来自政府，我是来这里帮助你们的。"

这种对自由市场的崭新信念渗透到了社会的每一个角落。在法学院和商学院中，股东价值论成了未来商业领导者们的必修课，也成了唯一被认可的正统理论。华盛顿一位劳工方面的说客西尔弗斯曾在哈佛商学院和法学院受过教育，而他在校时正值股东革命发生后不久。西尔弗斯回忆道，他上学的时候，股东价值理论经常与传统的管理理念发生激烈的冲突。他说："你经常会听到一位教授声称，公司只是一系列合同关系的集合，唯一重要的问题是激励机制。然而10分钟以后，同一位教授又会大谈团队合作的重要性。于是你就会说：'喂，等一等，这位教授，你不可能同时相信这两种理论吧，它们完全是互相矛盾的啊。'"[3]然而，随着这批学生逐渐成为新一代高管和公司律师，股东价值的理论终于控制了美国的整个商业界，再也没有人对上述矛盾提出质疑了。美国的公司不仅很快习惯了更宽松的监管和失去力量的工会（工会不仅失去了政府的支持，加入公会的劳动者人数也不断下降），也越来越无视曾经主宰公司管理的很多传统价值。战后的美国公司重视长期稳健的增长，而如今的高管们却片面追求高利润和高股价。因为公司高管的报酬越来越多地以公司股票的形式发放，所以如果高管能通过某些战略措施成功抬高公司的利润和股价，就能获得金钱上的丰厚回报。于是，公司的战略不可避免地倾向于采用能够提高公司利润、抬升公司股价的技术。提升利润最快的方法之一就是降低成本，于是降低成本成了美国公司的首要经营战略。事实上，在20世纪80年代，商业界一致认为取悦华尔街、迅速抬升股价的最有效方法就是宣布公司将大规模裁员。公司与员工终生合作的情谊已经成为过去的传说。

然而，一切才刚刚开始。在这些革命者试图用效率市场学说重塑整个商业世界的过程中，他们又找到了一种更新的工具。这次的工具不是由华尔街发明的，而是由硅谷发明的。随着这种新工具的引入，股东革命被推上了光速发展的轨道，市场与消费者的自我被空前地拉近，两者似乎已经永恒地融为一体了。冲动的社会即将诞生。

虽然商业界早在20世纪50年代初就开始使用电脑了，但当时电脑技术的成本极为高昂，只有一些规模极大的公司才用得起。然而，随着1972年微处理器的推出，情况开始发生变化。很快，一块小小的芯片上就可以有几千个用于存储数据的半导体，能够完成以前只有巨型电脑才能完成的任务。计算速度变得更快了，而成本却只是原来的零头。世界上第一个微处理器——英特尔 4004——的计算能力还比不上一个小小的台式计算器。然而随着英特尔与竞争对手之间的激烈竞争，微处理器的计算能力每 18 个月就会翻一番，而成本则变成原来的一半。[4] 到了 20 世纪 80 年代初，摩尔定律的两条指数曲线（一条是指数上升的计算能力，另一条是指数下降的成本，摩尔定律是因英特尔的创始人之一戈登·摩尔的名字而得名的）使得价格低廉的电脑遍布整个市场。

对大多数普通人来说，数字革命对我们最直接的影响是个人电脑的出现。现在早已过时的软盘和黑屏绿字的显示器在当时却带着无比新奇的荣光。实际上，数字革命对冲动的社会的演进也产生了很大影响，最直接的影响是计算成本的大幅下降加速了商业世界与股东利益的融合。现在，在确保公司的经营效率方面，华尔街成为更残酷的执行者。有了电脑和以电脑为基础的数据，股票经纪人和投资银行家几乎可以实时监控公司的各项表现，快速分析公司的数据，然后通过电脑立刻做出买卖股票的决策。到 20 世纪 80 年代，只要公司的季度利润数据令人失望，该公司的股价就可以在几分钟内迅速下跌；不久以后，从季报出炉到股价发生波动甚至只需要几秒钟的时间。

但是，电脑也使得公司可以更快地迎合华尔街的需求，从而获得利润。比如，随着以电脑为基础的设计和生产工序的发明，公司能比以前更快地研发新产品，并迅速将新产品投放到市场中，为投资者赢得利润（以汽车制造业为例，一种新车型从开始设计到投放市场的时间从 4 年减少到 18 个月）。[5] 但是，电脑对商业界最重要的贡献还是成本控制。有了电脑的帮助，生产商可以将很多高度复杂的经营步骤自动化，从而降低劳动力成本，并大幅提高商品的产量。离岸外包也变得比以前容易多了。旧金山或纽约（或柏林和东京）的工程师可以轻而易举地在电脑上进行新产品的设计，然后将设计方案发送给远在墨西哥或中国的工厂，从而享受那里低廉的劳动力成本。有了电脑，现代公司真的成了一种抽象的集合体，能够把资本、劳动力和原材料快速地集合起来，获得最迅速的高额回报，而这些生产要素的形式和所在地已经不能成为公司获利的障碍。

通过迅速高效地组合这些生产要素，公司获得了难以想象的高额利润。到20世纪90年代，标准普尔500指数中的500家公司的股东回报率（股东回报率包括股价的上升和发给股东的红利①）达到了20世纪60年代的两倍以上，几乎达到了20世纪50年代股东回报率的最高值。[6]各大股指一路高涨。每到季度业绩汇报的时候，都会不断传来各种捷报，股东价值的革命和效率市场的逻辑似乎取得了巨大的胜利：很多公司向高级管理人员发放越来越多的公司股票作为报酬，以“激励”高管为股东创造更多的价值。当时，电脑技术的高速发展已经使与互联网有关的技术股票的股价飙升。对很多专家来说，互联网热潮的兴起标志着新经济秩序的最终确定，他们认为数字技术和市场效率的结合能够在理论上创造比战后经济繁荣时期更多的财富。美国又成了世界顶尖的经济强国。

然而，我们渐渐发现，互联网热潮所带来的财富增加远不像战后经济繁荣时期的财富增长那样拥有广泛的社会基础。摆脱了政府干预和社会责任期望的束缚，美国的企业拥有了更大的自由。这样的自由导致企业开始追求一种更高效却更狭隘的繁荣：只考虑股东和公司管理者的利益，把其他相关方完全抛入自生自灭的境地。这是我们选择的全新效率市场模式所带来的必然逻辑结果。因为在这种经济模式下，企业变成了一种纯粹的、近乎抽象的存在，它的唯一目的就是实现资本主义的目标。在这样的经济模式下，企业的经营流程试图将投资直接转化为收益，而在这两者之间，

① 红利是指公司定期从利润中拿出来支付给股东的部分。

几乎所有的低效率元素都已消失殆尽。正如前文所提到的那样，冲动的社会的标志是自我与市场的融合。我们在这里看到了这一融合的又一种表现（这一层面上的融合不太直接，因此也较难预见）：由于如今的企业可以自由地致力于追求自身的狭隘利益，企业的行为模式使它不再像是一种社会化的、集体化的机构，而更像是个人的"自我"——这种自私的"自我"完全沉迷于自身的需求与目标之中，而对他人的利益毫不关心。

虽然股东获得了巨大的利润，但其他利益相关方（尤其是劳动者）却受到了传统经济周期中从未有过的伤害。在之前的经济萧条中，确实也发生过大规模的裁员现象，但随着经济的恢复，就业岗位的数量也会高速增长。现在，这一规律被打破了。有些工作岗位永远消失了，再也没有重新出现在我们的经济中，这在制造业板块表现得尤为明显。过去，制造业为美国提供了最多稳定的、中等收入的工作机会，制造业是中产阶级存在的基础。然而1979—1983年，至少有200万个工厂工作岗位从美国消失。[7] 20世纪80年代后期，美国迎来了新一轮的经济繁荣，但在这轮经济繁荣周期中，这200万个工作岗位非但没有重新出现，反而又有另外460万个制造业工作岗位永远地消失了。[8]当然，也出现了一些新的工作机会，其中很大一部分是新兴的信息技术部门的职位，但是技术部门工作机会的增加不能完全补偿制造业萎缩带来的工资损失。美国的中位数收入曾在战后快速且稳定地连续增长了几十年，然而制造业的萎缩导致美国的中位数收入出现了下跌的趋势。

20世纪90年代初，美国经济经历了第一次不增加就业机会的经济复苏。人们渐渐看清了这样的事实：战后的经济繁荣再也不会回来了。至少对大多数劳动者而言，那样的黄金时代彻底结束了。美国人曾经拥有非常稳定的工作保障，如今裁员成了家常便饭。即使是还没有被解雇的员工，很多也变成了合同工。合同工享受的福利待遇更低，工作稳定性更差，升职的机会也更少。工资的增长进入了完全停滞的阶段。1973—1993年，美国家庭的中位数收入在根据通胀因素调整后仅仅增长了7%，而在之前的25年中，美国家庭的中位数收入曾经翻了一番。[9]对中产阶级的工人而言，这种财富增长趋势的变化是残酷的。1973年，一个工资收入中等的30岁美国男性的收入是20年前他父亲收入的160%。而到了1993年，该工人儿子的收入反而比父亲1973年的收入少了25%。美国自二战结束后首次出现了工资增长停滞，而工资增长是战后经济繁荣的核心，也是我们后物质主义信念背后最重要的基石。

究竟是哪些因素造成了美国收入的下降？对这个问题的讨论目前仍在激烈进行。但是，有一点是肯定的，工资降低的部分原因是劳工运动的衰落。随着制造业工作岗位的减少，不仅工会的规模比以前小了，而且工会的权力和效率也明显下降：在20世纪五六十年代，美国每年发生约300次大型罢工，随着一波又一波的罢工风潮，工会把工人的工资不断推高。然而到了20世纪80年代，美国每年仅发生8次大型罢工，而20世纪90年代总共才发生了34次罢工。[10]此外，电脑技术在大幅提高制造业效率的同时，也降低了劳动力的重要性：有了电脑的帮助，大型制造商可以用更少的劳动力生产更多的商品。事实上，由于电脑的成本不断降低，而计算能力却每年都在大幅上升，很多公司发现，通过投资电脑和与电脑相关的机械设备，并降低对劳动力的投入，可以大幅提高公司的利润。[11]简言之，技术提供的回报要大于劳动力提供的回报。

工人收入的下降也反映出股东革命后以成本控制为核心目标的公司管理文化。当然，成本控制是必要的：随着战后经济的高速增长，美国的商业界逐渐变得过于臃肿和懒散。劳动者和管理者都渐渐习惯了一种效率较低的商业模式：很多公司变成了一种私营的福利国家。尤其是工会没能快速适应新的经济现实（比如国外竞争的加剧），也没能很好地解决其内部的腐败和低效率问题：即使在劳动生产效率开始下降的情况下，有些工会仍然要求雇主定期大幅提高工人工资，显然这样的要求是不现实的。然而，这只是故事的一半。从工人工资下跌的那一刻开始，我们已经清楚地看到提高商业运营效率并不是股东革命的唯一目标。自从有了以公司股票激励管理人员的薪酬制度，公司管理者通过不断降低生产成本来获取个人财富的欲望已经高涨到了扭曲的状态。因为劳动力成本往往是公司生产成本中最重要的组成部分，员工在成本控制过程中遭受的损失最大，很多生产过程被外包或自动化，大量劳动者被裁员。除此之外，员工的福利大幅降低，尤其严重的是，对员工的培训投资大幅减少了，这意味着对公司来说员工价值会进一步下降。

马萨诸塞大学的一位经济学家威廉·拉佐尼克认为，上述现象导致美国商业的基础受到了严重的破坏。拉佐尼克认为，战后美国公司的管理人员奉行一种“留存与再投资”的战略，公司每年会自动留存利润的很大一部分，用于对公司的投资，投资形式包括建立新的工厂和提高工人工资。然而在股东革命以后，美国公司的经营战略变成了“缩小规模与分红”，管理人员尽一切可能缩减各种开支，把省下来的钱发放给股东（包括他们自己），发放形式包括高额分红以及股价的快速增长。[12] 缩减开支曾被视作应对经济危机和其他特殊经济事件的一种暂时性手段，如今压缩成本成了常态。所有公司都不断地拼命压缩成本，不论经济情况怎样，也不论有没有必要。现在，不论是经济繁荣时期，还是经济萧条时期，美国公司的经营者都持续不断地努力缩减开支。拉佐尼克告诉我，股东革命最初可能是一种减少公司浪费、提高公司效率的有益努力，然而这种努力很快就变了味儿。如今社会普遍认同应该给予公司高管最大限度的自由，于是公司高管可以“随心所欲地裁员，或者进行其他以前因为政治因素而难以实施的改变，并可以迅速从中获得高额的个人收益”。[13] 20 世纪 70 年代，很少有

CEO 的年薪可以达到 100 万美元。然而到了 20 世纪 90 年代，由于很多公司将公司股票的期权作为高管薪酬的一部分，很多 CEO 一年可以收入几千万甚至几亿美元。

由于美国政界普遍接受了自由市场的经济理论，尽管公司高管的薪酬高到令人咋舌的地步，大部分决策者却认为这样的薪酬是合理的。到了 20 世纪八九十年代，美国主流社会认为自由市场愿意支付的任何水平的薪酬都是合理的、可以接受的。市场对这样的薪酬水平也很宽容，这主要是因为这些被公司股票所激励的高管愿意为保持公司的高股价做任何事情。在美国现代历史上，受赞美最多的公司高管恐怕要数通用电气的 CEO 杰克 · 韦尔奇。1981—1985 年，杰克 · 韦尔奇总计裁减了通用电气的 10 万多个工作岗位，因此获得了“中子弹杰克”的“美称”。[14]

这标志着美国的公司文化发生了深刻的变化。在战后的经济繁荣时期，一家典型的美国公司在很大程度上是像国家一样运行的，公司拥有自己的“国家主义”传统和价值观，员工为公司的价值观感到骄傲，同时也对雇主怀有强烈的归属感，这些都是当时公司与竞争对手进行竞争的重要手段。即使在劳动者和管理层经常发生冲突和斗争的行业中，大家也普遍认同管理层与劳动者是相互依存的关系，任何一方都离不开另外一方。然而，根据新的企业文化，公司再也不是一个充满感情的大家庭了。员工越来越认为管理者是一群冷酷自私的家伙，因为他们为了自己的个人收入最大化可以随时抛弃任何人或任何东西。劳动者的这种敌视态度并不是没有原因的。当美国公司把不断快速压低成本和抬高公司股价作为商业战略的核心时，管理者不可避免地会像热气球驾驶员对待压舱物那样对待他们的员工：扔掉的压舱物越多，他们自己就会飞得越高。

20 世纪 80 年代，美国人的经济安全感持续下降，然而奇怪的是，针对这种现象并没有出现持续的政治反抗。长期主管密歇根大学消费者调查工作的理查德·柯廷告诉我们：20 世纪 70 年代初，经济出现下行趋势，这立刻激起了严重的政治和社会抗议。经历了几十年的战后经济繁荣，美国人“非常不愿意放弃他们的共同价值，并且总是将一切问题怪罪在政府身上”。[15] 显然，里根对民主党人吉米·卡特的压倒性胜利无疑反映了美国选民的抗议。当时，美国民众强烈反对延续战后的罗斯福新政，而是支持一种理想化的自由资本主义方针，并支持个人经济自由的最大化（尽管这样的政策存在一些问题）。然而到了 20 世纪 80 年代末期，虽然自由资本主义和效率市场政策并未再创战后的经济繁荣，甚至还导致美国的经济情况出现进一步恶化，但美国选民却表现得出奇地平静。

选民的平静部分是由劳工运动的衰落造成的。由于劳动者的政治权力下降，他们已经没有力量支持新的经济政策了。然而，还有其他一些因素造成了选民的平静。其中之一显然是因为很多美国人确实享受到了里根经济政策的好处。20 世纪 80 年代，对收入较高的美国人而言，他们的收入和财富都出现了稳定的增长，这主要得益于税率的降低和股票市场的繁荣。美国的上层阶级与其他民众的差距开始拉大，这在 20 世纪 20 年代以来还是第一次。

然而，即使在美国的中下阶层中，仍有很多人强烈支持自由市场的经济方针。为什么呢？为了回答这个问题，我们必须回顾一下马斯洛和英格莱哈特的理论。根据他们的理论，战后的经济繁荣让美国人民开始追求更高层次的自我实现以及更好的社会。随着经济繁荣时期的结束，美国人发现自己处在一个两难的困境之中。一方面，大部分美国人仍比他们的祖辈富裕许多；另一方面，财富增长的趋势已经停止，人们不能期望美国经济再像过去几十年那样高速增长了。很多美国人陷入了一种特殊的心理状态，特德·诺德豪斯和迈克尔·谢伦伯格把这种状态称为“不安全的富裕状态”。在这种状态下，人们的大部分物质需求已经被满足，但更高层次的精神需求却无法继续被满足，这些需求包括对更高社会地位的追求、对更多自我价值的追求以及其他后物质主义的抱负。这让公众普遍感到愤怒、焦虑，同时很想找出应该为这种失败负责的人。20 年前，公众也曾感受过同样的愤怒和焦虑，但当时这种愤怒和焦虑促使民众采取了政治上的行动，而目前的文化却把民众推向截然不同的方向。对很多美国人来说，20 世纪 60 年代的失败与过剩导致集体主义价值观受损。甚至连很多支持民主党的选民都认为，罗斯福新政之下的大量社会福利和社会的大幅扩张事实上削弱了国家实力。[①] 于是，很多人倒向经济个人主义的价值观，镀金时代的纸醉金迷再次成为人们迷恋的目标，民众日益认为个人的财富与国家和集体无关，主要来自个人的主观能动性。当然，在全球化、数字化、股东价值主宰一切的经济环境下，个人的主观能动性很多时候并不能带来成功。然而，这一悖论无法抹去自由资本主义传递给公众的强烈信念：或迟或早，美国的黎明终会来临。

与此同时，另一个因素也稀释了美国民众的愤怒和焦虑。虽然在自由市场的政策下，很多美国人的个人财富缩水了，但自由市场却向他们提供了获得自我满足的其他方式。随着电脑技术的高度发展，几乎所有产品和服务的成本和售价都大幅降低。1970—1989 年，美国耐用商品的实际价格下降了 26%。食物支出占家庭总支出的比例大幅下跌，每磅鸡肉的价格变成了过去的 1/2，一个麦当劳芝士汉堡的价格比过去低了 40%。消费成本变得如此低廉，限制人们消费的思想观念也开始发生显著的变化。在“二战”之前，节俭曾被美国人视作重要的美德，这种价值观在 20 世纪 70 年

① 同时，苏联和其他社会主义国家的困境也削弱了美国民众的乐观情绪，甚至连美国的左翼人士也不再相信在资本主义之外还存在其他可行的意识形态。

代的经济萧条期间出现了短暂的复兴。但是随着消费品价格的降低和极度丰富的商品产量，美国人终于完全抛弃了节俭的观念。用科技作家克里斯·安德森的话说："低廉的物价和丰富的商品教会我们如何浪费资源，也教会我们忽略关于成本和物质稀缺性的本能。"[16]

电脑技术不仅让消费变得更便宜，也让消费的过程变得更有趣。电脑化的集中生产线使商家可以快速完成产品的转化：一家工厂就可以生产出很多不同的产品，也可以更频繁地更新产品的型号。电脑化的供应链和物资仓储系统使得像沃尔玛和塔吉特这样的零售商可以轻松地向消费者提供丰富的商品种类。因为商品种类的增加刺激了消费者的消费欲望，商家在利润驱使下又会制造出更多种类的商品，如此不断循环。在20世纪50年代，一家典型的美国超市通常会出售3 000种不同的商品，即3 000种不同的库存量单位（SKU），[17]而到了1990年，这个数字变成了以前的10倍（沃尔玛等某些大型超市甚至可以同时出售10万种不同的商品）。[18]从汽车到服装，再到室内装饰和音乐，摩尔定律不仅促进了电脑计算能力的指数级增长，也促进了商品种类的指数级增长。消费者面对着几乎无限的商品选择，于是消费变成了一件完全个人化的事：每个人都可以从无数种商品和服务中选择，从而获得完全符合个人品位的消费体验。这方面非常典型的一个例子是：随着录像机的发明，我们再也没有必要观看和其他人相似的东西了。不管我们想看什么，一定可以从音像店租到完全符合我们需求的录像带：艺术电影、浪漫喜剧、日本动漫、恐怖片、血腥片、色情片（随着录像技术的发展，制作色情片变得更加简单和廉价，到20世纪80年代中期，色情业每周能产出150部新片）。[19] 20世纪80年代末，成千上万的影片以录像带的形式发行，录像带的销售和租赁收入超过了电影的票房收入。[20]在其他消费品领域，同样发生着这样的故事。据新学院大学施瓦茨经济政策分析中心的杰夫·马德里克估计，1970—1995年，美国每年的总消费商品种类增加了 10 倍。用马德里克的话说，大部分西方后工业化国家都进入了“消费者选择的时代”。

消费者和市场之间，经济与自我之间，形成了正反馈的循环，把消费主义的热潮进一步推向高峰。虽然我们无法继续改善个人的经济状况，却可以继续保持战后自我提高和自我发现的潮流。这个潮流的开端是对自我意识和自我实现的个人探索，现在这种探索已经完全被工业化和专业化了，变成整个社会的大型文化运动。我们重新装修房屋，让室内设计完全符合我们的内在情感。我们通过山达基教、超在禅定法等各种稀奇古怪的方法来追求内心的完善。健身和形体塑造在过去几十年中只是运动员和军事教练员的专利，如今却变成世俗宗教的核心。1970—1990 年，美国参加慢跑活动的公众数量从大约 10 万人[21]增加到 3 000 万人。[22]成千上万的健身房、体育用品店和产品目录如雨后春笋般地冒出来（从跑鞋到斯潘德克斯弹性纤维，从动感单车到跑步机，从一般健身中心到有氧健身法，从蛋白粉到碳水化合物负荷法，从心率监测仪到训练专用食品），这些商品和服务为消费者提供了一系列提高生产率的工具，让我们以前所未有的效率继续追求自我完善的目标。

电脑技术的发展不仅使自我发现过程更加便捷高效，还给我们提供了更多的融资渠道，让我们能够更轻松地支付自我发现的开销。有了以电脑为基础的信用分数，银行只需要几分钟的时间，就可以完成贷款决策，向消费者发放信用卡。以前这个过程通常至少要几天，甚至几个星期。金融方面的创新远不止如此，因为电脑使银行能够轻松地按照信用分数、收入及其他个人数据对消费者进行分类，不断增加的个人债务被银行打包成各种证券，卖给华尔街的投资人，立刻获得巨额的利润。现在，银行不仅有更强的动机向个人消费者发放贷款，也有更多的额外资本作为贷款的资金来源，因为通过销售债券化的贷款获得的现金又可以被再次用于贷款发放，而新的贷款又可以被再次证券化，如此不断循环。随着信贷供给的增加，利率变得很低，银行业传统盈利业务的利润收窄。为了抵消这方面的负面影响，满足华尔街所追求的高额回报率，银行采取了薄利多销的业务模型。消费者信贷和其他消费者产品一样，被包装成各种创新性的、充满野心的市场宣传计划进行推广。银行所提供的贷款种类几乎已经涵盖了任何你能想象到的领域：住房抵押贷款、汽车贷款、房屋装修贷款、大学教育贷款、度假贷款、游艇贷款，你甚至可以通过贷款来还债，或者贷款进行整容手术。银行提供的信贷越多，消费者花的钱也就越多。随着全球化进程、技术革新以及新的商业战略重塑我们的经济，我们的收入也许已经无法快速增长，然而我们的购买力仍然能够继续高速攀升。当然这样的特权同样是拜股东价值革命和数字革命所赐。一时间，美国公众产生了一种幻觉，仿佛战后的经济繁荣时代真的又回来了。

到了 20 世纪 90 年代中期，信息技术业和金融业的双重创新把美国经济推向了又一个繁荣的周期，美国人不仅重新开始了自我发现和自我身份创造的征途，并且把上述追求的强度提到了更高的水平。杨百翰大学的社会学家拉尔夫 · 布朗专门从事商业社会学研究，他认为，除了社会底层最穷的美国人以外，其他所有的美国人都已经习惯了通过消费来获得个人的身份，这种追求自我的途径如此高效，几乎变成了美国人的第二本能。拉尔夫 · 布朗说：“只要我们渴望在生命中获得一些新的东西，我们就可以去得到它。我们也许只要花费一秒钟的时间，就可以通过消费获得一种自我身份。这样做变得越来越简单，购买自我身份的效率也越来越高，这种高效本身已经变成美国人自我的一部分。”[23]

显然，我们不得不开始担忧这种高效率是否能维持下去。1987 年，由于电脑化的信贷条件过于宽松而产生的信贷泡沫终于破灭，泡沫的破灭导致股市崩盘，而电脑化的股票交易系统又进一步造成美国股市的完全失控。显然，高科技市场存在很多我们并不了解的风险。一位经验丰富的股票经纪人这样对我说："我们进行了这么多创新，我们根本不知道这些创新加总起来到底意味着什么。我们不知道技术将把我们带向何处。"[24] 同时，对消费者来说，虽然最新的经济环境给我们提供了更多诱惑，却并没有真正重塑我们的经济安全。虽然 20 世纪 90 年代末，美国人的收入增长速度有所提升，但美国的整体经济增长率（每年 2.3%）只相当于战后经济繁荣时期的 2/3。[25]

然而，不管经济情况如何，美国人已经无法停止追求自我满足的步伐了，为了达到这样的目标，人们积累了大量的债务：不仅是金融方面的债务，还包括社会、心理，甚至生理方面的债务。虽然我们更加迷恋健身和运动，身材却不断变得更加肥胖。我们每年消费大量的镇静剂和抗抑郁药物。自我提高的欲望空前强烈，以至大部分美国人根本没有时间和精力思考任何与自己无关的事情。很多批评家认为，追求自我曾经意味着自我价值的提升，意味着更多地参与社会活动，意味着在人格上更成熟、更具有马斯洛所说的"民主化特征"，而如今对自我的追求已经变成了自我沉迷和自我孤立，反而导致人们远离社会化的生活。作家皮特·马林曾经写道，现在所谓的"自我提高"已经完全变味，成为"脱离人类历史与道德，否认人类的共同价值和互惠互利原则"的代名词。[26]

倒退成为一种常态。20 世纪五六十年代的逃离城市风潮，变成了一场大规模的从社会撤退的运动。知识分子、学者以及其他"创造阶级"成员——几十年前这些人曾是进步运动的核心，曾为罗斯福新政自由主义的出现做出过重要的贡献，如今，他们抛弃了理想主义的追求，隐居于物质世界的海洋中。这群人如今追求的是新潮的社区、私立学校，甚至策略婚姻：和比自己经济社会地位低的人结婚或社交的情况越来越少见了。克里斯托弗·拉希抱怨说："实际上，他们已经把自己从公众生活中移除了。"[27]即使是对那些继续过公众生活的人来说，对自我的更多关注也导致团结和社区等传统价值观面临压力，对个人自由的更高期待导致集体性的、相互性的行为越来越稀少。很多社会批评家都认为这样的趋势令人担忧。作为城市社会演进过程的一位敏锐的观察者，艾伦·埃伦霍尔特曾于20世纪90年代中期向我们提出这样的警告："隐私、个人主义以及越来越多的选择并不是免费的，如果社会不对这些行为加以限制，就一定会为此付出沉重的代价。"[28]

20世纪90年代，冷漠成为美国社会的通病。哈佛大学的政治学家罗伯特·普特南曾经写过一部广为流传的著作，书名为《独自打保龄球》。在该书中，普特南认为美国民众正日益远离公共活动，他为这种"社会资本"的流失而哀叹。美国人不仅投票率下降了，对公共生活的参与度也越来越低。做志愿者的人减少了，给请愿书签名的人减少了，写给国会的抗议信少了，看政治新闻的人少了，去教堂的人少了，参加各种社区活动和会议的人也减少了，甚至人们去邻居家串门的次数和每个人拥有的亲密朋友也减少了，唯一保持增长的是物质主义的倾向：1965—1995年，在大学一年级新生中，把致富作为人生首要目标的人数比例从50%上升到了75%以上。[29]

在这种价值观的影响下，毫不掩饰的物质主义充斥着社会的每一个角落。如今体育明星变成了拥有自由经纪人的百万富翁。摇滚音乐人和作家一夜之间告别低调，尽情享受财富和名誉的光环。在商业世界中，人们甚至不屑再用高尚的商业道德标准作掩护，而是赤裸裸地追求最大化的个人利益。商业狙击手和套利交易专家每年的收入可以高达上亿美元。美国企业中CEO的平均收入是劳动者中位数收入的100倍以上（20年前只有

20倍）。[30]镀金时代再次回归，而那个时代的改革者们的努力似乎完全白费了。

面对这样的现象，我们根本无暇质疑这种新战略的可持续性，也无暇关心现在的消费者文化究竟能否长期发展下去。我们的注意力被另一轮个人权力的飙升夺走了，而这一轮新的革命把以自我为中心的经济推向气吞山河的新高峰。

在这轮新的革命中，最具代表性的偶像人物是长着一张娃娃脸的史蒂夫·乔布斯。1984年1月，乔布斯留着披头士乐队式的发型，穿着整洁漂亮的黑色西服，向一群鸦雀无声地坐在台下的苹果股东推出了苹果的麦金塔电脑。早在20世纪70年代，个人电脑就已经面世了，但是麦金塔是第一款真的满足了一般用户对尺寸和功能的需求的电脑，这一机型的成功将完全改变我们的世界。即使今天再回头去看这场1984年的麦金塔发布会（这个视频在网上随处可以找到），我们仍然会被这款机型的新颖所震惊：麦金塔电脑体积非常小，配有一款不断闪烁的黑白显示器，看到这款机型的时候，台下的人群仿佛触了电一样。当时，电脑行业以外的人几乎从没见过电脑屏幕上出现图形，靠鼠标点击、拖拽运行的“用户界面”更是闻所未闻的新玩意儿，当时的人们还在DOS系统下靠手工打字输入命令。也没有任何人见过能让用户在电脑上画画或者改变字体的软件。麦金塔电脑甚至还通过一段事先录好的独白对乔布斯和观众讲话，虽然这番演说带有一种奇怪的电子口音（说不定这种口音正是引起公众注意的关键因素），但麦金塔仍然立刻获得了广泛的关注和赞誉。人们看到了一种崭新的技术，虽然这种技术当时只具雏形，却有着魔术一般的魅力，因为它可以向我们提供我们从未想象过的个人权力，即使是在战后经济繁荣的顶峰，也从未有人拥有过这样的个人权力。随着这种技术的出现，欲望和拥有之间的距离，即“我是谁”和“我想要什么”之间的距离迅速向零靠近。

在互联网世界中，上述距离真的完全为零。20 世纪 90 年代中期，乔布斯这种点击操作的创举已成长为完整的用户平台。搜索引擎、电子公告牌、聊天室几乎瞬时向人们提供了一个无限的世界，在这个世界中，人们可拥有无限丰富的信息、互动和体验，从最小众的爱好到各种人类可能想象出的色情图片，再到政治不正确的讨论组，以及对新闻、体育、天气的数不清的分析与评论——只要是人类能想到的东西，网络世界里几乎都有。

至此，我们终于建成了新的经济范式，这种新的经济形态回答了我们所有深层次的焦虑，这种新的经济范式似乎穿越了旧经济秩序的一切限制和不平等。随着互联网为我们提供了空前的速度和规模，消费过程变得极度压缩与高效。也许我们的经济仍然充满了波动与不确定性——事实上对很多人来说，美国战后的信心与稳定感已经成为永不复返的繁华旧梦。但是，个人消费者似乎拥有了前所未有的权力去追求一切他想要的东西。现在，人们可以购买任何地方的东西，在任何地方工作，与任何地方的人交流，我们越来越少地依赖传统的生产系统，也越来越无须遵从专家与权威的意见。在数字革命的浪潮下，从前对社会起关键作用的各种中介服务（包括旅游经纪人、电话接线员、编辑和出版商）迅速变得多余了。甚至连金融市场也更大规模地开放了。到了世纪之交，已经有 700 万人参与网络交易，通过数字的力量（如玛丽亚·巴蒂罗莫和吉姆·克莱默等金融大师的神圣建议）打破更多个人权力的界限。CNBC（消费者新闻与商业频道）的“金钱甜心”巴蒂罗莫曾在 2000 年对她的观众说：“这已经不再是一场职业的游戏了。个人权力达到了前所未有的高度，因为普通人可以接触到更多信息了。”[31]

虽然上面的说法可能有一点夸张，但这些文字很好地描述了那个时刻美国奇怪的乐观主义：虽然经济上的安全感在不断降低，但民众却相信我们可以继续追求并获得更多的个人权力，这种信念变成了我们的信仰，缓解了一切经济上的焦虑。确实，随着网速的提高和信息效率的进步，我们迎来了一轮又一轮更快的满足机制，我们的预期和态度也随着这些技术的变化不断加速。我们很快觉得不可思议，我们竟然曾经容忍过实体市场所带来的延迟和不便，我们甚至忘记了实体市场曾被我们视作是先进的、充满优越性的；我们不仅越来越多地期望更快速的自我满足，甚至认为这是理所当然的。这种现象不仅发生在网络世界中，而且发生在社会的每一个角落。随着信息技术的高速发展，我们对可能性的认知已经发生了根本转变：只要我们对目前的任何东西有任何不满，我们就会坚信某种新的产品、体验或者互动（一种能够进一步缩小欲望和拥有、欲望和存在之间距离的机会）很快就会出现。人们对于史蒂夫·乔布斯及其玩具般的产品的欢呼不仅是真实的，而且是完全可以理解的。因为在麦金塔的发布会上，我们都瞥见了一种权力和自由，这种权力和自由很快就会被每一个个体所拥有。我们已经迫不及待地想要投身于这个新的时代。

第三章　权力的腐败

20 世纪 90 年代初，随着第二波数字革命浪潮把科技市场推向新的高峰，芝加哥大学的一位行为学家迪利普·索曼开始研究数字革命中的一项新技术——消费者信贷——对人类大脑的影响。索曼出生于印度，曾经是一名工程师，美国消费者对信用卡债务轻松随意的态度激起了索曼的好奇心，于是他为了研究消费者行为而搬到了芝加哥。美国消费者不仅用信用卡支付各种日常购物款项（这在印度根本闻所未闻），而且很多消费者长期负有大量信用卡债务，因此每月要支付高昂的信用卡利息。美国消费者的这种行为显然是非理性的。然而，在美国，这是一种常态。索曼观察到，甚至在芝加哥大学经济系，他的很多同事也同样欠着大量信用卡债务——这很有讽刺意味，因为经济系学者的特点之一就是把每个消费者都当作超级理性的决策者。索曼说，然而当决策涉及他们自己对消费者信贷的应用时，就连这方面的专家似乎也失去了理性，而被“另一种更加强烈的动机所驱动”。

索曼怀疑消费者大脑中的某些功能导致大家不能用对待现金的态度来对待信贷，为了验证这一假说，他设计了一系列巧妙的实验来测试使用现金与信用卡的区别。在其中一项实验中，索曼要求两组被试分别用信用卡和现金支付一些虚构的家庭账单，两组被试支付账单的数额是一样的。在支付完账单后，索曼向两组被试提供支出 450 美元度假的机会。索曼发现，虽然两组被试所支付的家庭账单数额一模一样，但是用信用卡支付账单的被试比用现金支付账单的被试更愿意在度假上花钱，前者在度假上的花费几乎是后者的 2 倍。在后续的一项实验中，索曼又发现了一个更有趣的现象。索曼在芝加哥大学的书店门外蹲守了 3 天，并询问从书店走出来的消费者是否记得在书店里购物所花费的具体金额。在记录受访人的答案以后，索曼将消费者回忆的金额与他们手中的收据进行对比。实验的结果非常有趣。在用现金、支票或借记卡付账的消费者中，有 2/3 的消费者能够准确地回忆起支出的具体金额，另外 1/3 的消费者对购物金额的回忆虽然有误差，但误差在 3 美元以内。而那些用信用卡付款的消费者，虽然离他们刷卡消费的时间还不到 10 分钟，却只有 1/3 的消费者对购物金额的记忆误差小于 1 美元。另外有 1/3 的消费者记忆中的购物金额比实际金额低 15%~20%。还有 1/3 的消费者根本不记得自己花了多少钱。如今就职于多伦多大学罗特曼管理学院的索曼这样告诉我："这个实验的结果让我恍然大悟。原来长期用信用卡购物的消费者根本就不会记得自己花了多少钱。"[1]

为什么消费者会记不住信用卡购物的支出金额？确切的原因还不是很清楚。有些研究者怀疑，信用卡支出所产生的"痛苦"会延迟传递到大脑，因此消费者对购物细节的记忆会比较模糊。不管具体的原因究竟是什么，研究的结果都显示消费者对信用卡购物存在一种反复出现的认知偏差：信用卡让我们摆脱了花钱的内疚感。另外还有一些研究显示，在其他条件相同的前提下，用信用卡购物的人比用现金购物的人花钱更多。刷信用卡的人给小费更慷慨，拍卖竞价时喊价更高。在一项研究中，研究者发现即使不让消费者真的使用信用卡，只要付账时让他们看到万事达卡或维萨卡的标志，就足以刺激消费者花更多的钱。似乎对人类的大脑来说，信用卡支出会让我们计算金钱的程序出现故障。虽然我们试图克服这样的错误，但很明显的一点是：作为一种刺激消费的“工具”，近几十年来消费者信贷出现了大规模的增长，不仅数量变得更多，而且消费者获得信贷也变得更容易了。现在我们几乎想不出还有任何交易不能用信用卡支付，在这样的大环境下，我们在计算金钱方面的这种思维漏洞也变得越来越严重。早在索曼进行上述研究的20世纪90年代，消费者无力偿还信用卡债务的现象就已经十分普遍了。在20世纪90年代，平均每个消费者所欠的信用卡债务已经是20世纪80年代的3倍。[2] 家庭债务的增长率比家庭收入的增长率快25%。（15年前这两个数据的增长率还是一致的。[3]）个人破产的概率也变成了以前的3倍。[4] 当然，你可以认为这些情况是由其他因素导致的，比如消费者金融知识水平的下降，或者金融机构恶意放贷行为的增加。但面对上述研究结果，我们不得不提出这样的疑问：我们的高科技消费者经济是否向个人消费者提供了过高的个人权力，而消费者根本没有能力理性地使用这些权力？我们是否已经跨越了某种神经学方面的经济极限？

上述可能性的存在令我们尴尬，然而这种可能性反映的是一种更为普遍的矛盾，这种矛盾正是冲动的社会的核心问题。在上一章中，我们看到，技术的发展、全球化的进程、更加唯利是图的商业模式以及政府干预的减少，后工业化经济向消费者提供了一种难以抗拒的诱惑：虽然我们不得不放弃战后社会的经济安全感，但作为补偿，我们却拥有了一种更吸引人的新能力——我们可以更轻松地进行自我发现和身份追求。为此，商家向我们提供了各种各样的工具和渠道，包括更廉价的、更快速的食品，更强大的汽车，24小时不间断的娱乐场所，以及非常容易获得的个人信贷。

然而，没过多久，这桩美事就变得越来越像浮士德与魔鬼的交易。在现代生活的方方面面，自我发现已经变成了一场以自我为中心的、自我满足的狂欢。我们的消费支出达到了天文数字。我们的肥胖率不断攀升（1970—1995 年，美国成年人中超重的人群比例从 3/20 飙升到 3/10）。吸毒、滥交、出轨者的比例都在不断攀升。在美国，过度的不仅仅是消费。人们的耐心、教养以及自制力似乎都严重缺乏。我们开起车来速度更快，态度更蛮横了。政治领域的党派分化更加严重，更加充满敌意。我们在网络世界中疯狂地互相伤害。随着美国人越来越追求个人实现，社区、邻里、社会等纽带都变得越来越弱。我们追求的所谓自我似乎只是一个被宠坏了的讨厌小孩，总是冲动行事，不愿考虑自己行为的后果。

那么，我们为什么会变成这样？至少从某种程度上说，上述现象的成因是文化的腐蚀：曾经对我们内心孩子般的自我起限制作用的传统价值观被消费主义文化慢慢腐蚀了，而这种消费主义文化在科学和宗教领域都导致了追求即时自我满足的倾向。但随着研究数据的不断积累，我们发现这种现象背后还存在另一个原因，那就是自我权力意识的苏醒。简而言之，消费者经济给予个人太多赤裸裸的权力，于是在追求完美自我的过程中，我们几乎不可能保持适度，而必然走向过火的境界。

现代化的个人权力确实给我们带来了很大的挑战，这并不是一种很激进的观点。我们的大脑习惯了史前那种物质稀缺的、不确定性很高的环境。因此，当我们面对后工业化和后物质主义的社会时，相对丰富的物质产品和确定性的增加必然给我们的思维带来一些挑战。然而，即便我们明白这样的道理，古老的生理功能和当代现实之间的错配仍让我们感到震惊，这种错配带来的后果也是非常惊人的。

这方面最典型的例子涉及我们对“跨期选择”问题的决策。所谓“跨期选择”，是指那些我们必须对现在和未来的情况进行综合考虑才能做出的决策。比如，我们是应该今天把钱花掉，还是把钱存起来为退休做准备？我们是应该现在忍受辛苦、努力锻炼，还是宁愿日后心脏病发、英年早逝？我们是在圣诞节派对上和同事调情，还是为了享受未来30年婚姻生活所带来的各种好处而克制这种冲动？这类跨期选择问题是我们最常面对的个人选择，也是最重要的个人选择类型之一。跨期选择决定了我们生活的方方面面，从个人健康、理财，到一些集体性的抉择——比如国家负债水平、医疗改革以及气候变化。不幸的是，跨期选择也是我们最容易出错的决策领域之一。在这方面，我们三番五次地犯错误，即使我们明明知道短暂的满足会带来长期的痛苦，我们也常常无法抗拒即时奖励的诱惑（或者试图推迟即时惩罚）。整部人类历史充满了错误的跨期选择所带来的各种灾难。

为什么跨期选择对我们来说如此困难呢？1980年，康奈尔大学的一位经济学家理查德·塞勒为我们提供了一种解释。塞勒认为，要想用理性的方式理解人类在跨期选择方面的非理性行为，我们就必须这样设想：人类的大脑不是一个决策整体，而是两种同时存在的自我的联合体。塞勒将其中的一个自我称为“短视的冲动者”，这个自我只想获得快速的、高效的即时满足。而另一个自我则是“长远的计划者”，这个自我的任务是管理（或者说试图管理）“短视的冲动者”。当时，塞勒并不认为人类的大脑中真的存在这样两个不同的生理部分。他的这种说法带有比喻的意思：我们的决策过程就仿佛有两个同时存在的自我一般，他们会在同一时间点发生冲突，而这种冲突会导致我们做出非理性的错误决策。[5]

塞勒的这种双重自我模型为他招来了很多攻击。虽然这种理论并不是全新的——弗洛伊德也曾提出过自我和超我之间的矛盾，甚至最受尊敬的经济学家亚当·斯密也曾在他的著作中描述过“激情”与“公正的旁观者”之间的冲突。[6]然而在塞勒的时代，这种双重自我模型却成了主流经济学家猛烈攻击的靶子。因为当时的经济学界主要由新古典主义经济理论控制，而该理论的核心正是每个人的理性选择特点。新古典主义经济学家假设每个个体都会认真权衡所有行为的成本与收益，以实现个人效用的最大化。在这样一个理性的世界中，塞勒的理论当然被当作一种离经叛道的亵渎。整个效率市场理论成立的基础就是市场中的所有行为体都必须是理性人，都不会明知不合理还做出对自己不利的决定。如果这种理性假设不成立，市场就不再是人类智慧的总和。因此，塞勒的双重自我模型受到了尖锐的批评。塞勒告诉我，迈克尔·詹森曾公开指责塞勒的理论是“完全错误的”。[7]迈克尔·詹森曾经是塞勒的同事，也是自由市场理论的支持者。后来，塞勒在芝加哥大学经济系就职期间，该系一位与理性市场理论渊源颇深的诺贝尔奖得主居然因为理论上的分歧而拒绝与塞勒说话。[8]

然而，事实证明塞勒的理论是正确的。20世纪80年代后期，大脑扫描等最新医学技术开始向我们揭示人类决策过程的生理基础：事实上，我们做决策时，确实有两种截然不同的心理过程在进行激烈的对抗。这场对决的一方是一种高级认知过程，主导这一过程的是大脑的前额皮质。前额皮质属于人类大脑相对现代的结构，负责抽象思维和解决复杂问题。这场对决的另一方是一种较为古老的心理过程，掌控这一过程的部分主要是大脑的边缘系统，又称“蜥蜴脑”。蜥蜴脑主要负责控制人类对危险、性行为以及其他与生存紧密相关的活动。前额皮质和蜥蜴脑不管从哪方面看都是一对完全不匹配的对手，这两部分不仅决策的方式不同，更重要的是，它们能够感知和不能感知的事物也是截然不同的：我们的前额皮质明白今天的疯狂消费或者婚外恋会导致一个月以后的高额成本，然而我们的蜥蜴脑完全不考虑未来的后果。因为蜥蜴脑在进化上主要负责处理眼前的危机情况，比如战或逃，因此这一系统完全不考虑当下的危险以外的任何情况，“未来”完全处于蜥蜴脑的盲区之中。2004 年，普林斯顿大学一项著名的大脑扫描研究显示，当实验对象接受即时奖励时，他们大脑的边缘区域高亮，也就是说这一区域产生了大量的神经活动。而当研究者向实验对象承诺未来给予他们某些奖励时，实验对象的大脑边缘区域完全不亮。对人类的蜥蜴脑来说，“未来”的概念根本就不存在。

蜥蜴脑的这种“未来”盲区是非常重要的。这一生理特点是自我与市场矛盾的核心基础之一。因为大脑的边缘系统在人类的冲动行为方面起决定作用。当我们看到自己想要的东西时，大脑的边缘系统会立刻启动一系列强有力的神经活动，促使我们快速行动。大脑的边缘系统可以释放多种神经递质，比如刺激冲动的去甲肾上腺素，以及产生快感的多巴胺（可卡因之所以会让我们变得更加冲动，原因之一就是它能促进多巴胺的分泌和释放）。[9] 此外，我们的大脑边缘系统还能够通过调控情绪来达到自己的目的：比如，当我们看到一个填满奶油的甜甜圈时，大脑边缘系统只需要几毫秒就能让我们的脑中充满“爱慕”的情绪——想吃甜甜圈的欲望。这种情绪让我们的整个身体都想采取行动，甚至理性化的前额皮质也会在大脑边缘系统的影响下放弃对成本的核算，转而追求即时的满足。当我们大脑的边缘系统呼唤我们行动时，前额皮质通常会不自主地产生一些与上述冲动相关的思考，这种思考通常都支持我们做出冲动的行为（比如“我今天工作很辛苦，我应该吃个甜甜圈”）。这种不自主的思考通常就是我们的直觉或者“内心的声音”①。换句话说，只需几

① 弗吉尼亚大学的一位社会心理学家和神经动力学专家乔纳森·海德特曾这样写道：“当你想到自己讨厌的政客，或者和自己的配偶发生争执的时候，就会产生这样的心理过程。你就好像马上要上法庭做证一样，开始准备你的辩护词。你的逻辑推理能力不由自主地开始产生各种各样的论点。这些论点都支持你的意见，而对他人的意见进行反对和攻击。”参见 Haidt，“Moral Psychology and the Misunderstanding of Religion” Edge.org，Sept. 21，2007。

秒钟，我们的大脑边缘系统就能改变我们的心理和神经系统，让我们追求各种短期的目标：从吃甜甜圈到对不守交通规则的摩托车驾驶员大喊大叫，虽然这些短期目标完全不符合我们的正常行为模式。卡内基-梅隆大学的一位行为经济学家乔治·勒文施泰因曾这样写道：我们的大脑边缘系统可以“将我们变成完全不同的人”。[10]

当然，负责理性决策的大脑部分——前额皮质也有自己的功能。前额皮质能够提出相反的论点，并产生负面的情绪（比如羞耻感）来阻挠大脑边缘系统的行动。但大脑边缘系统的反应是非常迅速和高效的，在这一点上，前额皮质存在巨大的劣势。要想阻止追求即时满足的冲动，前额皮质不仅需要提出有说服力的反对观点（比如“甜甜圈会让我发胖”），还需要在提出这些论点的同时制造足够的情绪冲动。前额皮质制造的情绪冲动会与大脑边缘系统制造的情绪冲动互相竞争，看谁能赢得意识的认同。勒文施泰因认为，问题的关键在于未来的事情（比如收到信用卡账单的痛苦，或者拥有完美的形体所产生的快乐）常常无法转化成此时此地的强大情绪。有时我们缺乏足够的信息对未来的情况做出明确的判断。有时情况过于复杂，超乎想象，或者未来的情况超出了我们的经验范围，导致我们无法理解未来的后果。由于上述种种原因，未来的情况对我们来说常常是“不可触及”的。而勒文施泰因认为，正是由于这样的原因，我们的前额皮质常常不能产生足够强烈的情绪冲动，以对抗大脑边缘区域强有力的野性呼唤。

这种不平等的角力导致我们长期被大脑边缘系统的短视所控制。因为大脑边缘系统在表达欲望方面占支配地位，我们对即时选择（不管是快感还是成本）的感受总是非常强烈的，而对未来选择（比如风险）的感受则比较微弱和模糊。19 世纪著名经济学家阿瑟·皮古曾这样说道：当我们考虑未来的情况时，我们好像是把望远镜拿反了，越远处的东西看起来就越小。用现代经济学的术语来说，我们对于未来的价值总会进行“贴现”折算，由于贴现率如此之高，未来的奖励必须比现实的收益大出许多，我们才可能放弃眼前的利益而选择追求长期目标。我们在心理学实验中发现，被试常常会选择眼前的微小奖励，而放弃较大的延迟奖励（比如几周后寄到的亚马逊礼品卡）。在普林斯顿大学的大脑扫描研究论文中，即使向被试提供每周 5% 或每年 250% 的收益，他们也不愿意接受延迟的奖励。这篇论文的主要作者萨姆·麦克卢尔告诉我：“这实在太荒谬了。如果你的银行账户能向你提供每周 1% 的收益，你很快就发财了。”然而，这种非常荒谬的贴现率却是我们思维方式的一部分。这种思维上的漏洞能帮助我们理解为什么人类总是不断做出各种错误的跨期选择。

消费者信贷产品就充分利用了我们的这种思维漏洞。对由大脑边缘系统控制的“短视冲动者”而言，用信用卡购物只意味着当下的快感和即时满足，而没有任何成本。[①] 事实上，用信用卡消费当然不是没有成本的。30 天后收到信用卡账单时，我们会感到痛苦。而随着未支付的信用卡债务产生利息和罚金，我们的痛苦将会不断放大。然而对“短视的冲动者”而言，这些未来的惩罚都是不存在的。虽然我们的前额皮质能够预见到这种未来的痛苦，但是“理性计划者”缺乏将未来的痛苦变成强烈的当下刺激的能力——用勒文施泰因的话来说，前额皮质没有办法将这种痛苦“现时化”，因此也就无法赢得与大脑边缘系统的战争。于是，虽然明知无力承担这些消费，我们还是会将 3 000 美元的宽屏电视机或者 4 万美元的皮卡刷卡买回家。我们的短视行为远远不止滥用信用卡。很多时候，我们虽然明知未来的成本很高，却仍然无法抗拒即时快感的诱惑。（因此我们吃下了

① 而大脑边缘系统非常讨厌用现金购物，因为现金被视作一种需要保护的财产，一旦我们花费了现金，大脑边缘系统就会将其视作一种损失。于是大脑边缘系统会在我们的大脑中释放出大量导致反感情绪的神经递质，从而抵制这种消费行为。

汉堡王的三层芝士汉堡，喝下了第四杯红酒，因为某个人的一个眼神而违背了婚姻的誓约。）如果冲动的社会有国旗的话，那么最恰当的国旗图案就是一个反拿望远镜，从错误的一端看向远方的人。

显然，在人类的历史中，这种对未来进行贴现处理的做法曾经是非常合理的。我们远古的祖先是不折不扣地活在当下的人，他们的生活就是从一个当下奔向另一个当下，不断追逐着粮草和猎物（这些东西被很快吃掉，然后来不及完全消化就排出了体外），不断为了领土和异性展开激烈的竞争。在这样严峻的环境中，只看当下是唯一合理的生存策略，只有为当下拼尽全力的人才可能继续活下去，才可能拥有未来。

但是，有一点是非常清楚的，那就是在必要的时候，我们的祖先有能力克服人类这种天然的短视倾向。随着长期计划变得越来越必要（随着气候的变化，我们逐渐改变了获取食物的战略，转向农耕等需要耐心和长期计划的生活方式），人类发明了各种外在的、社会化的手段来克制我们本能的冲动。各种社会化限制是在人类进化的过程中逐渐产生的，人类学家罗伯特·博伊德和皮特·里彻森将这些社会限制称为“社会应急方案”：这套方案包括各种各样的社会禁忌和法律，这些禁忌和法律对冲动行为进行严厉的惩罚，我们通过婚姻、物权以及合同来鼓励长期投资和长期承诺。这套社会应急方案的意义是极为重大的，通过惩罚短视行为和奖励富有耐心的长期行为，我们的社会因此可以采取更为先进成熟的生存战略（比如贸易、灌溉农业以及制造业），我们因此能够着眼于更长的时段，取得更大的经营规模，实现更高的效率。这些更先进的生存策略为人类创造了更多的财富，随着财富的增加，社会又有能力设计出更精细的冲动控制体系。人类文明史就是一部与冲动和短视不断斗争的历史，我们的社会通过各种方法说服、强迫或其他方式引导个体压抑自己冲动和短视的倾向，只有当我们成功抑制这些不良习惯的时候，人类文明才可能向前发展。

然而，到了16世纪，我们发明了一些新的制度，包括资本主义、自由民主以及新教教义，随着这些制度的产生，情况变得复杂起来。上述制度提高了商业自由度，保护了个人的政治权利，并让个人拥有直接与上帝交流的权利——这些制度的共同特点就是对个人权力的放大。当然，这些制度的设计都十分精妙，把合作作为制度实行的前提，对个人的权力进行了有效的限制。比如，为了获得个人的民主自由，我们必须首先加入共同的公民义务网络，并同意为履行这些义务而节制个人的利益。为了获得自由贸易的机会，我们承诺在进行贸易时秉承公平和诚实的原则；为了获得与上帝交流的权利，我们必须接受一种强调克制的宗教文化。卢梭在他的《社会契约论》中提出过这样的看法：自由社会"通过剥夺个人的自然力量"来"赋予他们社会力量，而这种社会力量只有在别人的帮助下才能使用"。在卢梭的理论中，社会与个人进行了这样的交易：给我耐心与合作，我将用集体的规模、杠杆、智慧来保证你获得长期稳定和安全的生活。只要接受这样的条件，你将获得靠个人单打独斗永远无法获得的幸福。

正是在这样的契约条件下，人类文明达到了辉煌的高峰（至少在工业化的西方国家如此），这种高峰可以出现在维多利亚时期的英格兰，也可以出现在20世纪初的美国。维多利亚时代所创造的空前财富和帝国雄风直接来源于一种极度保守的、高效的个人克制文化。同样，在20世纪初的美国，一套新型的官僚主义秩序（包括政府、学校、公司以及其他科层组织，这些机构共同服从一种新的行为科学的指导）使用各种高压手段（从罪恶税和令人平静的建筑风格，到时间管理文化和步步为营的职业阶梯[11]），有系统地控制人类的冲动和短视倾向（同时控制很多其他方面）。

我们的社会从未停止过与冲动和短视的斗争，任何胜利都是暂时性的。事实上，我们之所以曾经取得这场战争的胜利，是因为大部分人除了自我克制之外没有其他选择。只要我们还生活在匮乏和不安全的环境中，普通人的最佳生存策略就只能是向耐心与合作的社会规范投降。然而，一旦更高效的个人生存战略产生，一旦这种战略能够让每个个体更快、更独立地获得满足（随着19世纪西方社会的工业化进程，这种新的战略确实产生了），作为一个追求效率的物种，我们就一定会最大限度地拥抱这种新的战略。我们很容易理解，当这种新的战略产生时，几万年来的社会控制开始失效，我们冲动和短视的本能即将再次获得释放。

时至今日，能阻止我们大脑边缘系统进行独裁的自然限制已经变得非常稀缺。虽然我们的收入增长缓慢，但数字化革命加速了效率的提升，能给我们带来基本满足的商品变得越来越便宜。食品变得极为廉价，以至卡通化的巨型包装成了很多餐馆爱用的营销策略：半加仑（约1.89升）的超大杯软饮料、深不见底的虾桶、无穷无尽的自助餐。（“能吃多少就吃多少”是全世界发展最快的饮食哲学。）同时，无穷无尽的信息和娱乐便宜到几乎不要钱，于是人类仅存的怀疑精神成为我们自我克制的唯一来源。

习惯了物质稀缺的人类大脑必须适应物质过度丰富的现代社会，然而这还不是我们面临的最大的挑战。最大的挑战是，在这个物质超级丰富的市场上，商家的营销策略尽一切可能利用我们的这一弱点，拼命挑动我们的冲动与短视。比如，大型制造商将青少年市场作为营销的重点，这很大程度上是因为商家明白孩子和青少年由于思维发展上的缺陷，缺乏耐心和想象未来的能力，因此他们是最容易受市场宣传手段影响而过度消费的群体。再比如上文提到过的消费者信贷，虽然如今个人信贷变得极度廉价且容易获得，然而更危险的是，信贷产业的商家以上述神经科学理论为基础来设计其市场营销策略（比如极低的“最低每月还款额”和超高的信贷额度），这些策略针对的正是我们思维上的漏洞和缺陷。

雪上加霜的是，随着计算成本的降低，个人信贷的核心理念（将眼前的利益和未来的成本分离，将当下的快感和未来的痛苦分离）被植入消费者经济的所有方面。从快餐到娱乐，再到社会互动，几乎每一种消费体验都故意将即时奖励的成本推迟，在很多情况下，商家的设计是如此精妙，以至对消费者来说，好像眼前的享乐根本没有任何成本。如今获得满足的速度成了所有消费体验的首要评判标准。每季度，商家都会投入大量金钱和其他资源，只为将满足消费者的时间缩短几分钟甚至几秒钟。亚马逊和eBay（易贝）等零售商正在尝试提供当日送达的快递服务。快餐店可以直接将外卖送到消费者的汽车里。[12]（相信很快我们就可以用远程控制的机器人来完成这项任务了。）奈飞等在线影视公司能在一天内发布整季最新的电视节目，这样用户就可以马拉松式地（或者应该说"彻夜狂欢式"地）一口气看完一整季新剧。汽车公司为消费者提供极度宽松的信贷标准，即使违约不付房贷的人也可以贷款购置最新款的皮卡。① 有了智能手机上的各种App，你可以随时随地（在火车上、在朋友的公寓里，或者是面对杂志中的一幅图片）扫描商品的二维码，然后要求商家送货上门。[13]

按照目前消费者科技的发展速度[可以实时传递商品的3D（三维）打印机、可穿戴的智能手机、逼真到可以提供性服务的机器人]，未来人类的大脑将会受到越来越多的挑战，因为我们一时无法改变将望远镜拿反的习惯。市场与消费者自我之间的关系正变得越来越令人担忧，这个关系的一端是不断赋予消费者更多能力的经济，而另一端是由于神经生理因素而必然滥用这些能力的消费者。如果目前的趋势持续下去，我们可能很快就会到达一个无法回头的毁灭悬崖。

---

① 事实上，只要你还没有破产，你就会收到各种金融中介和信用卡公司的广告，邀请你通过借钱来"重新建立个人信用"！

当我们了解了人类思维方面的偏差，以及商家是怎样巧妙地利用（用现在的词汇说应该叫“挖掘”）这些思维偏差的，我们就会很清楚地看到：要让这种以自我为中心的经济变得更加可持续是非常困难的，甚至降低这种消费主义经济的疯狂程度都是一项非常艰巨的任务。如今，再想通过传统的压抑手段，通过自上而下的管制措施来控制个人的冲动只会导致惨败。比如，纽约市前市长布隆伯格曾试图禁止商家向消费者出售超大杯碳酸饮料的努力，以及任何试图改变枪械持有权的荒诞现状的努力。此外，通过复兴“耻辱文化”来鼓励人们自我克制的运动似乎也没有什么前途。比如，既不环保又不符合政治正确方向的 SUV（运动型多用途汽车）屡禁不止。只有行为科学方面的进展让我们看到了微小的希望，某些以行为科学为基础的微妙调控手段也许能帮助我们克服人类大脑与生俱来的思维缺陷。20 世纪 70 年代曾进行过著名的“棉花糖实验”的研究者沃尔特·米舍尔发展了一套能够培养儿童耐心的有效训练策略。这是一项非常重要的成就，因为缺乏耐心的儿童成长为缺乏耐心的成人的可能性极大。[14] 此外，我们在行为科学的研究方面还取得了其他重要的成果，比如理查德·塞勒（双重自我模型的提出者）及其合作者卡斯·桑斯坦研究出的选择构建体系。选择构建体系主要是通过一系列精心设计的技术、基础设施及其他环境设计因素巧妙地引导我们采取更有耐心的行为，鼓励我们从更长远的角度来思考问题。比如，我们可以在智能手机上安装能自动追踪我们每日支出的 App，这些 App 在我们超支时向我们发送警告。

然而，在目前消费主义盛行的环境中，上述努力就如逆水行舟一般艰难。我们的政治文化越来越鼓励个人对政策和政治事件做出快速、本能的反应。个人自由主义的意识形态与消费主义的市场一拍即合，两者共同排斥和拒绝任何影响我们的自我认识和自我发现的因素，因为自我认识和自我发现已经成为我们时代最重要、最具正当性的个人目标（著名的雅皮士活动家杰瑞·鲁宾曾在1970年发出过这样的呐喊：“只要我们看到规则，我们就必须打破它。打破规则是我们发现自我的唯一手段。”[15]）。此外，越来越多的研究结果显示，未来越是充满不确定性，人类的短视倾向就会表现得愈加明显，而新的经济模式似乎正在让未来变得越来越不确定。

更值得担忧的是，一些最严重的短视偏差不是发生在消费者层面，而是发生在政府，特别是公司的制度层面。上文所提到的选择构建体系也许能对消费者的行为进行一些正面的限制，对制度上的问题却无能为力。在很多行业中，如今公司的高管拥有一整套令人叹为观止的工具、技术以及其他能力，因此他们可以实现非常快速的回报。对这些高管而言，他们不仅和普通人一样有对未来成本进行贴现的本能思维漏洞，而且他们所处的公司文化也充满了冲动和短视的哲学。在很多公司中，管理者面临巨大的竞争压力，因此一旦任何机会出现，他们就必须尽一切可能抓住并挖掘这些机会的潜力。即使这些商业机会从长期来看会产生高昂的社会成本，金钱的驱动和商业文化的压力仍会鼓励管理者追逐这些机会。比如，虽然大规模裁员会给社会带来沉重的负担，我们仍然经常看到公司管理者为了快速提升股价和保护个人的奖金收入而这样做。在金融行业中，这样的情况也非常普遍。日益成熟的技术让银行家和交易员有能力快速积累天文数字般的财富，同时将整个金融市场置于危险之中。事实上，在今天的金融板块中，从业人员不仅利用各种技术将风险和收益相分离，甚至还利用高科技手段将风险重新转嫁（美其名曰“重新分配”）给其他人甚至整个社会。这样的行为在今天的金融板块中已经成为标准化的常规操作。上述现象可以部分归因于我们在跨期选择时的思维缺陷。但最大化个人收益和机构收益，却将未来成本转嫁给他人的倾向，事实上显示了我们思维决策方面的第二个漏洞，该漏洞不仅导致我们不能充分认识未来的后果，还导致我们缺乏重视未来后果的能力。

20 世纪 70 年代初，天普大学的心理学家戴维·基普尼斯进行了一系列心理学实验，实验的主要目的是研究权力是否影响个人的道德和价值观，尤其是权力是否确实会导致腐败。在一系列实验中，基普尼斯设计了一种虚构的工作场景：一部分被试扮演经理的角色，另一部分则扮演员工的角色。在某些实验场景中，基普尼斯只赋予经理很少的权力：他要求经理通过劝说的方法要求员工完成一项工作任务。在另一种实验场景中，经理则获得了很大的权力：他们可以解雇员工、将员工转去其他部门，或者提升员工的职位。在实验过程中，基普尼斯观察了不同设定下经理的行为变化。事实证明，权力的效应是非常惊人的。基普尼斯发现，没有权力的经理通常会采用“理性的战术”，比如和员工商讨工作的目标；而拥有权力的经理则会尽量利用权力，他们更容易采取强迫性的“高压战略”，比如批评员工的表现，向员工提出要求，以及对员工表示愤怒。[16] 拥有权力的经理更倾向于对员工的工作表示不满，他们也更容易将员工的成功归因于自己。此外，拥有权力的经理常常与员工保持心理上的距离。根据这些实验结果，基普尼斯提出了权力变质模型，他认为权力会导致自我意识的膨胀，并降低对无权者的同情心。[17]

虽然基普尼斯的研究针对的是近 40 年前的职场环境，但他的研究可能同样适用于今天盛行的激进的自我营销文化。在基普尼斯的研究之后，还有很多其他的研究证实了权力确实会改变我们对他人的行为模式。超过 10 项研究显示，拥有某种权力（比如管理权限、社会地位或金钱）的个人更容易为了追求个人利益而违反社会规范。权力会让我们变得更粗鲁，更容易侵犯他人的个人空间，更容易带着偏见看人，更倾向于作弊甚至违法。加州大学伯克利分校的心理学家保罗·皮福曾做过一项经典的心理学研究。在这项研究中，皮福发现，社会地位高的司机（即驾驶豪车的司机）的驾驶行为更具有侵犯性：在一个不受交通管制的路口，高社会地位司机抢夺他人路权的概率是低社会地位司机的近4倍；当穿过人行横道时，高社会地位司机无视过马路的行人继续前进的概率是低社会地位司机的近3倍。

可能有人会说，不一定是权力导致了这些反社会的行为，也有可能是性格更积极、更以自我为中心的人比较容易获得经济和社会方面的权力。但是，目前很多这方面的研究成果都显示，权力与反社会行为之间确实存在着因果关系。哪怕我们只是暂时让被试认为自己拥有金钱和权力，也会促使他们产生更以自我为中心或者更激进的行为。2012年，皮福进行了这样一项实验：在实验中，两个被试会一起进行《大富翁》游戏，但是两人权力的分配却被故意设定得不对称。其中一位被试拥有更多现金，并且每次可以掷两个骰子；而第二个被试只有对方1/2的现金，每次只能掷一个骰子。从实验一开始，现金和骰子数量更多的被试（地位高的被试）就表现出了明显不同的行为。首先，地位高的被试占据了游戏桌更大的面积。其次，地位高的被试更不愿意与对手进行眼神接触，行为也更自由随意（比如帮地位低的被试移动棋子等）。在移动自己的棋子时，地位高的被试更加用力，移动棋子发出的声响可以达到地位低的被试的3倍（实验场地配备了分贝仪）。换句话说，地位高的被试虽然只是暂时被赋予了更高的权力，但他们表现出来的行为与现实社会中权力更大、社会地位更高的人的行为是一致的。皮福告诉我："我们让被试参加一些不涉及重大利益的小游戏，在这些游戏中，我们故意将规则设定得不平等——这一点是完全透明的，地位高的被试非常清楚，自己只是因为不平等的规则设计而暂时获得了更大的权力。然而在获得这些暂时的权力仅仅几分钟后，双方之间的权力角色就表现得非常明显，这些暂时获得微小权力的人所表现出的行为模式与我们在社会上见到的真正具有高社会地位的人的行为特点是完全一致的。"[18]

为什么权力会导致以自我为中心的行为呢？具体的机制涉及一些比较复杂的过程，但是研究者已经很好地理解了其中的基本原理。心理学家达谢·凯尔特纳是权力研究方面的先驱，他认为，关于权力和地位的感受启动了我们的“追求系统”，这一神经机制会促使我们更努力地满足自己的基本需求，比如情爱、社会认同以及获得他人的关注；同时这种“追求系统”也会使我们更努力地去追求一些其他需求，比如金钱。凯尔特纳说：“一旦启动这种追求系统，它就会为你提供前进的动力，你会更热情地追求各种东西。”更重要的是，权力不仅让我们的行为变得更激进，还会让我们对其他人的感受和社会规范变得更迟钝。凯尔特纳说，追求系统的启动和上述敏感度的降低能够产生显著的效应：“一旦你觉得自己拥有权力，任何东西看上去都不错，都非常值得追求。于是你会努力追求任何看起来不错的目标：这个目标可能是获得更大份额的公共产品，也可能是你的秘书，或者其他任何东西。”[19]

说实话，对我们大部分人来说，并不需要什么理论支持，我们也知道社会上有钱和有权的人经常表现得像一群无耻的混蛋。但是，我之所以在此处列举各种心理学研究方面的证据，是为了说明权力和唯我主义之间确实存在着强大和根本性的联系，而这种联系在冲动的社会的形成过程中发挥了重要的作用。今天，虽然个人的实际权力正在下降，但我们却更激进地追求个人利益的提升，这已成为社会所有阶层的共同特点。目前的事实是，对越来越多的人来说，战后时期我们曾经拥有的现实的、持久的、真正的个人权力（比如收入的提高、更受民意影响的政府机构、更有安全感的社区意识等）如今已变得非常缺乏。然而，从文化的角度来看，20 世纪 80 年代兴起的鼓励个人追求自我利益的风潮今天却变得更为强烈，这种文化意味着我们可以毫不愧疚地使用我们手中剩余的任何个人权力来进行激进的自我追求。同时，消费者市场不断发明各种新颖的工具，这些工具不仅让激进的自我追求过程变得更轻松、更高效，也更有可能发生。大量的商品和服务直接针对我们内心的渴求，公开鼓励消费者追求更激进的个人权力：商家设计出了超重低音的环绕立体声汽车音响，并在广告中公开宣传这种产品的目的就是让整个社区都对你羡慕不已；商家甚至还推出了简直能烧焦视网膜的高亮远光灯，这种远光灯的广告声称该产品能够彰显你“激进的驾驶风格”（即亮瞎对面司机的双眼）。

为了更好地理解这一点，我们不妨回顾一下过去25年来汽车和卡车设计方面的变化趋势。在这方面，商家展现出了惊人的智慧，它们毫不含糊、毫无羞耻之心地把权力和对权力的滥用充分融入车辆的设计之中。20世纪90年代，一位名叫基思·布拉德舍的记者兼作家记录了这样的情况：底特律设计的汽车不仅比以前的车型体积更大，马力更强，甚至在外形方面故意设计得凶狠而令人害怕。比如，克莱斯勒的最新款公羊皮卡和杜兰多SUV在外观设计方面都故意模仿了食肉动物的外形。进入21世纪以后，美国三大汽车公司再次推出了更大、更强、外形更吓人的新车型，更宽、更重的金属车身仿佛穿着厚厚的盔甲，车辆的高度也再次提升，让驾驶员能坐在指挥官一般的更高位置上。这些车辆不仅外形吓人，在交通安全方面也同样让人害怕。SUV司机的行车速度更快了，平均事故率更高了，同时由于车辆的体积、重量及其他配置的关系，他们在车祸中造成的损失也变得比以前更严重了。这方面的研究显示，虽然驾驶SUV可以显著降低司机本人在车祸中受伤的概率，但是被SUV撞到的司机受伤或死亡的概率却是被普通车辆撞到的2倍。[20]然而，这种安全方面的不平等居然成为SUV生产商宣传的卖点之一。一位与底特律的汽车生产商密切合作的市场营销专家克洛泰尔·拉帕耶曾明确表示，SUV车型这种几近野蛮的特点是汽车厂家故意为之，目的是刺激消费者的蜥蜴脑。蜥蜴脑是人类大脑中一个非常古老的神经部分，其主要任务是促使每个人最大化自己生存和繁殖的概率。人类的蜥蜴脑并不关心大型 SUV 所带来的所谓“外部成本”：高油耗、大量尾气排放，以及其他司机的安全。事实上，对蜥蜴脑而言，街上的每一个陌生人都可能威胁我们的生存，所有其他司机都是我们潜在的敌人。在与布拉德舍的对话中，拉帕耶表现出了惊人的坦率，他说：“我们的蜥蜴脑认为，如果出了车祸，我希望被撞死的是别人。”

SUV 和蜥蜴脑的可怕例子充分展示了我们对个人权力的欲望是如何被商家利用的，这种现象已经严重损害了我们的社会环境。然而，消费者经济为我们提供的个人权力确实具有这样的负面效果，即使我们不用这种权力去伤害其他公民，至少可以利用这些权力避免与他人接触和交流。这种自由来自商家为我们提供的各种各样的便利：我们能够以越来越高的独立性消费各种商品和服务，因此我们越来越少地依靠与他人的交流，也越来越无视他人的存在。比如，在食品方面我们就进行了很多成功的创新：从电视餐到微波炉食品，再到不用下车就可以取餐的完全数字化的快餐售卖窗口，这些商业上的创新让我们可以在任何时间、任何地点，以最快的速度满足味觉上的欲望，而不用再忍受烹饪或者与他人聚餐的“低效率”的行为。然而，这种个人权力的提升却带来了高昂的社会成本，不仅烹饪艺术在不断消亡，而且全家坐在一起共进晚餐的社交习惯也受到了很大的威胁。

这种个人权力对传统价值的侵蚀并不是偶然的。事实上，这种侵蚀正是消费者经济秘而不宣的目的之一。我们的消费者经济一直试图用各种商品和服务取代传统的社会关系。大型零售超市的成功不仅是因为它们提供了更低的价格，还因为这种去个人化的一站式消费体验将消费行为的社会义务降到了最低。20 世纪 70 年代，沃尔玛首次向农村居民提供标准化的客户服务和海量商品（在同一家超市，你可以一次性找到从食品、服装、家庭用品、汽车用品、家用电器到药房在内的所有商品和服务），这种革命性的商业创新把我们从令人讨厌的低效率小镇生活中彻底解放了出来：我们再也不用拖着各种商品从一家小店走到另一家小店，再也不用忍受小型零售店要求我们履行的各种义务（因为商店店主同时也是我们的邻居，我们必须完成寒暄等社交义务）。也许，这种自由看上去不是革命性的，但杨百翰大学的社会学家拉尔夫·布朗曾说，这种自由标志着与传统的根本性决裂。布朗认为，在人类的大部分历史中，经济活动本质上是与社会关系不可分割的，我们不可能仅仅扮演消费者这种单一角色。过去，买东西的人扮演的角色是顾客，这种角色带有各种社会条款和社会义务，要求我们在完成每一项交易前都要进行一些复杂的、耗时的社会互动。然而，现在零售商向顾客提供了单纯扮演消费者角色的机会，在这种效率更高的设定下，买东西的我们只是单纯的经济活动参与者，而不再需要负担额外的社会义务，于是大多数人愉快地接受了这种新的角色。1989 年，当沃尔玛刚刚进驻一家艾奥瓦州小镇时，当地的一位生意人曾向《纽约时报》抱怨道："沃尔玛的进驻导致本镇的商业街失去了存在的必要。"[21]

对很多保守派的经济学家而言，这种从顾客到消费者的身份转换虽然看起来有些残酷，却是一种正面和必须的变化。这种变化让商家不得不适应效率市场的又一个基本的现实：消费者永远只追求他们的自身利益。在陈旧的商业模式下，消费者可能不得不忍受消费过程中的社会义务（就像在股东革命发生之前，投资者不得不忍受商界的低效率一样）。然而在这种社会化的外衣之下，永远是对个人利益的冷酷无情的计算。1949 年，保守派的奥地利学派经济学家路德维希·冯·米泽斯曾这样警告过我们："对消费者而言，除了他们自身的满足以外，其他事情都不重要。他们一点也不在乎过去的美德或者既得利益。如果其他人能为他们提供更好或者更便宜的商品和服务，他们就会抛弃以前的供应商。在买家和消费者的世界里，只有冷酷无情的计算，没有对他人一丝一毫的体谅和怜惜。”[22]对卖家而言，如果不能接受和适应上述事实，如果还想继续依靠社会义务及其他非市场化的低效率因素生存，那么不仅它们自身的经营注定会失败，还会降低市场的整体效率。效率市场理论的先驱亚当·斯密早在两个世纪以前就曾经断言，只有在每个人都尽力追求自身利益的前提下，市场才能达到效率最高的均衡状态。因此，保守派的经济学家相信，从顾客到消费者的身份转化只是亚当·斯密伟大眼光的具体实现。也许这样的身份转化会伤害一些旧式的、低效率的商人，或者摧毁一些小型的乡镇，然而从长远来看，这种转化可以提高经济的整体效率，从而带来巨大的社会效益。

然而，当我们以纯经济的达尔文式眼光来看待这种商业变革所带来的社会效应时，我们其实忽视了很多重要的细节。亚当·斯密本人也曾经说过，只有很强的道德标准才能使市场达到著名的最优配置状态：如果买家和卖家之间失去了信任和同情，市场很快就会失去效率，甚至出现市场失灵的情况。关于这一点，数不尽的丑闻、欺诈以及泡沫的破灭早已为我们做出了最佳论证。当经济中的买家从社会化的顾客变成完全经济化的消费者，必然会产生高昂的社会成本，因此我们应该尽早对这样的现象进行干预，而不是等市场完全失灵时才追悔莫及。在这里我想再次举大型零售超市的例子。虽然它们以低廉的价格和丰富的商品为我们提供了高效的购物方式，但是它们同时也给这些获得个人权力的小镇消费者带来了一系列的成本。艾奥瓦州立大学的乡村经济学家肯尼思·斯通的研究表明，在沃尔玛进驻一个新城镇后的两年内，距离沃尔玛距离不足20英里的所有本地商店都会面临销售量的下降，下降的幅度从1/4到2/3不等。这种巨大的损失导致小镇的很多中心商业区逐渐瓦解，不仅小镇的社区基础受到严重伤害，而且本地商店的倒闭还会减少当地居民的消费选择。路易斯安那州立大学的社会学家特洛伊·布兰查德的研究显示，在某些小型乡村地区，新进驻的大型零售超市的成功会显著增加居民购买食品的交通距离。此外，最近还有一些新的研究显示，本地商店的倒闭还会给乡镇带来一些额外的损失，因为相比于大型零售超市，本地的小型商店能为居民提供更稳定的工作环境（沃尔玛的员工周转率高达每年 50%），能更有力地支持本地的社会活动、政治运动以及其他保证社区生活质量的项目。这里又一次出现了冲动的社会的核心矛盾：一味追求经济效率虽然为我们提供了更高的个人权力，同时也摧毁了很多哺育我们的东西。

早在 1953 年，离我们开始对个人权力危机进行数量化的度量还有几十年的时间，自由派学者罗伯特·尼斯比特就已经对个人权力的负面效应提出了警告。尼斯比特在其经典著作《社区的探索》中警告我们说：虽然现代的自由社会把个人从压抑的传统社会结构中解放了出来，但这种社会变化也同时将个人从“习惯、传统以及社会关系的微妙而无尽的复杂综合体”中孤立了出来，这种复杂的综合体正是个人自由存在的先决条件。人类生来就是社会动物，因此个人的自由只有在社会结构（如家庭、教堂、社区、邻里或志愿者机构等）的支持下才是有意义的、可持续的。尼斯比特认为，随着现代政治制度的不断发展，上述社会结构显著退化甚至逐渐被抛弃，于是“每个人几乎都变成了完全孤立的单个原子”，社会中的人变成了单独的个体，人们感到“被孤立并失去了归属感”。[23]

尼斯比特的学说是自由主义思想阵营发出的最清晰的呼声之一。尼斯比特认为，这种孤立趋势的最大推动者是自由国家及其强大的穿透作用，这种穿透作用通过官僚系统、津贴补助以及专家权威的渠道渗透到社会生活的每一个角落。但同时，尼斯比特也非常担心商业市场对社会纽带的侵蚀作用，他认为“高度理性化和去人格化的经济世界”会削弱家庭、村庄以及其他“中介制度”的功能，使得这些制度无法继续发挥“安全与忠诚中心”的作用。随着亨利·福特生产的汽车进入美国的农村家庭，原先维系这些家庭的社会纽带开始逐渐减弱或消失，一个世纪以后，所有社会依存关系完全解体为一种工业化的目标。年复一年，我们想尽一切办法将社会义务、规范以及其他所谓“低效率”的元素从消费行为本身剥离，我们的目标是将消费纯化至其最本质的功能：一种为自我而存在，以自我为单位进行，完全关乎自我的个人行为。更重要的是，随着不受任何限制的消费行为逐渐变成商业经济的主流模式，并且成为生产者利润的最重要来源，这种完全不受限制的消费模式已越来越多地被我们的文化和意识形态所认同和庆祝。我们先是迎来了“自我的一代”，这一代人的标志是对个人实现的强烈追求和对传统的反叛。接着，大约10年之后，出现了以效率市场理论为核心的经济个人主义风潮。不管意识形态方面的潮流如何变化，这些文化现象向我们传递的深层次信息都是一样的：各种各样的明示或暗示鼓励我们勇敢地追求个人利益。我们的文化不仅认为个人利益可以与整个社会的共同利益相分离，甚至鼓励我们将个人利益置于社会利益之上。

在这样的文化风潮下，新一代公民认为他们的自我是高于一切的存在，这种信念有时表现为一种隐含的态度，有时则赤裸裸地直抒胸臆，而从顾客到消费者的身份转化只是这种文化倾向的一个标志而已。然而，随着我们不断向上攀爬，日益接近最完美的消费高峰时，我们却发现脚下的大地正变得越来越不稳固。我们将消费行为完全私人化的同时也摧毁了现代社会仅存的社会结构，而这些社会结构正是控制我们的大脑边缘系统（蜥蜴脑）的最后一道防线。比如，家庭烹饪曾经合理地限制了我们对热量的摄入，如今随着快餐和方便食品的流行，这种限制已逐渐消失殆尽。对怀孕的恐惧曾经起到过限制婚前性行为的作用，而避孕药的发明使这种限制完全退出了历史舞台。甚至在人类历史上存在了几千年的人格概念也被弱化了，用丹尼尔·贝尔的话来说，要达到完善的人格，一个人必须“服从社会的道德标准和共同价值的纪律”，如今这种价值观几乎已经消亡。我们不再谈论如何完善自己的“人格”，而是鼓励每个人追求所谓的“个性”。如今，自我提高意味着“不断寻找个体与他人的差异”，而实现自我提高的途径往往是不断消费。[24] 我们常常听到保守派人士对如今的个性化价值观进行强烈的抨击和反对，虽然他们支持的旧式价值观常常是压抑性的、不公平的、歧视性的，甚至带有中世纪的刻板元素，但这些古老的道德标准也曾起到过积极作用：控制我们的冲动。如今，这些旧式价值观因被视作高效消费行为的障碍而被完全摧毁。也许，更合理的做法是用一种不那么古板的新式社会准则取代这些古老的价值观，但由于旧道德被迅速摧毁，我们根本没有机会进行这样的改革。在很多情况下，旧道德被不由分说地连根拔起，事先根本没有经过任何认真的考虑，也没有人认真权衡过这种变化的成本与收益。摧毁旧道德的过程完全是自动的、不加思索的，因为自由市场向我们提供了更多、更高效、更能让商家获利的自我表达的权力。

简单来说，今天的消费者虽然拥有了更多的个人权力，却也在享受这些个人权力的过程中变得越来越孤立。在进行消费狂欢的时候，我们同时也失去了古老价值观的指引，这种矛盾的处境让我们中的很多人深感不安。虽然 20 世纪八九十年代的流行文化经常向我们描绘一种全能的、胜利的消费者形象，我们的内心却并不总是这样欢愉。焦虑和抑郁等精神疾病的发病率越来越高，很多心理健康专家认为社会纽带的弱化是诱因之一。哈佛大学的社会学家罗伯特·普特南曾这样写道：“从前，当我们失败的时候，我们还有家庭、教堂、朋友等种种社会资本作为缓冲，如今这些社会纽带已变得越来越脆弱，它们不再能抚慰个人的失败与痛苦。在过去的 25 年中，摆脱社会关系和个人关系的种种束缚是社会发展的主流趋势之一。然而，在今天的个人生活和集体生活中，我们却不得不为这一趋势付出沉重的代价。”[25]

我们应该如何解决上述问题？ 普特南等学者认为，解决之道是复兴日益衰落的社区联系。然而，另一种解决方案却让我们深感不安，很多消费者希望能从别的途径获得支持和引导，在很多情况下，他们把求助之手伸向为我们提供新权力的商业生产者。于是，我们让食品生产公司决定晚餐的最佳分量（现在的分量比 40 年前大出许多），我们让汽车生产商决定车辆的最佳马力和速度。

同样，我们也让银行决定我们究竟应该借多少钱。上文提到的行为学家迪利普 · 索曼的研究显示，很多人在决定信用卡支出的时候不是取决于自己的需求和经济能力，而是取决于银行向我们提供多少信贷额度。也许在信贷紧张的时代，这样的行为曾经具有一定的合理性，因为那时放款人在发放贷款之前通常对借款人的偿债能力进行详细的审核，以确保我们有能力偿还债务。随着追求大量贷款和快速回报的银行业模式的兴起，上述逻辑已不再成立。到了 20 世纪 90 年代，有些银行机构专门以信用极差的消费者为放贷目标，因为这些人通常无法及时支付信用卡欠款，是银行不断收取滞纳金的最佳对象。除此之外，金融机构针对我们的每一种思维漏洞设计出了花样繁多的营销策略。比如，大幅提升信用额度，减少每月最低还款额，因为这样做能让消费者产生自己拥有更多财富的幻觉。如今，对金融机构而言，消费者的思维漏洞变成了重要的利润来源。1989 年，哈佛大学的法学教授伊丽莎白 · 沃伦曾发表过一份措辞严厉的研究报告，在这份报告中，沃伦指出：“一些借款人的短期债务数额巨大，连支付利息都有困难，更不要提支付本金了。然而即使在这样的情况下，很多银行和信用卡公司仍然愿意向这类借款人发放第 4 张、第 6 张，甚至第 7 张银行卡，并批准他们用信用卡消费。”

到了世纪之交，美国的消费者即将踏入一场完美的风暴。许多人拥有的个人权力已经远远超过了我们可以负担和合理管理的程度，而且在生活的各个方面，这些过度的个人权力导致了社会和文化方面的混乱，也使这些权力不再具有可持续性。失去了传统价值观的引导，我们越来越依赖市场本身，靠市场来告诉我们究竟应该使用多少个人权力。到了 21 世纪初，房地产市场的泡沫将美国经济推上了过热的道路。与此同时，金融机构却完全没有意识到危机的迫近，还准备继续推出一轮又一轮新的消费“工具”。很快，我们将会清楚地看到，这种畸形的文化最终会导致灾难降临。

第四章　免费午餐

2005 年夏天，当时美国经济飞速发展，房地产市场就像一台巨大的印钞机一样不断创造着财富。星期日午后的最佳的去处是拉斯韦加斯硬石咖啡馆的舞池。硬石咖啡馆每周都会举行所谓“康复派对”，派对现场充满了 DJ（唱片骑师）的音乐、酒精以及大量小麦色的皮肤。从中午开始，硬石咖啡馆就被挤得水泄不通，参加派对的大部分是来赌场消遣的游客，但也有一些本地人。本地人中有不少来自拉斯韦加斯的房地产业，他们在音乐声中一边用酒精制造宿醉，一边兴奋地唠叨关于房地产市场疯狂升温的暴富故事。当时，拉斯韦加斯的房地产价格每年上涨 50%，凡是有能力参加这场财富狂欢的人都挤进房地产市场来分一杯羹。有些大型房地产开发商在城镇以外的沙漠地带建起大片大片的住宅区。来自中国香港和韩国首尔的精明投资者眼疾手快地购入各种价格飞涨的奢华高层住宅，来自加州橙县的医生和牙医们像短线交易者一样频繁买卖着拉斯韦加斯的房产。

除了这些专业的投资人以外，还有另一种业余的投资人。马古先生就是这样的业余投资者，他进入房地产市场完全是偶然。马古先生是拉斯韦加斯本地人，最初他发现自己家的房子价格翻了一番，于是他利用这笔飞来的横财加入了炒房的热潮。像马古先生这样的业余投资者通常先通过对自己的房屋进行再次融资获得一笔现金，然后用这笔现金购买第二套房产，几个月后再将房产卖出，获利三四万美元。那时，赚钱是如此容易，一位当时在拉斯韦加斯工作的房贷放款人这样回忆当时的情况："当时很多人的想法就是：啊，我这么轻松就让自己手里的钱翻了一番，我肯定是个天才！于是他们又去买第二套、第三套，甚至更多的房子，然后再转手卖掉。接下来这些人就会想：我的银行账户里现在有 10 万美元了，那我为什么不继续'炒房'呢？"[1] 到了 2005 年，一些像马古先生这样的投资者已经拥有了 5 处、6 处，甚至 20 处房产。他们的做法导致拉斯韦加斯大约有一半的房屋销售来自以'炒房'为目的的业余投资者，这意味着拉斯韦加斯地区的很大一部分新房产掌握在一些根本不了解自己在做什么的人手中。一位资深房地产从业者托德·米勒告诉我："这些人并不是真正的投资者，真正的投资者通常会买入 1 处房产，然后在持有该房产期间通过出租获得现金流。另外一些真正的投资者会在市场上寻找价格被低估的房产，并精确计算修理和翻新这些房产所需的费用。而这些业余投资者根本不会这么做。他们'炒房'的行为和在赌场上掷骰子没有什么不同。"[2]

然而，没有什么可以阻止马古先生这样的业余投资者。在美国，房地产业的监管十分宽松，几乎任何人都可以成为房产经纪人。更重要的是，业余投资者的狂热导致整个信贷系统为满足他们的要求而做出了种种改变。在 21 世纪初，几乎每个人每天只要打开邮箱或电视机就会收到一些金融公司发来的再融资邀请。银行不仅扩大了抵押贷款业务的规模，还将整个贷款过程完全自动化。高效的自动化贷款流程使消费者取得抵押贷款就像申请信用卡一样容易。一位曾在拉斯韦加斯工作的信贷业务员这样告诉我：“想借钱的人只需要告诉我们其年收入和资产情况就行了，我们根本不需要他提供任何证明，也不看他的银行流水单。你甚至还可以申请一种名为‘NINA’（无收入无资产）的贷款，这种贷款不要求借款人有任何收入和资产，只要填写你的姓名、地址以及社会保障号码，就能获得贷款。我们甚至从不打电话给借款人的雇主核实情况，因为我们根本不知道借款人的雇主是谁。在我们的申请表上没有雇主电话这一栏。你可以申请高达抵押物价格 100% 的贷款。现在回头看当时的情况，确实太疯狂了。”[3]

确实，如果想看看冲动的社会的最高峰到底能达到何种疯狂的高度，房地产市场的泡沫正是我们的最佳研究对象。只要我们去过房地产高峰时期的拉斯韦加斯、橙县、迈阿密、菲尼克斯（或者马德里和都柏林[4]），或者当时全球上百个房地产热点城市中的任何一个，我们就很难再对以自我为中心的经济的胜利抱有任何怀疑态度了。在这些地方，在房价飞涨的热潮中，过去 50 年来的所有冲动与混乱变成了一种社会经济、技术以及神经化学的有毒混合物。在这些地方，我们看到对自我表达的疯狂推崇和对人类思维弱点的疯狂利用；看到人们为恢复战后经济繁荣时期的生活水平而狂热挣扎；看到人们盲目地拥抱效率市场理论，非理性地接受任何效率市场可以提供给他们的个人权力，不管这样的权力从社会的角度看是多么不负责任、多么缺乏说服力。

也正是在这些地方，在金融泡沫的最前线，我们看到自我与市场、心理学与经济学是如何以最自然的姿态、最高的效率互相成全着对方的。因为从很多角度看，金融板块是整个市场中最受心理因素影响的部分，金融板块是现代经济的核心自我。金融板块就仿佛整个经济体的蜥蜴脑部分，它扮演的是短视的冲动者这一角色：一方面，金融市场表现出高度创新、资源丰富、不知疲倦和高效率的特点，另一方面，它又是极度以自我为中心的、短视的、完全不知羞耻的。这样一位短视的冲动者会毫不犹豫地将理性计划者和社会的其他部分推下财政的悬崖。在很长一段时期，我们曾封锁、压抑我们的金融板块，用各种法规和监管标准抑制其活力（事实上人类也曾采用同样的方式进行自我克制）。从现在的角度看，我们以前的这种做法也不能说是全无道理的，因为充分释放金融自我很容易导致灾难，过去我们明白这个道理，曾经对开放金融板块的危险心存恐惧。

然而，到了 20 世纪 70 年代，就像我们冲破了很多其他限制一样，我们征服了对金融灾难的恐惧。我们掌握了新的技术和理论，并相信这些工具能帮助我们驯服金融板块的能量，让金融板块在创新和提高生产效率的同时，不会伤害我们的经济。基于同样的乐观心态，我们也曾相信我们用消费者经济的工具完全驯服了自我。于是，我们开始尝试放松对金融板块的控制，并将财富增加的希望寄托于金融板块——事实证明，金融板块确实为我们带来了巨大的财富。通过信贷发放，金融板块使消费者可以借明天的钱在今天消费，于是经济扩张的速度超越了物质和时间的限制。然而，在让我们变得更加富裕的过程中，金融板块也逐渐淹没和控制了我们。被释放的自我重塑了我们的消费者文化，让整个消费者文化不断适应我们永远无法满足的标准；同样，金融板块重塑了我们的整体经济（同时也重塑了大部分社会和政治制度，以及我们的文化），以不断满足其蜥蜴脑式的冲动欲望。到 21 世纪初，随着马古先生这样的投资者在房地产市场上大展身手，我们的金融系统将整个经济改造成了最符合我们自我需要的样子：极端冲动，完全投身于对短期满足的追求，完全不考虑后果。

应该指出，我们的金融板块并不总是这样冲动和鲁莽。在 1929 年的股灾发生以后，金融板块被勒令闭门思过，在收紧管制以后，整个金融产业重新调整了自身的定位，开始发挥辅助实体经济的作用。当时的银行业人士和其他金融活动参与者采取保守的低风险投资策略，“资本应保持充分的耐心”成为一句著名的格言。在这种保守的策略之下，金融业取得了中速的、稳健的回报：在整个战后时期，金融业（包括银行业、保险业以及房地产业）的利润只占所有公司利润的不到 10%。然而，随着 20 世纪 70 年代的到来，在各个方面，混乱全面淹没了秩序，金融业的耐心和稳健姿态也被一扫而空。两位数的通货膨胀率以及来自外国银行的竞争很快吞噬了传统投资项目的利润，于是银行家、投资者以及其他金融活动的参与者开始寻找新的投资策略，以追求更高、更快的回报。几乎在一夜之间，“资本应保持充分的耐心”的投资哲学迅速被追求高收益率的疯狂所取代。电脑技术的高速发展和投资者急功近利的心态进一步加剧了这一趋势，世界各地的金融机构不惜一切代价追求任何能提供高收益的投资渠道：负债收购、贵金属、食品类大宗商品、原油期货以及第三世界国家的政府债券。

然而，最容易获得收益的“猎场”还要数北美和西欧的消费者经济。在这些地方，金融板块逐渐进入公共和私人生活的每一个角落。金融板块达到了空前的规模：21 世纪初，美国金融板块的利润已经占到所有公司利润的近 25%。随着规模和所涉及范围的扩大，金融板块的影响力也大幅上升。我们越是依赖金融板块，就越容易受到其冲动个性的影响，去追求更快的、更高的回报率。在消费者信贷领域，显然就发生了上述情况：信贷市场所倡导的即时满足和延迟成本的哲学很快也变成了消费者自身的哲学。但是，这还远远不是问题最严重的方面。经济的其他领域也普遍感受到了这种“金融化”所产生的深层次效应。比如，政府开始不断提高国家的负债水平——自由市场保守经济学的支持者罗纳德·里根总统最先发现，靠借款来融资政府预算，比保持预算平衡容易许多。决策者们越来越屈服于民众的欲望，也越来越依赖债务市场。当克林顿总统试图开展一场改善基础设施和学校建设的政治运动时，很多债券交易者开始担心大幅增加的政府开支会导致通货膨胀率的加剧，于是他们大量购入债券，推高了长期利率水平。[5]此举不仅威胁到了美国的房地产市场，也威胁到了克林顿总统连任的机会（据报道，克林顿曾抱怨说："你的意思是说，我连任的机会取决于一帮混蛋债券交易员？"[6]）。不难看出，美国政府也同样受到金融市场短视性格的影响。

然而，受金融市场的短视性格影响最大的要数美国的公司经营战略。自20世纪80年代的股东革命以来，不仅美国的CEO越来越急于取悦金融市场（因为公司高层管理人员的薪酬平均有2/3是以公司股票和期权的形式发放的），而且金融市场也变得越来越难以取悦。[7]今天的股票市场是由所谓的机构投资者主导的，机构投资者包括养老基金、共同基金、对冲基金等，其中对冲基金对金融市场的影响尤其巨大，他们常常大量购入某些公司的股票，然后试图影响公司的股价。大型的机构投资者总共控制了大型公开交易公司约3/4的股票份额，对这些大型机构投资者而言，对高收益的追求是其生存和发展的最重要目标。[8]为了生存和繁荣，大型机构投资者必须想尽一切办法取悦自己的顾客，它们的顾客范围很广，从退休老人到亿万富翁都在此列。为了取悦客户，大型机构投资者会为其投资组合设定相当激进的季度投资回报率目标。经济学家埃里克·蒂莫格尼和兰德尔·雷曾经指出，机构投资者设定的这些回报率目标通常都远远高于美国经济的预期增长率。为了达到这样的高收益率，基金经理必须不断地"变换"它们的投资组合，买入表现超出市场平均水平的公司股票，同时卖出表现不佳的股票。因为机构投资者占金融市场的很大份额，它们这种不断买进和卖出的行为会打破股价的平衡，产生对市场的扰动。换句话说，基金经理的买卖行为很大一部分是在对自己的交易行为做出反应，这种反馈机制的循环会不断提高基金买卖股票的频率。事实上，对投资组合的"变换"成了金融市场的新常态。在20世纪70年代，机构投资者买入股票之后平均会持有这些股票 7 年时间，然后再卖出，而今天基金持有股票的平均时长只有不到 1 年。[9] 今天金融市场上的大型机构投资者具备了恋爱指南中警告我们最应该避免的情人的所有特点：冲动、短视，不愿意做出长期承诺。

对上市公司而言，金融市场上股票周转率提高的现象让它们很难适应。因为如今股票市场的大部分重要投资人对公司股价的细微波动都很敏感，并且这些大型机构投资人可以随时大量抛售手中的股票以表达对公司业绩的不满，从而大幅压低公司的股价，于是公司的高层管理人员不得不将越来越多的精力放在管理影响股价的因素上。然而，实际上，很多影响股价的因素并不能反映公司的经营状况，也不一定受公司管理层的控制。由于公司的季度利润报表会严重影响公司的股价，管理层不得不尽一切可能保证下季度公司的利润达到预期标准，有时为了达到这一目标，他们甚至不惜损害公司未来的利润。在一份 2005 年公布的调查结果中，我们看到了一个非常惊人的事实。这份调查问卷的对象是 400 多名公司的首席财务官。当被问及是否会为实现本季度的利润目标而推迟对一些能产生丰厚利润的长期项目的投资时，有 1/2 的受访者都给出了肯定的答案。此外，大约 80% 的受访者表示，为了保证本季度利润达到预期目标，他们愿意削减研发、维修、广告以及人才招聘方面的投资，而上述方面的投资显然是公司长期利润的重要保证。同样，为了保护当季度的利润数据，很多公司都倾向于尽快兑现任何形式的收益，虽然这很可能导致公司错过未来很多可以获利的机会。在另一份调查研究中，研究者向一些英国公司的高层管理人员提出了这样的问题：如果项目一可以在明天为公司创造 250 000 英镑的利润，而项目二能在 3 年之后为公司创造 450 000 英镑的利润，那么究竟哪一个项目更值得投资？大多数受访者都选择了项目一。[10] 不难看出，大部分公司管理人员都犯了跨期选择方面的错误。在上文中我们曾提到过，在行为经济学家对消费者的研究中，这样的错误也曾经一再出现。然而，在公司层面，这种错误的跨期选择却变成了标准化的经营模式。经济学家希瓦·罗基戈帕写道："在如今的公司文化中，考虑公司的长期利益已经变成了一种'愚蠢的行为'。"罗基戈帕是公司财会方面的专家，也是上文提到的2005年调查问卷的作者之一。罗基戈帕说："我们的调查发现，这些家伙没有任何的长远眼光。他们最多着眼于未来的2~3个季度的情况。"[11] 由于事实上商业公司之间需要为争夺投资者的注意力而展开激烈的竞争，因此任何能够快速提高公司利润和股价的经营策略都会很快被其他公司效仿。布鲁金斯学会的公司战略专家格雷格·波利斯基和安德鲁·伦德这样描述："一旦一家公司为了提高当前的利润而牺牲公司的未来，其他公司的管理人员就不得不采取同样的措施来保证自己公司的股价不会被比下去。这种行为的结果就是大家的事业前景都受到了负面的影响。"[12]

显然，所谓的效率市场并不应该以这样的形式发挥作用。从理论上说，效率市场应该鼓励公司用长远的眼光看问题，因为公司的股价反映的应该是公司的长期经营状况和利润水平。从经济理论的角度看，公司股价应该等于公司所有未来利润的净贴现值总和——把未来公司挣到的每一分钱经过通货膨胀调整后换算为今天的贴现值，然后进行加总求和。因此，任何威胁公司未来利润的因素（比如管理层没有在长期研发方面投入足够的资金）都应该引起投资者的担忧和不满。这样的担忧和不满本该导致很多投资者抛售该公司的股票，从而压低公司的股价，对管理者的短视进行惩罚。用罗基戈帕的话说，在真正理想化的效率市场中，如果公司的管理人员"采取伤害公司价值的行为，最终都会被市场发现，管理者未来的薪酬也会因此而降低"。[13] 然而，在现代的公司财务中，实际情况恰恰相反。

阿斯彭研究所专门研究公司短视问题的专家朱迪·萨缪尔森对我说："如今的股票市场完全着眼于公司的短期表现，这种不正常的现象导致很多成功的大公司（这些公司不仅是全球经济的支柱，而且历来是各种前沿科技的创造者）在进行长期投资时都只能采取特别小心翼翼的态度。"在研究中，萨缪尔森注意到这样的事实：当2011年谷歌公司宣布增雇1 900名员工时，谷歌的股价立刻大幅下跌，最终跌幅超过了20%。[14]这一事实清楚地说明，投资者不喜欢公司做出任何增加支出的决策，即使这些支出有时是为公司的长期表现进行有价值的投资。[15]

市场对长期投资的反感已经达到了匪夷所思的程度。根据航空业巨头洛克希德·马丁公司前CEO诺曼·奥古斯丁的回忆，20世纪90年代末，洛克希德·马丁公司的高层人员曾经与华尔街的股票分析师们会晤，向他们展示公司即将投资的尖端科技项目。然而，洛克希德·马丁公司的演示会还没有结束，这些华尔街的股票分析师居然"迫不及待地跑出会场，去抛售我们公司的股票"。在接下来的4天中，洛克希德·马丁公司的股价下跌了11%。这让奥古斯丁极度震惊，因此他致电其中一位与他关系不错的股票分析师。奥古斯丁问他，作为一家科技公司，我们投资新的科技项目是天经地义的事情，为什么市场要对这种完全正常的经营行为进行惩罚？根据奥古斯丁的回忆，当时他的分析师朋友是这样回答的："他说：'第一，你们的这些研究项目要15年才能收回成本，更何况没人能保证一定会收回成本。第二，你们的股东平均持有公司股票的时间只有18个月。15年以后，你们的股东很可能已经转而持有波音公司的股票了，因此股东并不希望你们想出好点子。更重要的是，你们的股东并不想要为你们的好点子付钱。'然而，这还不是最令我痛苦的评论。接下来，我的这位分析师朋友给了我致命的一击，他说：'你们的管理层太短视了，我们才不愿意投资这样的公司呢。'是的，你没有听错，这就是那位分析师的原话！"[16]

当然，大型上市公司并没有因此完全停止支出。然而，这些钱越来越多地花在追求能在短期内提高股价的方面。以股票回购策略为例，20 世纪 80 年代，很多公司发现，提升公司股价最快速的方法（除了宣布大规模裁员以外），就是用公司的利润从公开市场上大量回购本公司的股票。此举将这些股票从公开市场上移除，于是这些股票便停止了流通，公司普通股票的供给量受到了限制，股价也就因此上升了。公司管理人员很快发现，通过回购本公司的股票，不仅可以迅速抬升公司股价，而且能够迅速提高自己的薪酬。最棒的是，这样做几乎没有任何风险，而投资新的经营活动（比如建立新的工厂、开发新的产品或雇更多的员工）却必然伴随着各种各样的商业风险。在 20 世纪的大部分时期，回购本公司股票被视作操纵市场的非法行为。然而到了 1982 年，里根政府却承认了股票回购策略的合法性，并将其视作自由市场革命的重要部分。虽然在某些情况下，回购本公司股票确实具有合理性（比如公司想要击退恶意收购者的进攻），然而，在大部分情况下，公司采用股票回购策略并没有什么合理的理由，其目的仅仅是人为抬高股价。20 世纪 90 年代末，美国公司每年花费 2 000 亿美元用于股票回购，占公司总利润的 1/4。[17] 显然股票回购策略已经不再需要什么合理的理由，抬升股价早已成为唯一的理由。一种全新的商业模式产生了，实际产出（比如汽车、棉花、煤炭）已经不再是最重要的，最重要的指标只有一个，那就是股价。事实上，从某种意义上来说，经济的产出不再是汽车、棉花、煤矿，而是股价。至此，我们完成了工业效率革命的最后一步：资本效率的革命。整个商业世界的目标就是以最快的速度将资本直接转化成股东的价值和管理者的薪酬。

这种全新商业模式的成功给我们带来了财富的甜蜜，同时也带来了一些苦果。在过去的 20 年中，股价飞涨为大大小小的美国投资者带来了巨额财富，尤其是少数公司高管因此成了亿万富翁。然而这种财富的繁荣却掩饰甚至催生了一些非常严重的深层次问题。有明显的证据表明，很多公司为了追求高股价开始故意夸大季度利润数字。1992—2005年，对过去的报表进行利润“重报”（这种做法实质上等于承认过去财报上的利润数字被夸大了）的公司从每年6家[18]上升到了每月近100家。[19]各种各样的利润诈骗丑闻层出不穷：世通公司通过采用“创新性”的财会手段，将公司利润夸大了90亿美元；而安然公司则通过特殊目的机构隐藏了公司230亿美元的债务。现在回头去看，这些丑闻仅仅是问题的开始而已。真正的灾难是华尔街对资本效率（即不择手段追求资本的高回报率）的狂热追求像病毒一样扩散到了消费者心理的领域。

到了2002年春天，拉斯韦加斯的一些房地产经纪人开始觉得房地产市场有些不对劲了。在售房现场的展示会上，很多买家拿出的是一种很不寻常的银行贷款手续：这些银行贷款的利率很高，而首付却低得惊人，甚至出现了零首付的贷款形式。在正常情况下，只有收入和资产非常丰厚的借款人才可能获得零首付的贷款。然而当时的银行业却开始向首次购房的消费者提供这种贷款，其中有些人根本不具备购买房产的经济能力。当时在拉斯韦加斯从事房地产经纪工作的亚当·芬恩告诉我：“突然之间，好像每个人都可以申请到零首付贷款了。于是我们这些业内人士不禁开始纳闷：这些金融机构究竟在干什么？”[20]

我们的金融机构究竟在干什么呢？原来，高盛、美林证券以及其他大型投行发现了一个追求高收益率的新领域：那就是被蜥蜴脑的狂热冲动所控制的房地产市场。[21]21世纪初，投行开始收购金额巨大的住房抵押贷款，然后将这些贷款组合起来变成一种证券，名为CDO（担保债务凭证）。投行将这种CDO转而出售给养老基金和其他机构投资者。市场对这种金融“创新产品”的需求十分强劲：因为根据投行的宣传，CDO的投资者可以获得高额的回报（抵押贷款借款人支付的利息和本金款项），但只需承担很低的风险（因为这些贷款有房产作为抵押）。从资本效率的角度来说，CDO 是一种非常高效的投资方式，因为它可以把长期的实物资产转化为短期的快速回报。

这种新型的高效投资工具一面世就供不应求。事实上，由于对 CDO 的需求过于强烈，投行已经没有足够的抵押贷款来支持它们产出新的证券了。因此，投行开始鼓励和刺激消费者申请更多的抵押贷款。然而，由于房地产市场的基本面并没有发生实质性的变化（并不是说突然之间有更多的人买得起房了，实际情况恰恰相反，由于收入增长的停滞，也许事实上能买得起房的人变得更少了），于是对投行来说，要想发放更多的抵押贷款，唯一的办法就是降低贷款的标准。现在我们都已经知道，正是出于这样的原因，华尔街开始对放贷机构施加各种各样的压力，鼓励它们降低信贷标准。当然，华尔街的银行家们并没有明确提出这种显然不合理的要求。在金融危机发生之后，从事信贷发放工作的比尔·达拉斯曾就美林证券的情况接受《名利场》杂志的采访，美林证券是当时最大的抵押贷款证券发行人。在这篇访谈中，比尔·达拉斯说："他们从未明确要求我们发放低质量的贷款。但他们会对我们说：'你得增加优惠券呀。'"所谓"优惠券"指的正是高收益率的 CDO。然而根据达拉斯的说法："事实上，要完成这个任务的唯一途径就是发放低质量的贷款。"[22]

虽然一些银行业和房地产业的资深人士对信贷标准的无限放宽表示了担忧，然而他们的忧虑根本无法战胜宽松信贷标准带来的淘金狂潮。与房地产有一点关系的人都开始赚钱，有人甚至在短期内获得了巨额的财富。仅佣金一项就为华尔街的银行带来了数十亿美元的收入。房地产开发商开始采取能降低成本（然而常常牺牲建筑质量）的高速建筑方法，瞬间建起数万间房屋，收获巨额利润。奋战在房地产热潮前线的人们简直就像泡在现金中一样。在房地产持续升温的拉斯韦加斯，忙碌的房产经纪人一年可以收入 50 万美元。而住房抵押贷款经纪人的年收入甚至达到了 100 万美元。一位当时的住房抵押贷款经纪人告诉我："当时的情况确实非同寻常。过去我每年收入 5 万美元，而那时我一个月就可以赚 5 万美元。我们每晚都出去狂欢。我们去脱衣舞俱乐部，去参加各种狂欢派对。有时候你早上醒来，会看到一位色情片明星正在你的厨房里走来走去。然后你起床赶到办公室，继续度过疯狂的一天。"那些疯狂的日子就像一首歌里唱的那样："这里的钱来得太容易，这里的姑娘都是免费的。"

房地产热潮最吸引人的地方是，你不需要任何专业知识就可以通过"炒房"赚钱。只要拥有一套房屋，你就可以加入"炒房"的队伍，什么也不付出就能赚到大把的钞票。在拉斯韦加斯这样的房地产热点城市，房屋的价格几乎可以翻上一番，贷款机构开始遇到一些"连环再融资"的投资者，这些人每过 6 个月就会对手头的房屋进行贷款再融资，每再融资一次可以获得 4 万 ~5 万美元现金。这些现金不是被用于投资，而是被用来度假、购买食品，或者支付房贷。实际上，这些连环再融资的投资者利用了金融技术上的漏洞，把自己的房子一次又一次地重复卖给自己。这种行为就像是埃舍尔的绘画作品，就像一台违反了物理定律的永动机。这种行为违反了供给与需求的基本经济原理，也违反了劳动和所得的基本规律，然而这些奇怪的现象却在大环境的纵容下一再发生。一位银行从业者告诉我："这种情况意味着，你可以从事公司前台之类的低收入工作，却拥有令人惊叹的豪华生活方式。你甚至根本不需要再工作谋生，不断对自己的房屋进行再融资就是你的工作。"当然，这样的情况不仅发生在拉斯韦加斯。连环再融资成了一种新的就业形式，同时也成了消费者经济和自我身份维持的新引擎。2003—2005 年，美国人从自己的房屋上获得了近 1.3 万亿美元的资金，这笔巨款的 1/3 被用于购买车辆、游艇、等离子电视机以及其他形式的个人消费品。[23]

连政府的决策者也被这种病毒所感染。在美联储，另一位自由效率市场理论的支持者——时任美联储主席格林斯潘发现，快速攀升的房地产价格以及公众从房地产中获得的资金可以帮助政府解决消费者收入增长迟缓的问题。在这种过分乐观的形势下，美联储决定长期保持很低的利率水平。通过这样的政策，政府希望金融市场能够完成传统经济活动不再胜任的任务：保持美国公众的生活水平继续稳步上升。从中我们可以看出，美国政府同样犯了短视的毛病。在2004年的一次演讲中，格林斯潘曾说："住房抵押贷款再融资比率的上升不仅没有损害房屋拥有者的利益，反而改善了普通房屋拥有者的金融状况……我认为这很可能是对总体经济情况起正面支持作用的一个因素。"与此同时，在距离格林斯潘的美联储办公室不足45分钟车程的城郊地区，新的房屋建设项目还没有开工就已经全部售完；在房屋完工之前，很多公寓就已经被转卖了两次甚至三次。我们以自我为中心的经济在金融板块提供的强大动力下，又一次焕发了新的活力。免费的午餐在当时竟成了一种合法的商业模式。

如今，回顾当时的情况，显然这并不是一种合法的商业模式。随着战后经济繁荣期的结束和股东革命的兴起，美国的个人收入停止了快速增长的势头。事实上，上述金融业的不正常情况试图以不合理的方式来填补消费者收入方面的缺口。因此，这样的繁荣注定是虚假和暂时的。然而，没有任何人愿意站出来对这种不正常的情况说不。整个金融板块都忙着大桶大桶地掘金。决策者们忙于庆祝他们"拯救"美国经济的英勇成就。显然，消费者完全无意进行任何形式的自我管理。不仅消费者的蜥蜴脑被完全调到了狂欢模式，传统的社会制度（比如不愿借贷的传统价值观以及紧密的社区联系）也早已被以自我为中心的效率经济严重削弱了。这种传统社会价值观的缺乏在房地产市场过热的地方（比如拉斯韦加斯）表现得尤为明显，很多不断用手中的房地产套取现金的投资者处于一种十分不正常的社会环境中，在这种环境下，那些我们熟悉的、能够限制个人狂热情绪的社会结构已经荡然无存，取而代之的是不断煽动狂热情绪的各种刺激和诱惑因素。拉斯韦加斯的一位资深信贷咨询员米歇尔·约翰逊这样对我说："很多新到拉斯韦加斯的'炒房'者在这里几乎没有什么支持性的社会关系，他们并没有和（大家庭的）家人一起前来，也不认识周围的邻居。因此他们没有很强的社区意识，也缺乏周围人的监督和规劝。没有人会对他们说：'嗨，别傻了，这样不行。'"[24]

早在一个世纪前，弗洛伊德在描述人类感情发展过程的时候，就发明了一个术语——"现实原则"。根据弗洛伊德的理论，一个健康的个人由于受到现实原则的限制，必须学会如何延迟满足。如果不能学会向现实妥协，继续坚持快感原则，那么这个人就会永远停留在感情功能不完善的幼儿期，既不能完成自我实现，也无法进行社会交流。根据弗洛伊德的理论，现实原则主要通过社会结构的渠道对个人产生影响和限制，这些社会结构主要包括家庭和制度的权威。事实上，弗洛伊德的这种理论完全可以推广到市场和消费者的关系上。从更广泛的角度来说，如果个人或机构无法学会延迟经济满足，他们很快就会被效率市场排斥。

然而，到了20世纪末，随着现代金融的兴起，人们似乎达成了某种协议，现实原则不再起作用。与此同时，相信只有耐心、努力和真正的生产率提高才能带来回报的传统价值观也被抛弃。因为在金融世界里，任何奇迹都有可能发生。在如今的现实世界中，个人和公司只要掌握合适的关系和技术，或者抓住最佳的时机，就可以在极短的时间内获得惊人的回报，而他们所付出的努力可能只是传统经济中的一个零头。在现代经济的各个方面，我每天都见证着各种各样的奇迹。在华尔街，公司"狙击手"

通过快速买卖整个公司获得巨额利润。在消费者文化中，连环再融资者和兼职“炒房”者似乎躺着就能赚到大笔钞票。在政治的世界中，美联储长期保持极低的利率水平，时任美联储主席格林斯潘将重塑美国战后经济繁荣的梦想寄托在房地产泡沫上。到了21世纪初，整个美国社会都已经接受了这样的新观念：即时回报不仅是完全可能的，而且远远优于那些需要努力和耐心才能获得回报的途径。从这个角度看，经济的金融化正是冲动的社会的本质。金融化的核心理念就是以最快的速度获得最高的回报，同时极力避免任何低效率的因素（比如努力、社会责任、社会规范等），因为这些因素都会降低我们获得回报的速度。

当然，从长期来看，金融化拒绝承认现实原则的存在，因此是不可持续的。纵观人类历史，任何试图通过金融板块将快感原则制度化的社会（这种潮流曾经一起又一次地出现过）最终都走向了灭亡。当世界经济被金融板块所主宰时，我们不仅会看到泡沫产生和破灭（或者其他形式的修正过程）的循环周期，还应该注意到这种现象会对我们的经济造成更微妙的、更深层次的伤害。当金融板块占据整体经济活动的很大份额时，它就会不可避免地把资源从其他板块抢走，这些板块包括一些对人类社会发展十分重要的核心板块，比如制造业、基础设施以及教育。美国作为世界上金融板块规模最大的国家，正在经历这样的过程：越来越多的资本不是流向能对社会做出实际贡献的板块（比如道路、能源研究、教育），而是流向一些完全投机性的资产（比如CDO和掉期交易）。虽然这种资本流动一定程度上反映了规模更大、复杂度更高的经济体的融资需求，更多反映的是一种更真实的、更不健康的驱动力：现代金融为个人和公司提供了实体经济无法提供的高回报率。

资本并不是唯一被金融板块抢走的资源。由于金融板块能提供高额的回报，各行各业很多最聪明的优秀人才离开了自己原有的职业，转而投身金融领域。事实上，这些人的才华和智慧是极为宝贵的资源，这种资源本应获得更好的配置。自20世纪90年代开始，金融板块的工资与其他职业相比上升幅度更大（现在金融板块的工资比其板块高出50%）。[25] 与此相呼应的是，大学毕业生中去华尔街就业的人数比例上升幅度同样巨大。这种现象在科学、技术、工程以及数学专业的毕业生中表现得尤为明显。传统上，这些充满智慧的年轻人应该进入一些对实体经济起突出作用的核心领域，比如工程、医药、研究等；如今，为了追求个人的即时回报，越来越多的人选择去金融板块就业。[26] 国际清算银行两位研究金融板块扩张效应的专家斯蒂芬·切凯蒂和埃尼斯·哈鲁比这样写道："基础研究领域的人才大量被金融板块抢走。那些本来可以成为科学家的年轻人，那些在另一个时代中会以征服癌症或者飞向火星为职业目标的人才，如今却以成为对冲基金经理为人生理想。"[27] 面对这样的现象，很多保守派的经济学家甚至也开始担忧。虽然这些保守派的经济学家总体上支持通过市场来分配人才资源，但他们也同意金融板块确实已经对劳动力市场造成了扭曲。哈佛大学的经济学家格里高利·曼昆曾这样写道："我们最不想看到的事情就是下一个史蒂夫·乔布斯这样的人才放弃硅谷的创业机会，而成为华尔街的高频交易员。换句话说，我们并不反对下一个史蒂夫·乔布斯通过自身的才华致富，但是我们应该设法保证他致富的途径对社会生产力的提高有益。"[28]

在这里，我认为曼昆提出的"以对社会生产力的提高有益的"途径致富的理念非常重要。在真正的效率市场上，个人和公司通过提供某种特定的商品和服务获得回报，而回报的水平应该恰好可以鼓励他们继续产出这种服务或商品。因此，脑外科医生之所以能够获得很高的薪酬，是因为成为优秀的脑外科医生需要很多的技巧、勇气，还需要事先在大学教育阶段投入大量的资金。如果我们降低脑外科医生的工资，就没有人愿意承担上述风险并付出艰辛的努力。而如果脑外科医生的薪酬过高，则会有过多的医学院毕业生想成为脑外科医生，于是脑外科领域就会出现人才过剩的现象，在竞争的压力下，工资会随之下降，而脑外科医生的职业也就变得不那么有吸引力了。换句话说，劳动力市场和其他所有市场一样，拥有自我修正的功能。通过这种功能，市场可以自动以最高的效率分配人才（或者其他资源）。正因如此，我们通常认为以市场为基础的经济是一种较好的设定。然而，在现实社会中我们却看到，金融板块不仅对劳动力市场施加了扭曲性的影响，也对整个经济产生了负面影响。正因如此，我们中的绝大部分人并不愿意相信市场是全知全能的。简言之，金融板块回避了市场的正常修正机制，获得了过高的利润，不管是金融板块提供的服务，还是它们承担的风险，都不能证明这种过高的利润是合理的。

当然，金融板块并不是唯一获得暴利的。在任何经济中，都难免会有一些经济活动的参与者通过某些不正当的优势（比如垄断和内部信息）来获得高额的工资或利润。他们所获得的薪酬或利润远远大于自由市场应该提供的水平，因此我们说这是一种暴利。经济学家将这种被某些板块攫取的剩余价值称为“租金”。然而，在今天的社会中，任何板块的寻租行为都比不上金融板块的来得严重。几个世纪以来，金融板块的从业者通过各种各样的方式获得暴利，也就是说金融板块所获得的回报远超自由市场应该提供的水平，它们获得的利润与它们所承担的社会功能是不匹配的。金融板块获得暴利的途径包括：通过政治上的游说行为制造监管方面的漏洞，并创造各种极度复杂神秘的技术和手段，确保外人无法理解和监督他们的经营行为（在 20 世纪 90 年代之前，投行管理人员的薪酬水平还和其他行业相当，然而随着 20 世纪 90 年代金融监管的放松和各种金融技术的飞速发展，投行经理的中位数收入迅速超过了其他行业，达到了其他行业的 7~10 倍。我相信这样的变化绝不是巧合[29]）。随着金融板块剩余价值的飞速增长，金融板块像一个巨大的黑洞，对实体经济造成了越来越大的扭曲效应。大量资源被这个黑洞夺走，流出了其他板块。然而，如果将这些资源保留在原先的板块中，原本能产生更高的社会生产率，可惜的是，这些板块却不能在金钱上提供足够的回报，因此无法与金融板块进行资源上的竞争。

寻租行为最大的问题是，它是一种可以自我强化的行为。因为大量人才和其他资源流入了金融板块，金融板块拥有了其他板块无法匹敌的优势。金融板块拥有大量的创新者、企业家以及善于游说的政客，这些资源保证了金融板块总是能找到新的不正当竞争优势，从而继续获得暴利租金。正因如此，我们看到金融板块在规模、就业人数以及利润方面持续增长，而非金融板块却出现了日益凋敝的趋势。在美国，目前制造业板块仅占整体经济规模的 12% 左右，而在 20 世纪 70 年代，这个比例几乎达到了 25%。[30] 目前金融板块占美国整体经济规模的 8.4%，[31] 几乎是其历史规模的 3 倍（在英国，金融板块同样展现了空前的繁荣。目前制造业板块仅占英国国民经济的 12%，是 30 年前制造业板块相对规模的一半。[32] 金融板块增长的速度几乎是其他经济部门的 3 倍 [33]）。

由于下面将会谈到的原因，金融板块和其他板块相对规模的变化值得引起我们的重视。从历史上来看，制造业所提供的中等收入岗位远远多于金融板块。健康的制造业板块可以不断发展出新的科技，并通过外溢效应传播到其他经济部门，促成全方位的经济增长。然而，正如我们看到的那样，金融板块却会产生一种逆向外溢效应，即将人才和其他资源从其他板块抢走。此外，制造业板块的波动率也远远小于金融板块。虽然制造业板块的失灵也会导致就业机会的减少，然而金融板块的失灵却可能将整个经济完全摧毁。由于金融板块能提供惊人的高额回报，它很容易催生各种风险巨大的投机行为，导致泡沫出现和循环周期被破坏。在明白了上述道理之后，我们就很容易理解以下情况：切凯蒂和哈鲁比研究发现，一旦经济中金融板块所占份额超出了某一水平，就会对经济增长产生负面影响。[34]

因此，我们应该尽一切努力扩大制造业板块的规模，同时缩小金融板块的规模。然而，在今天的美国，我们却做着完全相反的事：我们任由制造业走向凋敝，却通过各种直接和间接的手段鼓励金融板块的增长（在接下来的章节中我们将会谈到，金融板块是目前美国经济中与政治联系最紧密的、最受政治保护的板块）。同时，我们还应该谨记这样的事实：很多国际竞争对手一直保持着比美国大得多的制造业规模。在德国，有21%的经济产出来自制造业，而金融板块仅贡献了经济总产出的4%。在韩国，制造业对经济总产出的贡献率高达31%，而金融板块仅贡献了7%。甚至在意大利，制造业的相对规模也超过了美国：意大利的制造业贡献了经济总产出的17%，而金融板块仅贡献了5%。[35]

从根本上说，过度膨胀的金融板块带来的最大风险不是对资源和人才的错误配置，也不是过高的波动率，而是对整体社会文化和思维方式的影响。随着金融板块的扩张，金融板块的思维模式变成了社会文化的主流思维模式。即使在非金融板块的公司中，管理人员也将越来越多的注意力放在了金融方面。如今几乎每一家公司都有一名首席金融官，而在20世纪80年代以前，几乎没有人听说过这种头衔。首席金融官的工作职责包括投资者关系，即在金融分析师、机构投资者和其他市场使者中管理和保持公司的良好形象。通过向管理者提供以股票为基础的薪酬，几乎所有公司都将管理人员与金融市场直接绑定在一起（截至2000年，由于公司普遍将向管理人员发放股票期权作为薪酬的一部分，美国CEO的平均薪酬已经达到了员工中位数收入的400倍；而在20世纪70年代，CEO的薪酬仅为员工中位数收入的20倍。[36]）

同样，金融工程也成为公司战略的标准化组成部分。所谓金融工程，是指利用股票回购等金融技术提升公司的股价。在20世纪90年代的股市繁荣期，很多美国公司的股价迅速上升，而这些公司又以自己的股份作为筹码收购其他的公司。当时的美国在线公司是一家互联网新贵，公司的营业收入只有50亿美元，而公司的股价高达1 750亿美元，美国在线公司以本公司的股票作为筹码收购了时代华纳公司。时代华纳公司当时的利润是270亿美元，然而股票市值却只有美国在线公司的1/2。[37]到了世纪之交，一半以上的大公司并购项目都是以股票作为交易筹码的，然而仅仅在10年以前，以股票收购其他公司的行为还是闻所未闻的。[38]当然，很多股票市值惊人的公司实际上是没有任何基础的空中楼阁：在20世纪90年代的互联网热潮中，很多既没有产品也不产生利润的新兴公司的股票在华尔街的帮助下被成功出售。狂热的消费者愿意花数亿美元来购买这样的公司。在被华尔街精心设计的公开上市过程中，这样的公司甚至可以卖出数十亿美元的高价。经济的更大份额（更多的工资、更多的销售额、更多的总价值）被互联网板块所占据。在互联网板块中，经济价值的基础不再是生产某种真实的东西，而是金融市场上所谓金融工程的抽象活动。

到了21世纪初，房地产市场的泡沫开始膨胀，美国经济的很多方面已经进入了不可持续的模式。消费者用不存在的财富继续他们追求自我的消费行为（在心理学上，我们知道房价的上升会带来财富效应。所谓财富效应是指，即使实际收入并不增加，只要消费者知道他们的房屋在升值，就会扩大消费支出。在财富效应的影响下，美国的消费支出达到了每年4 000亿美元。[39]）公司通过大规模的股票回购手段人为操纵股价。（2003—2007年，标准普尔500指数中的500家公司的股票回购规模增加到原来的4倍。[40]）而在华尔街，那些本可以成为科学家的投资银行家正充分发挥着他们的聪明才智，创造出各种令人眼花缭乱的手段，进一步放大这些并不存在的财富。比如，华尔街发明了一种新的金融工具，称为“二次合成债务抵押债券”。二次合成债务抵押债券由两个或多个其他以住房抵押贷款为抵押的CDO构建而成，通过购买这种产品，投资者承担更多的借贷风险，同时也会获得更高的回报。比二次合成债务抵押债券更具创造性的是所谓的合成CDO产品。通过购买合成CDO产品，投资者可以通过其他CDO产品的价格变化获利，但并不需要真正持有那些CDO产品。有了合成CDO产品，任意数量的投资者就可以同时对同一种证券的价格进行投机，也就是说，大量投资者可以同时对抵押物（同一处房产）的价值波动进行投机。通过这些金融创新，华尔街创造了比实际房地产市场规模大许多倍的房地产相关的财富。此举使金融板块本身也被金融化了。已故经济学家海曼·明斯基曾经指出，在19世纪末的工业化进程中，老一代金融家是通过投资基本建设（比如铁路、石油管道、工厂以及工业系统的其他部分）来致富的。然而，明斯基认为，如今金融业的重点已不再是“实体经济的资本发展，而是投机行为所产生的快速回报和交易利润”。[41]金融业不断地投资于金融业本身。不可持续的快感原则如今变成了一门科学。冲动的美国走上了不断加速的新轨道。

然而，幻觉并没有因此完全消退。冲动的社会及其最主要的引擎——以自我为中心的经济最可怕的地方便在于，它们看起来越是欣欣向荣，实际上就越是不可持续。早在房地产泡沫破灭之前，这场游戏的大玩家们就已经看到了大厦将倾的前景。在高盛、摩根士丹利以及其他投行中，交易员们常常将这些新证券称为“垃圾玩意儿”“怪物”“核武器浩劫”“迈克·泰森的重击”，他们也早已预见到“次贷要垮”的前景。然而，这些投行不仅继续向客户出售这些有毒的债券，甚至还想出各种各样的方法，准备从垃圾债券的垮台中获利。这种现象虽然极不道德，却并不令人吃惊，毕竟金融市场始终以追求高回报为最大目标。这些新金融产品的本质决定了它们必然会在某个时间或地点崩溃，并对经济的其他部分产生灾难性的影响。然而短视的华尔街只重视自己的眼前利益，根本不会考虑这种严重的社会影响。当有人对这些不合理的交易进行质疑时，华尔街的交易员和管理人员常常以一句首字母缩写的暗语作为回答，他们会说“IBG YBG”，意思是“我会离开，你也会离开”。至于他们离开之后会发生什么，想必这些人并不关心。待我赚够钱后，哪怕洪水滔天。[42]

当赌博者的运气不好、不断输钱时，他们常常表现出一种典型的行为，这种行为被称为“损失厌恶”。损失厌恶是人类为了生存而长期进化出的一种心理特点，因为我们习惯了物资匮乏的环境，因此任何形式的财产损失都会让我们产生本能的厌恶。在一些针对赌博行为的研究中，研究者发现被试对损失和盈利的认知是非常不对称的，即使损失和盈利的金钱数目完全一样，被试的行为却相当于将损失视为盈利的两倍。[43] 正是因为损失厌恶这种心理因素的存在，21 点玩家常常会在一手牌输掉之后把赌注翻倍继续玩下去，股票交易员也常常迟迟不愿抛掉手中亏损的股票，直到股价完全触底。而当房地产市场开始崩溃时，房产所有人宁可继续赔钱也不肯以低于买入价的价格卖掉手中的房产——2006 年，这样的情况开始出现。一位在拉斯韦加斯从事了 40 年房地产业务的资深人士弗洛伦斯·夏皮罗最近这样告诉我：“突然有一天，一切都结束了。我们再也没法把房子卖出去了。”[44] 最奇怪的是，很多“炒房”人根本无法理解和接受现实，房地产经纪人居然需要对客户进行劝说和解释，告诉他们几个月前的巨额财富如今已经不复存在了。夏皮罗这样描述当时的情况：“当时我们需要反复劝说我们的客户。我的一位客户跑来找我。他手上有 12 套房屋。他一直通过买入并转卖房屋赚钱，而现在这 12 套房子全砸在他手上了。我对这位客户说：‘没办法，市场已经停滞了。’”

当房地产市场率先垮塌时，整个市场（特别是金融市场）表现出了极强的损失厌恶心态，正是这些非理性的反应把危机对经济的伤害继续大幅放大。随着经济增长的停滞和公司利润的疲软，陷入恐慌的CEO启动了大规模的股票回购项目来挽救本公司股价。2007年，标准普尔500指数中的公司将净利润的62%用于回购本公司股票。2008年，这一比例升至89%。[45] 虽然股票回购计划有助于公司稳定股价，并保持高管的薪酬不受太大的影响，但这种做法却消耗了大量的资金，导致这些公司没有足够的资本与恶劣的经济环境做斗争。在本书第二章中，我们曾提到过一位经济学家威廉·拉佐尼克。拉佐尼克的另一项研究显示，很多最后需要联邦救助或外国投资者救援的公司，在危机开始之前进行了大量股票回购，从而耗尽了手中的现金储备。2007年，雷曼兄弟公司的破产导致整个美国市场陷入了自由落体状态，然而就在破产当年和破产前一年，雷曼兄弟公司刚刚花费了50多亿美元用于股票回购。同样，在危机中全面崩溃的两家拥有政府支持的房贷公司房利美和房地美，自2003年以来总共花费了100亿美元用于股票回购。[46]

金融板块想出了各种各样的战略从自己制造的危机中脱身，股票回购只是其中的一种。为了抵消它们在房地产市场上的损失，很多投行对石油和粮食等大宗商品的价格进行了大量的投机行为。虽然这种“对冲风险”的行为帮助投行减少了部分损失，但这些行为同时也导致大宗商品价格飞涨，成千上万的人不仅在经济危机中失去了工作，还需要支付更加昂贵的食品和汽油开支。尽管这些金融机构进行了各种各样的挣扎，最终还是未能逃脱在危机中垮台的命运。这时，它们又打出了一张制胜的金牌：它们声称由于自身规模过大，对经济的重要程度过高，政府不可以让它们垮台，必须向它们提供援助。于是，政府不得不对华尔街的大鳄们进行救助。这在事实上导致这些金融机构（以及金融机构的高管们）逃避了很多以净化市场为目的的监管，而这些监管手段本应在危机发生之前就对上述高风险行为进行限制和约束。整个经济陷入了一种极为荒谬的状态，这仿佛是一场权力与人性的对决实验——而这场实验的结果正如我们预测的一样悲观。在经济的方方面面，蜥蜴脑都取得了绝对的掌控地位。

就在一个多世纪以前，英国也经历过类似的危机，经济金融化所伴随的巨大风险给我们带来了沉痛的教训。不仅公共债务和个人债务水平同时飙升，而且大量资本从生产制造业和其他“硬产业”流向各种各样的金融活动（尤其是离岸投资活动）。这为英国的资本家带来了巨额利润，却对英国经济造成了严重的伤害。整个英国经济出现了资源紧缺的状态，不仅包括金融资源的紧缺，还包括人才和智力资源的不足，英国在全球经济中的领先地位受到了美国的挑战。1904 年，在一次针对英国银行家的演说中，曾任英国殖民大臣的约瑟夫 · 张伯伦以严厉的措辞总结了英国面临的困境：“银行业并不是我们经济繁荣的制造者，相反，是经济的繁荣成全了银行业的发展。因此，银行业不是我们财富的来源，而是我们财富的结果。”如果我们的资本不能“创造新的财富”，如果英格兰仅仅扮演“投资证券囤积者”的角色，我们是不可能继续生存和繁荣的。[47]

然而，在一个多世纪以后的今天，世界主要的后工业化经济体似乎仍然铁了心拒不接受上述教训。金融板块仍然是美国经济中的主导性板块，而且主要金融机构的地位甚至比从前更加稳固。美国金融业的集中程度不断上升，12 家超大型银行（包括摩根大通银行、美国银行、花旗银行、富国银行等）掌握了美国银行总资产的 2/3 以上。[48] 与此同时，金融板块的蜥蜴脑思维继续对美国的大众文化起着塑造作用。追求高回报率已经成为国民性格的一部分。从体育教练到大学校长，都选择在各种工作岗位之间频繁跳槽，以追求最高的职业回报率。美国的结婚率持续下降，因为越来越多的人希望继续保留追求更好伴侣的可能性。商界更是完全被金融的思维模式锁定。公司 CEO 的平均就职年限已经下降到了 5 年；而在 20 年前，CEO 的平均就职时间是 9 年。[49] 以股票为基础的薪酬模式仍然是商业界的常态，股票回购策略和其他金融工程手段也继续大行其道。根据拉佐尼克的计算，2001—2012 年，标准普尔 500 指数中的 500 家公司总共在股票回购上耗费了 35 000 亿美元的巨资——大约相当于美国政府为赢得二战所花费金额的 3/4。[50] 上述现象都是冲动的社会的典型症状——由于我们的经济完全围绕追求高速回报的欲望运转，从而越来越无法产出我们真正需要的东西了。

然而更令人担忧的是，美国的消费者不仅完全拥抱了金融板块的这些特征，甚至将这些特征完全吸收，化作了自我的一部分。我们中的许多人不仅继续在任何可能的情况下极力追求最快的回报，而且我们对这种追求可能带来的负面影响越来越无动于衷。消费者的品性和华尔街的性格日益趋同，我们变得越来越冷酷无情，越来越冲动短视。金融危机不仅没有对我们起到警示作用，反而让我们看到投资银行家和公司“狙击手”式的行为能带来多大的收益，因此华尔街反而成为消费者学习的榜样。在房地产泡沫破裂之后，上文提到过的那位曾在拉斯韦加斯担任房地产经纪人的托德·米勒开始从事一项全新职业：银行和被银行没收房产的房主之间的联络人。这项新工作经常要求米勒把来自银行的坏消息传达给即将被赶出自家房屋的房主们。米勒告诉我说，刚开始从事这项工作时，米勒接触到的许多房主都表现出对违约的愧疚和痛苦。米勒说：“这些房主常常会邀我进屋，告诉我他们的故事，很多人因为违约不能支付房贷而痛哭流涕。他们觉得非常羞愧。”然而，米勒说现在的情况已经完全不同了。当他拜访那些即将被赶出自家房屋的房主时，经常看到他们家里布满各种昂贵的装饰，而这些东西都是用股权提取获得的现金来支付的。这些房屋的车道上常常停着一辆甚至两辆崭新的汽车，院子里摆满各式各样的休闲娱乐用品。而且这些违约的房主中也很少有人再表现得痛苦不安了。米勒说：“现在大家反而开始吹嘘自己违约的情况。我曾经在一家健身房中听到一个人和朋友的谈话，那个人说：‘我已经快 3 年没有付过一毛钱的房贷了，银行马上就要没收我的房子，不过我真的一点也不在乎。我通过向银行再融资已经获得了 5 万美元的现金。’”当米勒谈到这样的情况时，他的声音变得沉重起来：“现在，再也不会有人因为违约不付房贷而感到羞耻了。‘那不是你的错。’‘那是银行的错。’诸如此类。欠债不还曾经为社会习俗所不容，还不起钱曾经是一个人可能遇到的最糟糕的事情。而现在呢？大家再也不把这些事放在心上。还不起钱没什么大不了，只要拍拍屁股走人就可以了。”

THE
IMPULSE
SOCIETY

AMERICA IN THE AGE OF INSTANT
GRATIFICATION

第二部分

镜中的裂痕

第五章　独自在家

每年 3~10 月的每个周六，波特兰市西部都会举行农贸市场活动。在这里，访客们可以暂时远离短视的、以自我为中心的冲动的社会，品尝到生活的真正味道。在这样的农贸市场活动中，每一处摊位上都摆满了精心制作的各式手工美食，这也使得波特兰以“慢食品之都”而闻名。波特兰的农贸市场上还有很多本地著名的非商业化音乐表演：从绿色合唱团到迪吉里杜管，有人穿着苏格兰短裙骑独轮车，有人戴着达斯·维德头盔用风笛演奏《星球大战》的主题曲。就连来参加活动的人群也展示出该市极富参与精神的城市文化：头发花白的嬉皮士，充满自信的自行车骑手，浑身文身、表情真挚的非主流人士，当然还有向路人宣传各种内容的人，只要你愿意听，他们就愿意向你介绍和宣讲各种五花八门的内容，比如无家可归人士的收留问题，自行车道问题，同性恋婚姻问题，公司是否应该被当作公民来对待，是否应该强制提供含氟的饮用水等。在波特兰的城市文化中，对自我认知的高度重视是最鲜明的主题，这个城市中的现实生活就像电视剧《波特兰迪亚》中的情景一样。(在其他任何一座城市中，你恐怕都不可能见到自行车骑行地图不仅有英文版的，还有西班牙语版的、索马里语版的、尼泊尔语版的、俄语版的、缅甸语版的以及阿拉伯语版的。[1])波特兰整座城市的氛围是真诚的、稳健的、富有目标的，这里的人们惹了麻烦不会说走就走，而是会负责任地留下来，认真地处理善后工作。

然而从某种意义上说，波特兰文化的核心正是一种"说走就走"的精神。虽然这座城市的非主流文化早在几十年前就已存在，然而对这座城市最热忱的非主流人士中有很大一部分都是从别的城市搬来的移民，他们为了逃离美国不平衡的主流文化而抛弃从前的生活搬来波特兰居住。在上文提到的农贸市场上，我认识了艾丽。艾丽是一位女同性恋者，她告诉我说，之所以选择从洛杉矶搬来波特兰，是因为波特兰是第一座让她感到可以完全"融入"的城市。艾丽说："我住在洛杉矶时，从不知道隔壁邻居的政治态度是怎样的，我也不确定他们是否购买有机食品，是否支持同性恋婚姻。"在这里我还遇到了另一位移民斯蒂芬，斯蒂芬是一位学校老师，他说他之所以选择逃离中西部，是因为无法忍受那里保守的、不环保的思维方式。斯蒂芬说："在这里我可以非常轻松自然地拉起一条横幅，上面写着'我的后院不使用杀虫剂'，我可以轻松自然地在食品店谈论垃圾的回收利用。"在这座充满新移民的城市，很多人都能讲出他们如何精心计划，从别的城市逃离至此。30 多岁的马林对我说："搬来波特兰是我们的一项战略决策。"马林和他的男友亚当在搬来波特兰之前曾经对 6 处备选地的情况进行过调查访问，他们表示："我们想确保我们将搬去的地方是一个我们每天都想待在那里的地方。"[2]

波特兰并不是这些文化难民的唯一避难地点。在比尔·毕晓普具有先见性的著作《大归类》中，作者提到得克萨斯州的奥斯汀、科罗拉多州的波尔德、威斯康星州的麦迪逊等城市也逐渐成为左翼人士的聚居地。与此同时，保守派人士则集中在另一些城市和社区中，比如南加州的橙县、科罗拉多州的斯普林斯市以及伯明翰和休斯敦的城郊区域。人口的地理分布曾经主要由就业机会、家庭关系以及其他物质性的因素所决定。然而毕晓普说，如今人们却常常因为“一系列生活方式的原因”而选择移民。这些原因包括政治和文化上的便利程度，与商业中心和体育馆的距离等。毕晓普告诉我：“人们在这方面变得精打细算。如今人们会像在餐馆里拿着一份菜单点菜一样，逐一比较各个城市的优缺点，经过严密的分析以后才最终选定自己的居住地点。这种情况是我们的父辈从未想到过的。”用冲动的社会的术语来说，现在的人们会选择能最高效地提供最大精神回报的地方作为自己的常住地。

我们可以选择的对象远不止城市和社区。如今，个人消费的目标日益变成寻找和创造一种可供我们自我表达的领地——包括能够强化我们的自我形象和向我们提供精神满足的地点、商品、经验、社交网络和人。我们日益强调什么是我们喜欢的，而对不喜欢的东西则立刻予以抛弃。对我们中的一些人而言，这种个人化的过程可能意味着找到一处完美的社区，那里有战前手工式的简易房屋和垃圾回收桶，恰好完美地符合我们的偏好。对另一些人来说，个人化的过程可能意味着在网络上找到一群二次元的朋友，他们的喜好和厌恶与我们完全一致。个人化的过程可以是一种完全满足我们内心对人性深层次渴望的政治活动，也可以是一种帮助我们保持完美身体状态的自我监控技术。个人化的过程可以是对苹果或哈雷戴维森等品牌的迷恋，因为这些品牌向我们提供了一种简单的群体认同的方法。个人化的过程可以是一个 24 小时播放美食节目的频道，也可以是政治不正确的新闻节目，甚至可以是某种 3D 的游戏环境，在这种游戏中我们可以把任何我们不喜欢的人砍成碎片。在我们的社会中存在着各种各样的“地点”，这些地点反映了一种共同的基本欲望，即对能满足我们个人偏好的空间和体验的欲望。同样重要的是，上述所有例子都清楚地表明，我们的经济体系已经能够非常稳健和高效地向消费者提供各种各样的个人化的世界。

从某种程度上说，这当然是我们的胜利。今天的我们能够随心所欲地塑造我们的生活方式，能够根据个人的需要来选择与世界接触的渠道。这种伟大的自由正是消费者经济的基础。也正是这种伟大的自由让美国的消费者经济显得尤其迷人和可爱。然而，这种个性化的权力却成为我们的阿喀琉斯之踵：我们的市场越是能高效地满足我们的个人偏好，同时帮助我们规避一切我们不想面对的东西，我们就越像是使自己投身于沸水之中。在房地产泡沫的例子中，显然就出现过这样的情况——超级高效的金融系统让我们能充分享受“成功”的生活方式，同时帮助我们规避一切令我们不舒服的事情——比如我们根本无法负担这种生活方式的事实。确实，我们追求个人化的大部分努力并不会导致经济的崩溃，然而这些行为却可能产生一些我们不想面对的成本和后果。

比如，我们可以讨论一下寻找理想城市的问题。一方面，希望生活在与自己拥有类似看法、类似价值观或者类似时尚品位的人周围是一种完全合情合理的需求，谁又会因此责怪那些寻找理想居住地的人呢？寻找一个完美的社区曾经那么困难，波特兰、奥斯汀、南加州的橙县那样的城市也许找到了某种创造共同价值观的完美渠道。另一方面，随着人们能够越来越容易地找到完全符合自己偏好的社区，整个国家逐渐失去了某种社会凝聚力。这种“大归类”的风潮始于 20 世纪 70 年代，自此以后，美国的政治地图发生了明显的变化。在 20 世纪 70 年代之前，只有 1/4 的美国人生活在深红或深蓝地区，所谓深红或深蓝地区是指某一党派在总统选举中能以超过 20% 的优势胜出的地区。然而，经过 40 多年的大归类，如今的美国人越来越多地与和自己观点相近的人聚居在同一社区，因此今天已经有超过半数的美国人住在这种所谓的“压倒多数地区”。[3]（在波特兰及其周围的姆尔特诺默县，政治的平衡发生了显著的改变：在20世纪60年代，民主党和共和党在这一区域的支持率不分伯仲，而如今民主党在这一区域能以45点的巨大优势赢得选举的胜利。[4]）显然，这种民众政见方面的隔离趋势是导致美国政治中两党对立僵局的一个十分重要的因素（这一点我们在之后的章节中还会再次讨论）。然而在社区的层面，这种隔离的趋势也降低了社区的多样性和丰富性，使我们不必再掌握妥协和自我控制的艺术。在休斯敦、堪萨斯城或者伯明翰的城郊地区，自由主义者已经变成一种濒临灭绝的物种；同样，在左翼人群聚居的城市——如麦迪逊、奥斯汀和波特兰，保守派的声音也逐渐销声匿迹。虽然这为我们提供了一种轻松的、舒适的生存环境，却也让我们的民间社会失去了某种活力。波特兰地区一位专门研究移民问题的经济学家乔·科特赖特说道："由于我们能够轻松地选择自己的邻居，我们失去了与不同背景的人们接触的机会，因此也就无法接触到那些与我们的观点截然相反的人。"

对个性化生活和自我形象的强烈追求导致了很多意想不到的成本，政治两极化只是其中的一个例子。对个性化的强烈追求会产生巨大的风险，然而这种风险表面看来却是非常微妙的：我们越是将自己闭锁于完全个人化的经验和生活方式中，就越难以接触和接受任何我们不熟悉的、不符合我们偏好的东西。然而有一个冰冷的事实一直摆在我们面前：我们生活中某些最重要的事情、我们社会面临的某些最大的挑战既不是个人化的，也无法被个人化定制。相反，这些东西是固有的、集体的，并且常常是令人不快的。要解决这些问题，我们必须有耐心，必须包容我们不熟悉的事物，必须愿意妥协和牺牲。简言之，社会的挑战要求我们必须面对这些不美好的、不高效的东西，然而以欲望驱动、一味追求高效率的冲动的社会却不断地劝说我们回避这些东西。

本次金融危机就是最典型的例子。在本次金融灾难结束之后，我们本应在个人和集体的层面上通力合作，努力改变我们的金融体系，以及对金融体系的问题持放任态度的腐败的政治体系。事实上，我们所采取的行动却是完全相反的：我们进一步抛弃了积极参与社会活动的态度，将自己更深地封闭于个人的生活之中，个性化的生活方式和个性化的自我成为躲避社会责任的挡箭牌。我们的社会不断赋予每个公民更多塑造自己生活的权力，却几乎从不告诉我们应该怎样更好地运用这些权力，这无异于为社会成员挖出了一个巨大的陷阱。市场不断向我们提供更大的个人权力，让我们可以进一步从广泛的社会中抽离，不用去面对那些令人讨厌的问题。这样的趋势明明是危险的，我们却无忧无虑地相信所谓“市场的智慧”，认为市场提供给我们的任何东西都是完全可以接受的好东西，因为效率市场的经济理论正是这样教育我们的。这正是冲动的社会的标志性理念：每个人都只应该为自己而活。

从某些方面来看，这种“大隔离”的趋势持续了超过一个世纪。大约200年前，阿历克西·德·托克维尔就已经指出，自从美国人逃离了欧洲文化的严密控制，他们就不断受到个人主义的诱惑，希望可以“离开广泛的社会而只关心自己”，只关注个人的追求和目标。而托克维尔认为，美国社会之所以没有分崩离析，是因为大家都理解社会是取得个人利益的必要途径。务实的美国人认识到离开社区的帮助，个人的利益很难实现，因此他们选择继续保持与社会的接触，“因为与其他人的联盟似乎能给自己带来好处”，托克维尔写道：“因此每个美国人都知道何时应该牺牲部分个人权力来拯救其他人”，正是这样的品质保证美国的社会和经济始终充满活力，富有生产力。[5]

然而，托克维尔这种“理智自我利益”的乐观想法是以一个大前提为基础的，那就是每个人都必须认同，个人的利益与整个社区的利益是不可分割的。然而，我们在前文中已经提过，随着消费者经济不断为个人提供更大的个人权力（或者说至少让人们产生了个人权力不断提高的感觉），“与他人结成联盟”如今看起来似乎已经不那么有用了。同时，显然存在一种相反的作用力——对自由的追求，这种作用力诱惑着我们切断与他人的联盟。在 20 世纪的大部分时期，我们的价值观和制度主要是由一些见证过战争和经济萧条的人创造的。这些人的亲身经历使他们深刻理解社会凝聚力的重要性，同时他们也明白适当的自我牺牲是保持社会凝聚力的必要条件。然而到了 20 世纪 70 年代，这种社会凝聚力的精神遭到了严峻的挑战。从意识形态的角度看，对个人价值的追求成为那个年代左派和右派的共同信念。罗斯福新政中提倡的社群主义精神隐含了对自我牺牲的要求，然而随着自由主义的抬头，人们开始反对这种自我牺牲的要求（在肯尼迪总统发表“不要问”的演讲之后，自由主义经济学家米尔顿·弗里德曼以嘲讽的口吻批评了总统的演讲：“质问公民能够为国家做什么实际上隐含了这样的意思：政府是人民的主人和上帝，而公民只能是政府的仆人和信徒。然而对自由的人们来说，国家只是构成国家的所有公民的集合，并不是某种凌驾于公民之上的神圣的东西。”）

与此同时，高速发展的消费者经济向公民提供了越来越多的追求自我利益的机会，而且我们在追求自我利益时再也不需要他人的协助和批准了。事实上，不管别人如何反对和批评，我们一样可以继续追求个人的目标。我们的汽车从交通工具变成了移动的城堡。我们的房屋放弃了前庭、草坪等对外的结构，主要强调更大的内部空间、后院以及封闭的车库。虽然随着经济增长的放缓，我们的经济已经无法向民众提供更多的个人实际财富，然而数字革命的兴起使追求个人自由的运动变成了社会文化的永久组成部分。追求个人自由本身变成了一种生活方式。

因此，虽然经济危机多少打击了我们追求个人化生活的努力（现在，我们寻找理想生活城市的热情已不如 2008 年以前那样高涨），然而各种个人技术的发展却使我们可以继续以低廉的价格定制我们的生活方式。有了人手一部的智能手机和无所不知的互联网，即使像我这样不太懂科技的消费者也仿佛置身于一个宏大的数据宇宙的最中心，我们能获得的资讯不仅数量巨大，而且是高度个性化的。我们可以随时随地与同事、家人、朋友联系。我们可以用从前只能在科幻小说中看到的方式快速定位各种娱乐项目和购物场所。（我们可以随时追踪我们的朋友正在哪间酒吧喝酒，并且能在导航软件的指引下迅速抵达狂欢的现场。）我们可以享受电脑算法为我们量身定做的歌曲清单，也可以在不断翻新的 YouTube（世界上最大的视频网站）、Vine（一款基于地理位置的社交网络服务系统）、Chatroulette（一个视频聊天网站）等网站上随时收看各种精彩的视频。在任何时刻，我们都能把自己的休闲时光（以及工作日中某个令我们不快的时段）定制为一种完全个人化、个性化的娱乐体验。在这样的过程中，各种高智慧的技术缓解我们的压力，填补我们的空虚，使我们能够更好地投身于我们真正的工作——自我表达——之中。

这种巨大的个人权力在一代人之前简直是不可想象的。然而与个人技术的光辉前景相比，我们目前的这点享受几乎算不了什么。将来，智能手机将成为可穿戴甚至可植入的设备，互联网不仅会把我们连向数字化的目标，还能把我们连接到物理环境中的任何东西上。我们的汽车、房屋、家用电器、宠物、食品店货架上的各种商品、我们路过的各种商店都会不断地向我们提供各种各样的信息，告诉我们它们能够如何帮助我们提升我们的生活质量。高科技算法通过统计方法分析出我们可能喜爱的商品，并尽最大努力劝说我们购买这些商品。在商场和机场，高科技的电子岗亭能自动察觉我们的存在，并立刻分析我们的购物历史，据此向我们提供量身定做的优惠信息。在派对上，电子化的标签可以显示每一位来宾的恋爱状态和职业地位，于是我们可以一目了然地知道可以与哪些人调情，应该拍哪些人的马屁。[6]在一场谈话和另一场谈话的间隙（如果谈话比较无聊的话，甚至可以是在谈话的过程中），我可以回复短信，查阅个人化的新闻推送，或者从街角的餐厅订购烤肉外卖（我们订的烤肉外卖很可能是由无人驾驶的小型飞机送上门的）。对于未来生活的形态，我们充满了各种乐观的想象和预测，似乎那将是一种充满活力的、以理性自我利益为目标的生活：在任何的时刻，不管我身在何处，不管我和什么人在一起，我都可以精确地了解我的个人利益所在；我可以据此准确地判断我应该在多大程度上与周围的人或者整个社会进行交流。有了这样的信息，人们就可以随时随地将各方面的个人回报最大化。

也许，我们一直真诚地相信上述美好的生活很快就会来到我们身边。然而读到这里，相信大家已经对冲动的社会的特点有了一定的了解，我们应该已经知道，不能盲目相信市场对我们的承诺，因为在上一段旅途中，我们显然被冲动的社会严重误导，走上过一条非常危险和错误的道路。虽然不断放大的个人权力每一周都在奇迹般地持续增长，然而大量证据已经向我们证明：更高程度的个性化并不一定能让我们更理性地对待我们的个人利益以及社会的总体利益。在本书的开头，我们曾经看到软件设计师是如何诱使在线游戏玩家整日坐在电脑屏幕前，导致这些玩家完全脱离现实世界。实际情况是，这种恶意诱导我们走上歧途的现象并不仅仅局限于网络游戏领域。记者尼古拉斯·卡尔曾出版过一本观点尖锐而悲观的著作《浅薄》①。这本书中提到，所有身处数字化社会的人都面临着同样的问题。卡尔认为，问题的核心是我们的数字化环境太急于取悦消费者，因此对消

① 《浅薄》简体中文版已由中信出版社出版。——编者注

费者的个人偏好过度迎合。整个互联网环境的组织形式就像一部巨大的网络游戏，在互联网的海洋中，每个网民都可以获得无穷无尽的正反馈机会。不论我们的鼠标点在哪里，我们随时都可以获得新事物的奖励——这种新事物可以是文字、图片，也可以是其他的数字化对象。这种奖励的新鲜感（以及随之产生的神经递质释放）很快变得与信息内容本身同样重要。卡尔写道："数字化的环境把我们都变成了实验室中的小白鼠，我们和小白鼠一样不停地按着面前的拉杆，希望获得社会或智力上的微小奖励。"[7]

更严重的是，对新事物的渴求已经严重影响了我们理解和处理已经获得的数据的能力。卡尔认为，由于获取新信息的行为本身已经变得和信息内容一样重要，我们的头脑因此产生了混乱，在我们已经获得的信息（比如一本我们已经下载却还没开始阅读的书）和想要获得新目标的欲望之间出现了冲突。对我们的大脑而言，对新事物的期待和深层次地理解一个事物是两种非常不同的心理过程，这两种心理过程之间的冲突使我们无法集中注意力，这导致我们不能专心处理和吸收已有的信息。在这样的机制下，虽然我们消费了更多的信息，对信息的处理却变得更加粗糙和浅薄了。此外，有研究显示，任何常规性的行为最终都会改变我们大脑的结构，因此，一旦这种大量搜集、低效处理信息的模式成为习惯，就会对我们的大脑造成永久性的结构改变。因此，即使我们离开数字王国走进现实世界，也无法再像过去那样深入地、高效地处理信息了。不论在线上还是线下，我们越来越执迷于对新信息的挖掘，而不再有动力和能力对手头已有的信息进行深入的理解和分析。我们越来越不能集中注意力，越来越无法区分哪些事物真正有意义，哪些东西只提供一种肤浅的刺激。面对复杂深刻的想法和问题，我们越来越力不从心。神经科学家乔丹·格拉夫曼这样告诉卡尔："同时处理的任务越多，你就越轻率，你思考和解决问题的能力就越差。"因此，我们可以想象，数字化革命事实上反而降低了我们理解自我利益的能力，人们不再知道何时应该适当牺牲个人利益以追求更长远的收益。

数字化的新工具不仅没有使追求个人利益的过程变得更容易，反而成为我们追求个人利益的障碍。要理解这一现象并不困难。从某种程度上说，数字革命带来的问题只是商品经济产生的问题的最新版本。早在一个多世纪之前，商品经济就开始向我们提供各种方便有效的工具：智能手机、巨型 SUV、加双倍熏肉的芝士汉堡王，所有这些迷人工具的设计初衷并不是让我们变得更好，而是让出售这些商品的公司赚更多的钱。当我们狂妄地滥用商业市场赋予我们的个人权力时，我们也许没有想到，那些居心叵测的公司向我们提供这些产品并不是真的想向我们提供什么权力，它们唯一的目标是提高公司管理人员和投资者的权力。没有任何一家公司可以向消费者出售他们不想要的个人权力。然而在后物质主义的超级消费社会中，消费者已经不再清楚自己究竟想要什么。我们想要什么取决于商家认为卖什么最赚钱，我们想要某种商品在很大程度上是因为我们的内心狂热地渴望更多自我表达的机会、更多自由以及更多个人偏好。虽然我们不断强调消费者需求的重要性，然而在每个产品周期中，促成更多、更强的消费者工具不断涌现的动力并不只是消费者的需求。在我们看到广告之前，在我们看到朋友手中的新产品之前，我们常常完全不了解这些新产品的性能和特点，试问我们怎么可能需要和想要一种我们根本不知道是什么的东西呢？因此，事实上每年大量流入市场的个人化权力主要反映的并不是消费者自身的需求，而是商业公司的需求：它们希望保持利润的机器不断运转，希望生产力不断提高，希望自己公司的股价永远不停地上涨。

显然，自从近 100 年前阿尔弗雷德 · 斯隆开始大规模生产“淘汰旧商品的需求”时起，上述现象就一直存在于我们的社会中。然而，随着数字化效率的提高，商家对利润的渴望不断升级，我们越来越多地以消费行为定义我们的生活和自我，市场和消费者自我之间的这种畸形关系已不再是“一种现象”，而越来越成为这个社会“唯一的现象”。我们的商业机器不断生产过量的个人权力，就像农民过量生产谷物一样。因此，消费者市场上每时每刻都泛滥着各种过剩的东西：过量的马力，过量的像素，用不完的面积和数据内存空间，我们的身体无法消耗的快餐卡路里，过多的咖啡因，以及其他任何能被大规模生产的过量个人权力。事实上，很多情况下消费者并不需要甚至并不想要这些过量的权力，如果没有这些权力，消费者的生活反而可能更美好——然而已经没有人再关心这样的事实。只要过量的商品被生产出来，它们就必须从供应链流入人们的生活，为了确保这一点，商家采用了各种前所未有的新颖而激进的市场营销策略，其中当然包括各种强制消费者更新换代的措施，除此之外，商家还越来越多地运用一些侵入性的手段：比如追踪我们访问过的网站，分析我们的购物历史，监控我们在社交媒体上的发言。商家通过这些数据预测我们的喜好和欲望，然后通过迎合这些喜好和欲望来追求它们的季度盈利目标。如今，有线电视公司已经可以向家庭提供“高度定制化”的广告。一位电视公司的管理人员向我夸耀道：“现在我们已经可以向养狗的人推送狗粮广告，向养猫的人推送猫粮广告，如果我们发现这个家庭有 3 个孩子，我们就推送小型货车的广告。”[8] 因为大规模泄露用户数据而臭名昭著的塔吉特公司还曾因为另一项不光彩的举措受到过关注：塔吉特公司的市场推广系统能够根据少女的购物历史准确预测少女何时及是否怀孕，他们甚至能够比少女的父母更早知道少女怀孕的消息。[9] 商家对消费者偏好的精心计算已经达到了令人害怕的程度，在这样的消费环境中，我们的选择已经不再是一种个人决策，而是市场与我们合作的结果，在很多时候，市场甚至比我们自己更加了解我们的内心。也许，在不久的将来，市场就会与消费者的自我完全融为一体，我们内在的渴求、我们对高效满足的不断追求会与商业公司对资本回报率的渴求完全同步。然而最重要的是，这种市场与自我的完全同步会导致我们越来越习惯将自己视为我们私人宇宙的中心。随着每一个产品周期的出现，随着每一次产品的更新换代，自我表达越来越成为我们的第二本能。自我表达成了我们的生活方式，成了我们的工作。我们改变了对周围世界的看法，我们的态度越来越不像负责任的公民，而变成了一群贪得无厌的自私鬼。我们的生活质量，我们经济的健康程度，新的科技是否有用，国家的政策方针是否可以接受，我们判断这些问题的标准变成了它们能否向我们提供更大的个人权力，能否让我们从一瞬间的自我满足和肯定直接跳转到另一瞬间的自我满足和肯定。

从文化的角度说，冲动的社会已经到达了终点：自我已经成了所有事物的中心，所有事物都必须围绕自我来运转。不择手段地谄媚讨好消费者的消费市场已经清楚地反映出这样的现实，而其他板块也正越来越表现出这样的特点。在现代政治中，一项政策和一位决策者的成功与否已不再取决于政策是否有用和高效，而取决于政策是否能够迎合选民的自我意识（你会想要和泰德·克鲁兹一起喝啤酒吗？你是否觉得希拉里·克林顿为人过于强势？）新闻不再报道对集体、社会而言最重要的事件，而变成了一种完全迎合个人喜好的定制信息流。这种定制过程可能是通过某种个性化算法完成的，也可能是在我们随机点击各种能吸引我们眼球的头条的过程中自动完成的。技术专家尼古拉斯·尼葛洛庞帝把这种新闻形式称为“每日自我播报”。甚至连我们的艺术也越来越少地去讨论深刻的、存在争议的问题，越来越少地去表现那些重要的、永恒的主题，而是越来越多地以个人认同为核心。社会学家丹尼尔·贝尔曾经发现，在这个以自我为中心的文化环境中，当一个人看到一幅画、一首诗，或者一本书的时候，他的第一个问题不是“这个东西美不美、深刻不深刻”，而是“这个东西能为我做什么”。在丹尼尔·贝尔的时代，数字剪辑技术尚未出现。如今，数字剪辑技术已经把文化的每一个组成部分——电视剧、歌曲、电影或图书——都转化成可以随意拼贴的美学碎片，人们可以随意心所欲地把这些碎片撕裂和重组，通过各种形式的混搭达到自我表达的目的。在冲动的社会中，所有文化都只是自我的工具和傀儡。随着各种形式的文化消费和自我创造，我们的自我在一刻不停地膨胀。

我们越来越专注于自己的内心生活，越来越把自己封闭在一个狭小的个人化环境中，这个环境中只有我们熟悉的东西，只有与我们的自我相关的事物。当我们习惯了这样的情况后，任何我们不熟悉的、与我们无关的事情都会引起我们的愤怒和恐慌。陌生和差异让我们焦虑。他人的不同意见使我们觉得自己受到了伤害。即使对最文明理性的公民来说，要保持社会的多样性都需要每个人的努力和妥协，同时也必然会引入一定程度的风险，而这些所谓的低效率元素却正是如今我们的消费者文化和以自我为中心的意识形态极力排斥的东西。然而，这些令我们感到不快的低效率元素对保持个人利益与社会利益的平衡必不可少。这些元素是民主和社区的基础，而民主与社区这两种制度从定义上来说注定不是效率最高的。卡斯·桑斯坦（我们在本书第三章曾提到过这位芝加哥大学的法律学者）认为，有效的民主文化必须包含某种混乱而尴尬的“不期而遇”，人们必须能够“接触到一些他们并不想接触到的东西，必须能够听到一些他们并不想听到的话题和观点，虽然这些东西常常令人不快”。[10]然而，正如上文所提到的那样，随着我们的生活和经验日益适应我们的偏好，人们越来越相信我们有权力躲避我们不想听到的意见，远离我们讨厌的人，避免其他各种形式的“不期而遇”。

当然，这并不是说在我们民主共和国的黄金时代，每个人都完全接受和认同社会多样性的重要性：我们并没有做到这一点。然而，在那个时代，我们确实找到了一些求同存异的方法，比如，与别人礼貌地谈话时，我们可能会故意回避某些敏感的话题（如政治和宗教）。通过这类行为，我们成功保持了各类人群的共同价值基础，从而保证我们的社区和社会能够良好地运行。然而，如今任何稍微委屈自己的行为都被视作对自我表达权的严重侵犯。我们发现，与其委屈自己适应他人，不如只和自己相似的人交往，这样我们就可以只接触自己认同的价值和观点了。

然而，这是一种危险的习惯。一旦我们不再能包容任何形式的差异，一旦我们开始在自己和与自己不同的人群之间制造实际和虚拟的距离，人与人之间的隔阂就变得越来越严重。桑斯坦和毕晓普的研究都指向一个共同的事实：受群体心理学的影响，如果一个社区中的成员拥有非常相似的价值观，那么他们的观点就会变得越来越极端，容忍不同意见的能力也会越来越低。这种现象的成因是，当我们处在一个和我们的价值观非常类似的群体中时，群体的肯定会让我们对自己的观点更加自信。很多研究显示，对于大部分政治和社会问题，一个普通的个体通常并不会拥有非常强烈的观点。因为我们没有时间和精力来比较和分析各种不同论点，因此也就无法得出非常明确和强烈的结论。很多时候我们对自己的观点并不具有强烈的自信。于是，为了规避风险，我们常常倾向于把周围人的普遍观点当作自己的观点。桑斯坦认为，在一个人与人之间的差别非常明显的多样化社区中，这样的心理能够保证大多数人“持有比较中立的观点”。换句话说，中庸的态度实际上是每个人的本能。然而，在一个经过分类的、人与人之间高度相似的社区中，通过不断赞同和肯定他人的意见，我们会变得越来越自信。我们并不需要认真的分析和思考，群体的认同已经足够让我们自我感觉良好。桑斯坦的研究显示，我们的信心越高涨，我们的信念就会变得越强烈。用桑斯坦的话说：“在很多情况下，仅仅因为团体的支持和肯定，人们的看法就会变得越来越极端。因为当人们知道其他人和自己的看法一致时，他们就会不可避免地变得更加自信。”[11]而毕晓普认为，上述动态机制几乎在每一种高度趋同的群体中都会出现。不管是选民、同一间教室里的学生、陪审团中的陪审员，还是联邦法院的法官，在任何群体中，只要群体的多样性降低，人们的意见就会变得更加极端。[12]毕晓普说：“在政治和文化领域，这方面的教训是显而易见的。多样化的人群聚居在一起能让大家变得更加平和与中庸，如果持相同意见的人聚集在一起，则会导致越来越严重的两极化和极端主义。多样化的社区能够限制群体的极端思想，而过于趋同的社区则导致不同人群间的分歧日益加剧。”

在政治领域，两极分化的现象导致了巨大的负面效应，在第八章我们还会进一步讨论这个问题。这里有一个巨大的矛盾：在社会化的世界中，个人越想保持自我，就越会对保持自我的能力造成根本性的危害。康涅狄格大学的哲学教授迈克尔·林奇是一位人类知识理论的专家。林奇认为，一旦人类失去了忍受不同意见的意愿，就失去了获得真正的自我认知的能力。当我们拒绝接受与我们看法不同的人时，我们不仅拒绝了这些具体的人，还拒绝了“他人”这个抽象的概念；我们拒绝承认在自我之外还存在着一个更广阔的世界——这个世界不受我们控制，也不依赖于我们的自我而存在。然而，林奇认为，他人的概念对我们而言是必不可少的，他人不仅帮助我们反思自己的观点和意见，帮助我们保持清醒的头脑，帮助我们保证民主制度的有效运行，还是我们认识自我的过程中不可缺少的元素。只有认识到自我之外还存在某种更广阔的东西，我们才可能真正理解自己是谁（更重要的是，理解自己不是谁）。在我们的消费者文化中，由于外界越来越努力迎合我们的偏好和需求，自我与外界之间的界限开始变得模糊。林奇说：“我们需要‘他人’的概念来帮助我们确定自我的界限，因为在目前的环境下，自我的界限正以一种奇怪的方式不断扩大。我们的自我不断膨胀，自我的领地也变得越来越广阔，于是对世界的兴趣渐渐等同于对自我的兴趣。而在我看来，这种观念是错误的。因为这是一种建立在幻觉基础上的观念。因为世界总是比我们的自我更加宏大，世界比任何一个人的自我都更加广阔。我们越相信自己能够控制整个世界，就越会将自己封闭在狭窄的洞穴中，被洞穴墙上的影子所愚弄。”过度的自我膨胀非但没有让我们变得更强大，反而削弱了我们的能力。林奇说：“我们变得巨大而脆弱，你懂吗？就像一个充满了空气的热气球一样。”[13] 这是冲动的社会所导致的另一个根本性的悖论。我们如此迫切地需要社区的支持，然而，当我们不断地努力创造一个能完全反映我们自我身份的社区环境时，我们是否反而抹杀了那些定义我们个人存在的最重要的东西呢？

用热气球比喻不断膨胀却日益脆弱的现代自我是非常恰当的。事实上，个人化的过程其实意味着我们拒绝接受世界本来的样子，而坚持让世界围绕我们个人的偏好运转，似乎控制和主宰才是我们人生的唯一模式。然而，人类并非生来就是外部世界的主人。相反，我们是为了适应广阔的外部环境而生的。人类进化出体积更大的大脑是为了与其他人合作、协商和妥协；同时也是为了更好地适应更广阔的外部世界，因为在人类历史的大部分时期，外部环境从不主动适应我们的偏好和愿望。虽然我们的祖先发展出了各种改善周围环境的技巧，然而能否在险恶的环境中生存下去，主要还是取决于他们能否让自己和自己的预期与外部环境相适应。正是在不断忍受各种困难和失望的过程中，人类逐渐获得了力量、知识和洞察力，这些宝贵的东西不会因外部世界的艰险而磨灭，正是这些根本性的东西让人类逐渐成为世界的主人。

几乎每个国家的传统文化都理解和认同这一点：不接受逆境的考验，一个人就无法成长为坚强的、自给自足的个人——逆境是人格成长中不可或缺的核心元素。然而，我们的现代文化却过分强调“个性”，鼓励我们回避一切形式的不快和困难。在我们冲动的社会中，消费者文化的价值观与传统社会的价值观截然相反：消费者文化尽一切努力说服大家，艰险、困难，甚至尴尬都完全不应该出现在我们的生活中（或者只有在一些特殊的自我提高的时刻，比如绳索训练和魔鬼腹肌训练时才可以出现）。不适、困难、焦虑、忍耐、压抑、拒绝、不确定性、模糊性，在冲动的社会中，这些不再是帮助人们成长、让人们变得更加成熟和坚强的机会。相反，它们只是错误和低效率的代表，因此我们应该抓住一切机会修正这些错误，而修正的方式通常是更多的消费和更强烈的自我表达。

于是，我们再也不想为了一个包裹等上几天，我们希望任何商品都能第二天一早就送到家门口。我们甚至愿意付费享受当天送达的服务。我们渴望亚马逊能够早日推出无人机送货服务，让我们订购的商品可以在30分钟内来到我们身边[①]。随着我们的社会系统能够越来越快地满足我们的欲望，我们完全忘记了还存在这样的可能：也许等待和忍耐才会让我们更加满足。等待和困难是高效率消费者市场的最大敌人，就像真空是自然的敌人一样。因此，虽然等待、困难、低效也许能塑造更坚强的人格，我们却没有耐心去等待这一过程的发生。对效率市场而言，人格和美德本身就是一种低效率的元素；经济的终极目标是产量的提高和股价的抬升，而人格和美德却是我们实现这些目标的障碍。只要我们的社会能够产出更多自我表达、自我满足、自我提升的权力，我们就必须立刻使用这些权力，这是整个现代消费者文化最重要的隐含假设。因此，如今我们自我表达的程度以及我们的自我不再由我们自己决定，而是由效率市场决定，由商业机器决定，由永远不知疲倦的资本和创新的循环决定。虽然这会让我们的自

① 这还远远不是技术革新的终点：沃尔沃的数字钥匙技术可以让网购者以它们的汽车作为送货和取货的地址。

我变得越来越虚弱，我们却早已丧失了拒绝的能力。

当我们不知疲倦地追求更新的高效率来源时，我们的社会关系和社区结构究竟发生了怎样的变化呢？我们都知道，对个人的发展而言，社区扮演着非常重要的角色。只有在社区中，我们才能学习和吸收社会的规则和常识，为人际交往和取得成功做好准备。正是在社区中，我们理解了限制和自我克制的必要性，理解了耐心、坚持以及长期承诺的重要性，并将这些概念内化为我们价值观的重要部分。社区压力是社会限制个人短视和自私行为的重要的渠道。（用经济学家萨姆·鲍尔斯和赫伯特·金迪斯的话说，社区是"将社会义务转化为个人愿望的渠道"。）然而，社区不仅仅通过对个人的不当行为说"不"来完成上述任务。在社会关系的网络中，我们逐渐发现自己的能力和长处。正是在这样的过程中，我们慢慢建立起作为公民和社会生产者的价值感。通过积极参加社会活动，我们不仅消费社会商品，还能通过生产社区所需要的东西来为社会做出贡献。

社区不仅能教育我们成为具有生产力的公民。在社区中，有较强社会关系的个人通常生活得更好。这些人不仅在生理和心理上更加健康，也能够更快地从伤病中恢复过来，此外，他们患进食障碍和睡眠障碍的概率也低于普通人群。[14] 研究显示，与社区联系紧密的人更快乐，对自己生活质量的评价更高，即使这些人所处的社区并不富裕，或者受教育程度并不高，这一规律也仍然成立。[15] 事实上，在影响人们幸福指数的因素中，社会联系甚至比金钱更重要。研究显示，定期参加社会活动（如志愿者活动、教堂活动、招待朋友、参加俱乐部等）能显著提高我们的快乐程度，其效果相当于把我们的个人收入增加一倍。[16] 哈佛大学的罗伯特·普特南曾这样说道："经过半个世纪的研究，很多学者都得出了一个共同的结论，那就是在所有影响生活满意度的变量中，对我们的快乐程度影响最大的因素是社会关系的深度和广度。这一规律不仅在美国成立，而且在世界各地都广泛适用。”[17]

可惜的是，虽然社会关系如此重要，在冲动的社会环境中，我们却未能很好地保护这种重要的财富。随着商业和技术效率的提高，很多过去曾十分紧密的社会结构已经瓦解，或者被某种崭新的社会结构所代替。从某种程度上说，很多新的社会结构也许确实比传统的社会结构更好——即使在一些表面看来十分自由的社会中，传统社区也通常会压抑个人成长、个人实验以及个人对幸福的追求。然而，虽然新的社会关系希望赋予每个个体更多的主动权，让个体能够选择和控制自己与社会联系的方式，但它同时也导致了高昂的成本。社会关系逐渐成为消费的另一种形式，我们希望社会关系能够迎合个人的偏好和计划，我们不再把社区当作一种必需和义务，而认为社区应该适应个人的生活方式，只有当社区与我们的心情和偏好相适应时，我们才愿意参与社区的活动。这种空前的自由显然具有强大的吸引力，但同时也会造成一些负面影响。由于我们能够全面控制自己发展社会关系的过程，我们有时会选择回避某些需要妥协的传统互动方式，而这些互动方式可能是将我们塑造为有用的、完满的个人的关键因素。

随着科技的发展，我们可以越来越方便地通过电子渠道进行交流和沟通，这是一项我们引以为豪的崭新的个人权力。从理论上说，智能手机和社交媒体本应为我们提供更多的社交机会。然而，由于电子化交流几乎没有任何自然的限制——我们可以不断展示任何形态的生活方式，我们可以表达任何观点，不管这些观点多么不成熟、不合适，多么平庸——这种个人权力可能稀释了社会交往的价值。

研究显示，如果人们可以长期在网上有效的交流，就会对线下的人际关系造成伤害。约瑟夫 · 格雷尼是 VitalSmarts 公司的负责人，这家公司的主要业务是对人们的网络行为进行问卷调查。格雷尼告诉我们：“人们似乎完全清楚，许多重要对话不应该发生在虚拟的社交媒介上。然而人们似乎无法抵挡网络的诱惑，他们必须通过这种方便的渠道立刻释放自己的情绪。”[18]

我们希望通过网络交流建立某种我们需要的联系，然而由于网上交流过于容易，这种过度的方便反而会伤害我们试图建立的关系。即使网络交流是完全友善的，这种伤害也无法避免。社会学家和诊疗心理学家雪莉·特克花费了几十年时间研究人们在数字网络上的交流情况。雪莉·特克认为，由于技术的发展，现在人们完全可以随时随地与他人保持联系，我们与他人的交流如此频繁，任何短暂的失联都会让我们感到被孤立和被抛弃。在数字时代到来之前，没有人会因为几小时、几天甚至几周没有与他人联系而感到不安，然而在数字化的今天，如果不能随时随地获得反馈，人们就会感到焦虑和不适。在雪莉·特克的著作《群体性孤独》中，特克向我们描述了一个时间轴完全坍塌的社交世界。大学生每天甚至每小时都会给父母发短信，汇报各种微小的事项，一旦他们不能迅速获得回复，就会产生焦虑不安的情绪。如果情侣中有一方不能快速回复短信，很可能会导致分手的结局。如果在朋友圈给朋友的点赞不够及时，友谊常常因此走向尽头。今天，如果一位青少年不能立刻回复父母的电话和短信，很多父母就会拨打 911 报警——在数字时代之前，这种恐慌是人们无法想象的。数字化技术赋予我们更多的个人权力，也提高了我们交流的效率，然而我们的世界却因此变得更缺乏安全感了。

如今，几乎所有的社交互动都可以通过数字化渠道来完成，然而在这个完全数字化的表面之下却潜藏着高效率所导致的不安全感。不论对何种类型的关系（爱情关系、家庭关系甚至职业关系）而言，数字技术的性质导致我们永远处在一种情绪悬念之中。数字化交流具有简短、非正式的特点，我们交流的内容常常是思想和情绪的碎片，只有更多的交流才可能消除其不完整感。因此我们总是在等待，希望知道故事的下一步进展。特克认为，数字交流的这种特点使我们形成了一种新的交流模式和人际关系模式。在这种模式中，“我们的情绪尚未完全形成就已经被表达了。同时，交流和表达成了情绪的一部分，未被交流和表达的情绪被当作不完整的情绪。”换句话说，思想和情绪曾经主要是一种内在的过程，我们首先在内心完整地构筑起思想和情绪，然后才会去表达这些思想和情绪，然而，如今思想和情绪变成了一种外在的、循环的、公共的过程。自我认知的过程本身也变得越来越依赖于循环的互动过程——这就产生了特克所说的“合作性自我”。与此同时，我们逐渐丧失了作为一个完全私人的、自我满足的个体的能力。特克写道：“现代文化不再要求我们学习如何独处，也不再培养在独处状态下反思自己情绪的能力。”因此，虽然冲动的社会非常强调个人的自由与独立，我们却正在失去真正的独处能力。

在一种如此执迷于个人利益的文化中，我们却失去了独处的能力，这实在是冲动的社会最具讽刺意味的特点之一。然而，从很多方面来看，这是不可避免的。在表面上过于热心、实质上却对我们进行冷酷操纵的消费者文化中，消费者无异于一群无助的羔羊，消费者文化一方面赋予我们绝对的个人自由，另一方面却又导致我们在物质上完全依赖市场和商业机器。这极易导致一种矛盾的自我形象和自我意识，我们一方面高度自我膨胀，另一方面又被一种深层次的失落感和不安全感所吞噬。由于我们无法完全获得真正的独立和自主带来的满足感，我们不得不追求更多个性化的自我表达和自我满足作为补偿。然而，这只会让我们更加远离真正有意义的人际关系，使我们无法在人际关系的帮助下获得稳定的、完满的自我体验。

在 20 世纪 70 年代，克里斯托弗·拉希把这种空虚的个人主义诊断为文化所催生的自恋主义。随着工业化进程的推进，我们的身份从生产者转向了消费者，我们丧失了很多技能，也丧失了对自我能力的认同，以及依靠自己改变世界的信心，而这两个元素是促成自信、安全、内在化的自我认知的重要元素。由于缺乏自我满足的内在生活，我们转而追求一些外在的替代品。我们越来越渴望其他人的认同。我们迷信专家的意见，沉醉于各种名人和成功的故事。我们极力追求社会地位和新鲜事物带来的即时快感。面对这样的需求，对机会和缺乏高度敏感的消费者文化迅速反应，向我们提供各种途径暂时性地满足我们的这种欲望。这些替代品如此精美迷人，我们渐渐对这种外部刺激上了瘾。于是我们的内在生活和外在生活发生了融合，最终导致了拉希所说的自恋文化的形成。

拉希的这种诊断是社会学和文化学意义上的，而不是心理学意义上的。然而到了 20 世纪八九十年代，心理学家和心理咨询师们发现，越来越多的人表现出了心理学意义上的自恋症状。不仅就诊患者中这种症状变得更加普遍，在社会上的普通人群中，自恋同样变成了一种流行病。随着自恋症的流行，很多病态的心理症状越来越普遍，比如过度的自我膨胀，过于激进地追求自我提升的倾向，过度依赖外界认同的矛盾心理，以及认为自己的固有权力未被满足而产生的愤怒。虽然患有严重自恋人格障碍症的人是极少数，然而越来越多的人表现出一种或多种自恋倾向，自恋症发病率的增长速度远远超过了其他心理障碍（比如强迫症）。《自恋流行病》一书的作者、社会心理学家琼·特文格和基思·坎贝尔的研究显示，自恋症在普通人群中增长的速度与其他公共健康问题（如肥胖）的增长速度一样惊人。

为什么自恋症变得越来越普遍？标准的解释主要着眼于文化和家庭的影响，其中一个重要的因素是，自 20 世纪 60 年代以来，家庭和文化都开始强调建立儿童自尊心的重要性。到了 20 世纪 90 年代，很多人在几十年的成长过程中一直被灌输这样的信念：自己是特别的、与众不同的。因此，我们中的一些人在长大以后，仍然抱有一种不现实的、幻想性的自我意识，认为自己在外部世界中处于极端重要的地位。但是，我认为经济因素也是造成自恋文化流行的一个重要的原因。自恋主义的核心是从本质上拒绝接受外界的限制，不久前，只有十分富有的精英阶层才有权力和机会拒绝外界的限制。而对大多数人而言，生活的艰难很快就会让我们习得一种更加现实的自我认识——弗洛伊德所说的现实原则。然而特文格和坎贝尔认为，在过去的一个世纪中，尤其是在过去的40年中，个人权力水平的飞速提升（包括技术、金融以及社会方面的权力），使得逃避现实约束的自恋主义在更广泛的人群中生根发芽。特文格和坎贝尔认为，造成自恋文化的一个特别重要的因素是宽松的消费者信贷的盛行。消费者信贷从两个方面促成了自恋人格的形成：一方面，它使人们可以暂时逃避经济能力的限制；另一方面，过度消费可以进一步加强人们的自我认同，使人们对自我价值的评价大幅膨胀。特文格和坎贝尔指出，到了20世纪八九十年代，金融革命和自恋主义文化已经形成了互相促进的关系。“宽松的消费者信贷（换句话说，是某些消费者背负巨额债务的意愿和能力）使人们可以向自己和社会展示出成功的假象。”

当然，本次金融危机之后，我们已经在一定程度上提高了消费者信贷的标准。但是，随着各种令人眼花缭乱的个人技术的推出，自恋型人格为我们提供了一种廉价而高效的途径，使我们可以向世界和自己展示一幅虚幻的伟大自我的形象。随着自我追踪运动的兴起，每个人都可以监控、分析甚至在虚拟世界中与他人分享自己生活的所有方面，从卡路里的摄取到当下的心情，再到家庭和办公室的工作效率。这种自我追踪运动让我们能以一种所谓的客观视角来审视自己，然而这种行为本质上必然会鼓励进一步的自我迷恋和自我中心（技术怀疑论者叶夫根尼·莫洛佐夫将这些自我追踪者称为“数据恋者”）。我们越来越喜欢拍摄和展示我们生活的方方面面，这使我们体会到了一种明星般的自恋之爱。40多年前，拉希就曾经对现代化的生活做出了这样的描述："电子图像成为生活方方面面的中介，在我们对他人和自己的行为做出反应时，我们情不自禁地开始表演，好像我们的所有行为都被一台看不见的摄影机所摄录一样。我们似乎随时都在想象着有一群看不见的观众正在欣赏我们的表演，同时我们想象自己的表演影像会被存储起来，在未来的某一刻受到认真的检视。"[19]然而，如今拉希这种带有含糊的妄想性质的比喻已经成了人们生活的标准运作模式。现在担任佐治亚大学心理系主任的坎贝尔说："我们拍摄所有的事情。人们会拍下正在听音乐会的自己，而且自拍仿佛成了听音乐会的真正目的。从前人们的生活态度是享受当下，如今人们的生活态度变成了向人们展示我正在享受当下。很多时候人们的想法是：'天哪，我必须赶快拍张照片，贴到社交网络上以获得回应。'"

的确，让别人看到自己日益成为人们取得个人成功和社会成功的必要条件之一。在现代社会中，成功的重要标志就是自我表达能够被他人所消费——为了做到这一点，有的人在YouTube和脸书上传各种DIY（自己动手制作）的宣传片，而更厉害的人则选择参加商业化的真人秀电视节目，这种节目的核心就是让普通人去做不普通的事情。在这类节目中，我们又一次成了生产者，然而我们的产出已不再是谷物、煤炭和钢铁，而变成了各种尴尬、凶暴、利己主义的表演，只要能抓住电视机前观众的眼球，没有什么是我们不敢做的。真人秀节目源自上镜文化，又反过来为上镜文化添柴加火。真人秀节目是追求个性化之路的必然结果，是我们冲动的社会的实时编年史。在真人秀节目中，我们可以看到冲动的社会的一切特点：参与者和潜在参与者的自恋冲动、观众追求快速直接的兴奋感的欲望，最重要的是整个社会对技术效率和金融效率的不懈追求。各种电视媒体之所以喜好真人秀节目，是因为制作这种节目的成本极为低廉：参与者常常不需要任何报酬（因为他们希望通过参加真人秀节目获得暂时的知名度，并发展演艺事业），先进的录影技术使媒体可以轻松将数百小时的录影带剪辑成各种充满戏剧冲突的剧集。在此，我们又一次看到追求高效率的商业模式如何将市场进一步推向自我，又如何将自我进一步推向市场。

从更本质的层面来看，真人秀节目的流行实际上将冲动的社会最核心的幻想合理化了。这个核心幻想就是：自我是度量一切事物的标准，任何能扩大自我和吸引更多人关注自我的行为（不管这些行为多么冲动、多么反社会，或者多么愚蠢）都是个人成功的标志。正在研究真人秀节目现象的坎贝尔说："真人秀传递给我们的理念就是：只要我们表现得足够反常，足够令人讨厌，别人就会注意到我们，我们就会成为明星。这种知名度不是基于个人的能力，甚至也不是基于个人的出身：这简直是最容易的出名方法。我想说的是，金 · 卡戴珊可能是目前全世界最有名的人，她出名的方式实在是太聪明了，简直和帕丽斯 · 希尔顿一样。然而，我们究竟为什么要出这种名？"[20]

与此同时，真人秀节目还使我们看到冲动的社会最核心的失败之处：人们已经完全忘记了应该如何塑造独立可靠的自我。回顾美国历史，美国人民一直通过各种各样的 DIY 项目来定义和展示他们的自我：从共和国最初的日子开始，我们就是自己成就自己的个体，我们可以利用任何形式的文化元素（不论是最虔诚的宗教元素，还是彻头彻尾的商业元素）来塑造和修饰自我，我们可以把自己塑造成任何我们最想要的样子。更重要的是，这种自我创造过程有时要求我们在一定程度上从社会中撤离：爱默生、梭罗、梅尔维尔、惠特曼等 19 世纪的美国作家都认为，自我实现有时需要个人脱离"广阔的社会和僵死的制度"，如爱默生所说，以更好地"接受个人目标的指引"。有时候，这种自由主义理念甚至认为，当国家侵犯了个人的原则和信念时，人们应该收回对美国政治体制的支持——用梭罗的话说，这是一种“公民的反叛”。

然而，在这种传统的美国价值观中，在讨论自我认识时，人们从来不会把自我实现和自我沉迷混为一谈，人们也从来不认为自我创造的过程应该允许个人从社会中完全抽离。事实上，对大部分19世纪的美国知识分子而言，社会是美国人人格的核心组成部分。梅尔维尔和惠特曼都非常重视并强调这种个人与社会之间的互惠互利关系。即使是梭罗抵制美国政治体制的行为实际上也反映了他对这个体制的热爱，以及把这个体制变得更好的愿望和决心。旧世界的等级制度将公民锁定在不同的阶层和位置上，并以此确立了每个人的身份。虽然美国人宣称我们已经从旧世界中独立出来，但事实上，作为来自旧世界的移民，我们从未正式拒绝过旧世界的社会人格概念和自我定义。比如，我们可以在美国流行的教育小说和成长小说中清楚地找到欧洲文化的基因。在这些小说中，自我创造是一种明显的社会化过程：主人公会经历一个拒绝社会、试图独立行动的阶段，然而，在很大程度上这些行动的最终目的是让自己变成更有智慧、更坚强的个体，从而能够以生产者的身份重归社会。社会化始终是这些个体的目标。并不存在仅仅以自我为目标的自我实现过程。[21] 用黑格尔的话说，自我创造活动的终极目标是发现一个“宇宙”，这个所谓的宇宙是指个人和更广阔的社会之间的共同价值基础。耶鲁大学的艾伦·伍德曾经写道：在这样的冒险过程中，个人的成功并不是通过“某种任性的行为或沉醉于某种任性的行为来完成，也不是通过培养某种个人特殊的个性和癖好来完成，而是通过发展一种完善的人格来完成，这种社会化的人格以自己与他人的共同价值来衡量自我的价值”。[22]

然而，今天我们对自我实现的定义与上述定义恰恰相反。我们认为自我实现意味着培养任性、个性以及个人的癖好。在一定程度上，这是因为我们把上述特质视作个人成长的唯一途径。我们非常遗憾地看到，在现代社会中，很少有人是通过扮演社会化的生产者角色而出名的，也很少有人愿意为了公众的利益而默默努力，甚至连“努力”这一概念本身也不再受到尊重。就在不久之前，我们还向我们的孩子传授这样的旧式价值观：个人的成功需要持续不断的努力，需要延迟满足的毅力，需要控制自己冲动的能力。然而，如今当我们的孩子环视周围的社会，他们已经很难看到这样的价值观了。在他们的心目中，父母或祖父母付出了艰苦的努力，长期保持着耐心，理性地控制自己的热情，然而这些普通劳动者仍然像破旧的沙发一样被时代所抛弃，而投资银行家和真人秀节目明星却似乎不费吹灰之力就赚取了大笔现金。在这样一个浮躁的社会中，难怪作弊会在高中和大学中日益盛行。在网络上，我们可以看到很多大学生甚至高中生长期坚持录制各种自拍视频，他们虽然身处极为简陋的环境，却时刻幻想着能把数百万的观众点击量换成现金。布赖恩·罗宾斯拥有一家名为“超棒电视”的公司，这家公司在 YouTube 网站上开设了很多面向青少年及 8~12 岁儿童的频道。在接受《纽约客》杂志采访时，罗宾斯曾这样说道：“如果你有机会和今天的孩子们谈话，你会发现他们最关心的就是怎样出名。他们甚至不知道为什么要出名。”[23] 确实，我们今天的文化就是这样，只要能获得免费的午餐，任何手段都可以。坎贝尔说，如果你问一位 20 岁的青年如何才能致富，你通常最可能听到以下三个答案：“一是我可以通过参加真人秀变成明星；二是我可以创立一家网络公司，并在一周内将公司销售给谷歌；三是我可以去高盛投行工作，这样老年人就会乖乖地把钱送给我。”坎贝尔说：“你看，这就是现在年轻人赚钱的三种途径。在这些人眼中，努力工作根本不能带来任何好处。”

如今，我们的社会已不再对长期承诺提供任何奖励，也不再鼓励人们关心除了自己以外的其他任何人。这种冲动的社会培养出大批自恋型人格的个体并不奇怪。坎贝尔认为，自恋型人格的商业高管尤其适合现代社会这种对快速结果提供高额奖励的商业文化。他说："在这些CEO的努力下，我们拥有了很多高风险项目，而这些项目并不总是能带来高回报。更糟糕的是，这种高风险型人格通常还伴随着低道德标准的特质，这两种特点常常同时出现在同一个人身上。"坎贝尔认为，自恋型人格的人在流动性高的社会中还有另外一项重要优势：在不断更换工作伙伴或者去新的社区生活的过程中，自恋型人格的人更容易适应新的群体以及新的社会关系。因为自恋型人格的人拥有过度膨胀的自我意识，这能"帮他们营造出充满自信的形象，这对面试很有好处。在很多与销售相关的领域，这种自信的形象也很重要。这和恋爱约会是一个道理。自恋型人格能够帮助人们更容易地开始一段新的恋情，但是却不利于长期保持恋情。"不用说，自恋型人格对于消费者经济而言是一种非常理想的人格类型，因为消费者经济的目标就是利用人们永恒的不安全感、不满足感，以及对占有的渴望来牟利。用坎贝尔的话说："如果你想建立一个最完美的消费者社会，那么你最需要的是什么呢？你最需要的是焦虑、傲慢，把一切都看作理所应得的消费者。你最希望看到这种同时拥有焦虑和傲慢的双重人格的消费者。而我们的消费者经济也确实培养出了大批这样的人。没有人可以利用人的谦卑赚到钱。"

第六章　艰苦的劳动

2011 年年末，“占领华尔街”从美国扩展到了英格兰。英国一位刚刚获得律师资格的年轻律师（我们不知道他的真名，只知道他在推特上用的假名是“占领旅馆”）发起了一场史上最不可能发生的政治活动：抗议新律师就业机会不足的问题。这位抗议者在他的博客上写道：“虽然我们自身没有什么问题，但是我们这一代法学院毕业生却发现社会上缺少适合我们的工作——至少缺少作为律师的工作。我们中一些幸运的人成了助理律师，而不够幸运的人只能在酒吧工作。”[1] 这场抗议活动并没有成功，这是理所当然的——在英国也好，在世界的其他地方也好，律师仍然是受人尊敬的好工作。然而这位抗议者的诉求却很值得我们思考。在后工业化国家，律师的就业市场呈现出饱和的迹象。在美国，虽然经济已经开始复苏，但目前法学院毕业生与工作机会的比例大约为 2∶1。[2] 在英国，律师的工作机会更加稀缺：2011 年，伦敦律师事务所的见习律师招聘数目严重小于申请这类工作的申请人数，申请人数和工作岗位数目的比例达到了65∶1。[3]同时，目前我们看不到情况将会显著改善的希望。很多律师事务所都在尽最大努力大幅削减开支：很多英国和美国的律师事务所将各种低价值工作（比如索赔处理等工作）离岸外包至斯里兰卡和菲律宾。此外，即使最传统的律师事务所也在进行一项之前很少有律师曾经想到的改革：事务的自动化处理。通过一系列语义敏感性的搜索算法，一些劳动力密集型的工作已经由机械自动化完成。比如，一个复杂的案件可能会产生数千页法律文件，以前律所需要组织一群工资很高的律师花几个星期的时间阅读这些文件；而现在，有了上述自动算法，机器只需要花几天，甚至几个小时就可以完成这项工作。[4]

律师界的这种变化只是高科技重塑各行各业就业状况的一个缩影。人工智能和大数据技术的发展可能很快就会创造出一种新的法律算法——数量化法律预测算法。通过这种算法，我们可以用统计分析的方法预测法律案件的审判结果，就像《点球成金》中通过统计分析预测棒球比赛的结果一样。[5]数量化法律预测算法的基本原理其实很简单：在我们付给律师的律师费中，很大一部分是用来购买律师对未来的预测。根据现存的法律规定，这个案子最可能的判罚结果是什么？这个合同遭违约的概率有多大？某位特定的法官负责审理该案的可能性有多大？律师通常会根据他们的从业经验对上述问题进行预测。这些从业经验包括他们曾经处理过的案子、曾经谈判协商获得的结果、曾经代理过的诉讼等，然而，即使对经验丰富的律师而言，上述资源（经验）通常也是有限的。律商联讯伦敦办公室的律师兼法律自动化专家马克·史密斯告诉我们："即使是经验极为丰富的律所合伙人，在面对特定案件时，可能也只有几十个相关的数据点。然而，有了自动化的数据系统，我们就可以把律所经办过的每一个相关案例都当作一个数据点，用更大规模的数据来分析手头的案件。"此外，自动化的电脑分析方法还可以避免人类决策过程中可能出现的各种神经学偏差。专家声称，即使在目前技术尚不成熟的情况下，电脑已经能够以 75% 的准确率预测法庭的判决结果，而人工预测的准确性仅有 59%。[6] 随着这种大大降低劳动力需求的新技术的推出，所有律师事务所将别无选择地采用这些新技术——高科技的永动机从不会放过任何职业。律师曾经是聪明的、有野心的年轻人的首选工作之一，然而目前大家都相信，随着这项技术的推出，法律行业的现状将会发生根本性变化。显然，法学院的师生目前还没能很好地理解这一信息。史密斯告诉我说："我曾在大学里给法学院的学生们授课，我发现大部分学生都对这项科技创新知之甚少。就我个人而言，我绝对不会建议我的孩子在未来从事法律工作。"

在未来的日子里，这种令人沮丧的建议恐怕会更频繁地传入我们的耳朵。虽然目前律师的失业问题似乎还没有成为全国性的悲剧。然而即使是最痛恨律师的人也不难看出，预测性算法这样的高科技绝不会仅仅出现在律师行业。在未来的某一天，其他行业的各种工作同样会受到这些科技的威胁。为了确保自己不从永不停歇的跑步机上跌落下去，大大小小的公司都在寻求各种削减开支的方法和渠道，而随着科技的发展，很多能帮助公司削减开支的自动化过程变得越来越强大和方便。如今，电脑技术已经可以自动驾驶车辆，并为大型飞机的起降自动导航。电脑算法可以分析 X 光片；批改大学论文；编写体育报道；在新闻和社交媒体的海洋中自动捕获各种对市场行情有影响的数据，然后据此精密地设置股票交易的时间点，从这些数据中获利。电脑科技已经创造出了一批"无灯化"的工厂——这些工厂不需要照明，因为没有任何人类在里面工作。随着电脑计算能力的指数级上升和传感器技术的发展，随着大数据技术将整个经济以及劳动力市场推入全新的领域，自动化会越来越多地代替人们的劳动，上面的例子只是未来各种自动化革命的冰山一角。

然而，我们似乎并不应该为此感到担忧。作为一个教育程度高、技术能力强的后物质主义社会的成员，我们每个人都应该理解：从理论上看，即使那些最耸人听闻的创新发明及其带来的效率提升都只能使我们的生活变得更好。而且，从历史的角度看，这一点在过去是完全成立的。技术创新一直是一个利好因素，对就业市场而言更是一个利好因素。新技术可以增加产出、降低成本，因此技术创新带来的每一点效率提高（节约劳动力的机器、大规模生产的工厂、更注重细节的管理策略等）虽然一开始可能导致暂时性的资源错配问题，但最终必然为我们带来更多的、更好的就业机会，同时为我们提供更高的工资和更安全的工作环境。自工业革命以来，创新、效率和就业机会一直呈现一种铁三角关系。

然而，随着我们的整个经济被金融化的、追求高速回报的商业模式所主宰，如今我们的上述信念已经发生了动摇。进一步的创新和效率究竟会给我们带来什么？针对这个问题，我们已经无法做出乐观的回答。资本回报率是冲动的社会最大的经济目标。然而，随着商业公司以越来越高的效率用资本创造出更多的资本，大多数员工获得的回报却无法继续高速增长。在本书中，我已经多次提到关于美国劳动者收入的统计数据，现在我们不妨停下来仔细思考一下这些数据的现实意义。虽然在经济增长率、公司利润和股价增值（特别是技术股票的股价增值）方面，美国的经济已经全面恢复到了危机前的水平，然而我们这个巨大的后工业化社会及其效率超高的经济体却未能产生足够多的新就业机会，来填补经济危机中损失的就业岗位。这方面最极端的例子是对美国未来就业岗位的预测，由于美国的就业岗位增长非常缓慢，经济学家预测在 2020 年之前，美国的总就业人数都无法回到危机前的水平（事实也是如此）。也就是说，在大型经济危机之后，就业岗位数目的恢复至少需要花 12 年的时间。[7] 更重要的是，新创造出来的就业机会远不如 10 年前的就业机会那么亲民。在后工业化世界中，大部分新就业机会要么是要求特殊知识技能的高端就业机会，要么就是大量低技术、低工资的服务性工作（比如咖啡师和酒吧招待）。中等技术、中等工资收入的工作岗位曾经是美国中产阶级存在的基石，而目前这类工作机会却已经严重减少。这也是美国的中位数家庭收入和 15 年前相比下降 7% 的部分原因。[8] 如今，报章杂志只要提到中产阶级，通常都会伴有“走下坡路的”“被掏空的”等修饰语。

为什么我们的中产阶级正在走向衰亡？虽然这一现象背后有很多社会和政治方面的因素，但不可否认的是，冲动的社会中的我们对待创新的态度变化肯定是一个重要原因。随着电脑技术的发展，公司可以通过自动化大幅削减开支，同时缩小公司规模或者将多家公司合并经营。在这样的情况下，中等收入工作市场的萎缩就成了一种必然的趋势。然而，这样的现象背后还存在一种更为深刻的社会现象：在战后的经济繁荣时期，技术革新和社会财富的增加之间存在着非常紧密的联系；如今，这种联系已经瓦解甚至断裂。简言之，虽然技术创新仍然能为整个社会带来财富，然而这些财富的更大部分流向了极少数人——在大部分情况下，某些行业和社会阶层的人被完全排除在财富的分配之外。在如今赢家通吃[9]的商业社会中，我们可以从少数赢家身上清楚地看到上述状况，沃尔玛和亚马逊等大型公司通过数据技术和规模效应的优势大幅提高经营效率，在这些公司进入的几乎所有市场中，本地的小型经销商都受到了碾压式冲击。在上一轮金融危机中，我们同样看到了这样的情况：一小群银行家通过金融工程的工具从房地产泡沫中获取了巨额“经济租金”，却把风险和成本转嫁给了纳税人。当然，现在我们还可以在就业市场上看到同样的情况：随着各种商业公司大规模采用自动化过程来削减开支、增加产出、提高效率，这些创新实质上把公司利润的更大部分从员工手中转移到了管理层手中。

在冲动的社会中，创新的意义已经变得越来越冷酷。这些科技创新虽然催生了更高的效率，却也使一小部分公司精英获得了利润蛋糕的更大份额——精英阶层获取的份额过于巨大，在大部分人看来早已超出了合理的水平，也无法对整个社会的福利提供正面的影响。效率本身似乎也受到了污染：我们提高产出和降低成本的目标曾经是提高全社会成员的生活水平以及整个社会的总体进步程度，如今，提高效率似乎主要是为了给工厂、机器以及其他资产所有者创造更多的财富。从某种程度上说，我们似乎抛弃了我们在20世纪取得的很多社会进步成果，而退回了镀金时代的浮华之中。正是在这样的情况下，出现了"占领华尔街"运动。但我认为，这种社会发展趋势应该引起全社会更广泛的重视。这不仅关乎普通民众的利益，而且关乎很多社会上层人士（比如律师、股票交易员，甚至某些政客）的利益。我们每个人都应该正视这样的问题，不仅需要问自己高效率创新究竟带领这个社会走向何方，还应该仔细思考一下这些创新究竟是为了什么，或者为了谁。

在这里，我们还应该正视这样一个历史规律：科技创新为社会带来普遍财富的过程从来就不是一帆风顺的。一个世纪之前，随着工业革命的发生，数千万欧洲和美国农民的工作被机器所取代，当时这些受伤害的农民显然不会把工业革命当作正面的进步。然而，当时这些农民无法预见的是，在不久的将来，这种令人讨厌的技术革新会为他们带来更多的、更好的工作机会。新技术虽然使农业部门的就业规模大幅缩减，却同时创造了很多全新的就业板块，比如铁路、大规模生产、公路建造以及公共事业等。这些新的板块不仅能为就业者提供更高的工资，还能为劳动者提供全新的就业机会。比如，制造汽车不仅需要钢铁工人和轮胎工人，还需要工程师、设计师、市场营销专家，甚至弗洛伊德派的心理分析师，而这些新工作的收入又可以进一步创造更多的经济活动。经济学家约瑟夫·熊彼特把这种现象称为“创造性的破坏风暴”，熊彼特认为，这种破坏的力量正是塑造工业资本主义的关键力量，它“不断破坏旧的经济秩序，同时不断创造新的经济秩序”。总体而言，新的经济秩序总是优于旧的经济秩序。在大部分工业化社会中，创新所产生的生产力提高带来财富的广泛增加。我们的工资提高了，物价却降低了，同时一系列的科技创新（比如飞机引擎、X 光照相技术、彩色电视机等）不仅创造了更多经济增长渠道和就业机会，还显著提高了每一位公民的生活水平。当我们的经济学家、历史学家以及我们的祖父母辈谈论美国战后繁荣时期的光辉过往时，他们并不是出于感情上的原因才对那个时代分外怀念：美国的战后几十年确实是一个全社会财富高速增长的黄金时期，当时的美国社会就像一台创造财富的机器一般不停地运转着。

那么，这台财富机器现在怎么了？为什么这种旧式的创造性破坏风暴在今天看来似乎只是一种破坏性力量？如前所述，造成这一变化的原因有很多：有文化、政治和意识形态方面的原因。其中一个重要原因是，我们的创新活动不再具有足够的破坏性，至少缺乏熊彼特所描述的那种破坏性。亨利 · 福特时代发生的工业革命具有极强的破坏性，因为那场工业革命包括多个方面的突破：不仅是汽车生产技术及生产线的发明，还伴随着物流、商业管理、会计、石油化学、制药、通信等其他方方面面的革命。这些变革和创新互相配合、互相促进，共同创造了一种全新的经济秩序，这些创新的总和远远大于每一部分的简单加总。然而，我们今天的技术变革却不具有划时代的意义。电脑技术的提高虽然在个人权力领域带来了各种变革性的提高，然而作为一种工业的催化剂，电脑技术的影响通常只是让现存的工业过程变得效率更高——比如让生产线运转得更快，让同一家商店可以售卖更多种类的商品，或者让消费者能更轻松地与商家进行交流并消费。这些提高虽然也具有非常重要的意义，却不足以点燃第三次工业革命的火花。

当然，这并不是说我们今天的创新水平不足。我们之所以难以取得划时代意义的突破，一个重要原因是我们所面临的历史时间点：今天，要做出改变世界的突破性创新已经变得比过去更困难，因为那些比较容易的革新早就进行过了。过去，我们之所以能够大幅提高生产率，是因为当时存在着许多巨大而明显的低效率元素，通过消除这些元素，就可以相对轻松地大幅提高生产率。比如，用机器取代动物完成农耕活动，用合成肥料代替粪便肥料。乔治梅森大学的经济学家泰勒·考恩曾经说过，到目前为止，“那些挂在较低树枝上的水果”早已被我们摘下吃掉了，因此，今天要取得同样具有划时代意义的突破性创新成果，确实比过去更难，成本也更高。

一方面，创新确实变得比过去更困难了。另一方面，在冲动的社会所催生的金融化的商业模式之下，我们追求创新的动力也变得更弱了。如前所述，由于公司狂热地缩减开支，并尽一切努力保护季度盈利水平达到目标，研发开支被显著压缩了。而随着每家公司或多或少地削减研发开支，整个经济的科研能力自然也就下降了。根据美国经济分析局提供的数据，半个世纪前，美国工业界用于研发的投资每年增长 7%，如今，研发投入的年增长率只有 1.1%。[10] 雪上加霜的是，即使公司愿意投资于科技研发，研发的目标也越来越多地与短期回报挂钩，愿意投资长期科研项目的公司越来越少。美国的制造业企业曾经愿意大量投资于基础研究和应用研究，并因此而闻名于世。当时的美国公司愿意首先取得创新性的科学发现，然后再慢慢研究如何将其转化为可以商业化的新技术。然而，如今美国的研发投资大部分不是用于“研究”，而是用于“发展”——将已经存在的技术转化为一系列新的产品和应用。这样的发展过程虽然也很有用，却无法真正产生突破性的科技成果。

在消费者产品的世界中，商家对微创新的追求已经为我们所熟知，微软公司通过将已有的技术转化为一系列改进不大的升级版而赚取了大量利润。这些升级补丁发布的时间点经过精心的设计，因此能为微软公司提供稳健的季度利润并促进股价的提升。但是，在经济的结构层面上，微创新现象甚至更普遍和更明显。正如我们在本书第二章中所看到的那样，如今我们大部分创新的目标是把基础的商业流程（比如生产制造和物流）变得更加高效。为了达到这样的目的，我们将生产线全面自动化，将发放银行贷款的过程流程化，将联系美国零售商和亚洲生产商的供应链数字化。这些效率方面的创新使消费者能享受到更低的商品价格。然而，在很多情况下，这样的创新也同时影响了这些消费者曾经拥有的工作机会。比如，沃尔玛在存货数据利用方面一直处于行业领先地位（沃尔玛甚至为此发射了自己的通信卫星），这种技术上的优势不仅让沃尔玛占据了更大的市场份额，也使沃尔玛在与供应商的协商中获得了更多的谈判权。因此，很多沃尔玛的供应商不得不加速它们自身的成本压缩过程，而这一过程通常意味着自动化和离岸化。在整个工业化经济中，这样的现象非常普遍。过程方面的创新导致整条供应链上的所有公司都必须努力压低成本，而这正是 20 世纪 90 年代以来工业化国家的制造业工作机会大幅减少的重要原因之一。在欧洲、日本和美国，制造业的规模一直在缓慢地萎缩，如今几乎进入了自由落体模式。1998—2004 年，英国国内制造业的工作消失了 1/4；在日本，这一时期有 1/5 的制造业工作岗位消失。在美国，2000—2007 年，全国总计减少了 600 万个制造业工作岗位，占制造业工作岗位的 1/3。[11]

当然，我们不该把制造业的工作过于浪漫化和理想化。必须承认，这些生产制造工作常常是单调的、危险的，而且令人不快。很多工厂的工人非常愿意从这种简单的劳动中解脱，升级到其他更好的工作岗位上去。制造业的自动化和离岸化趋势本身并没有什么不对的地方。它们只是熊彼特所说的创造性破坏风暴的表现形式而已：在理想的情况下，通过破坏工业化经济中旧的工作机会，自动化和离岸化的过程应该为下一代更好的工作机会创造空间，让这些失去工作的产业工人能找到更好的工作机会，发挥更大的生产率，获得更高的工资，享受更高的生活水平。然而，在我们冲动的社会中，这些美好的情况并没有发生。大部分失业工人无法在职业阶梯上更进一步，正因如此，战后美国人民生活水平广泛提高的时代已无法继续保持。事实上，很多工人失业后再次找到的工作仍然是同样简单的、重复的、危险的工作，甚至有些人的新工作还不如旧工作。

在此，我必须再次指出，造成这种现象的原因是多方面的。从很多方面看，西方世界的工人未能快速获得新的生产技能和知识，因此不再适应新时代的需求。而上述现象的深层次原因是我们的教育系统没有和劳动力市场的需求保持一致——由于劳动力市场的电脑化，现在的劳动者必须掌握越来越多的技能才能适应市场的需求。哈佛大学的经济学家克劳迪娅·戈尔丁和劳伦斯·卡茨认为，目前技术革新的方向是“技能偏好”的，即不断要求劳动者掌握更多新技能，由于教育系统和劳动力市场之间的不匹配，每年能够从这种技术革新中获得好处（甚至仅仅是能够跟上技术革新的脚步而不被抛弃）的人口比例越来越小。虽然对教育体系进行改革显然非常必要（本书接下来的部分将继续讨论这个问题），但同样重要的是，在股东革命以后被金融化动机主导的商业界，公司本身也显著降低了对员工的培训和教育力度。AT&T、IBM、通用汽车等公司都曾向员工提供长期、集中的训练课程，然而随着公司不断压缩人力成本，公司在这方面的投入显著减少了。很多公司内部的培训中心已被关闭，人力资源部门被外包，因此员工及其上级只能自行安排员工的培训和职业发展事宜。事实上，现在的公司不仅希望员工能够自己管理自己的职业发展，还希望员工能够不断对自己进行再投资，从而使他们为公司创造的价值最大化。在现在的公司文化中，公司已经不再认为雇主有义务帮助员工进行职业技能方面的再投资。IBM 的资深员工考特 · 马丁在离开该公司后曾这样告诉《华盛顿时报》的记者："IBM 的员工不断轮岗。你必须不断掌握新的技能，并用这些技能包装自己，才能避免被裁员。当音乐停止时，你不希望自己是那个没有抢到板凳的人。"[12]

更糟糕的是，在这种以控制成本为核心、以优化程序为导向的创新潮流中，很多时候不断对自己进行再投资的员工也无法在职业阶梯上更进一步，因为那些曾经被他们当作职业目标的高级工作本身也在创新的过程中消失了。20 世纪 90 年代，随着高速数据网络的出现，公司不仅能够将生产制造性质的工作离岸外包，甚至可以将许多知识技术性质的工作离岸外包。不管是会计记账、客户服务，还是工程设计、金融分析，甚至是建筑设计，[13] 这些工作都可以被外包至印度、斯里兰卡、菲律宾、俄罗斯、波兰或中国，而外包后的人力成本仅为原来的 1/10。[14] 即使在西方公司占绝对优势的领域，如软件研发、芯片设计、航空工程等，工作岗位也被大量离岸外包，这些行业的工作人员并没有因为行业的竞争优势而享受稳定、有保障的就业环境。这些领域的创新使公司能够快速降低成本，从而提高利润和股价，如果仅靠传统的方法，这一成本压缩和利润提高的过程可能需要几十年的时间。CEO 们热情地拥抱了这些创新成果，就像他们的前任拥抱大型生产线、电话和其他传统科技创新成果一样。

在冲动的社会中，创新带来的真正危机是深层次的：创新曾经是一种提高整体经济生产率的工具，创新的受益对象包括公司和员工，也包括资本和劳动力——而今，创新的受益范围变窄了。创新越来越多地提高了资本的生产效率，为资本提供高速的回报，而劳动力的生产效率在很大程度上没有改变，甚至还出现了一定程度的下降。比如，在工业革命时期，通过工厂生产的自动化，工人的生产效率大幅提高，也就是说，每位产业工人每小时可以生产更多的商品，因而能获得更高的工资。而对很多工作进行离岸外包的创新却降低了劳动者的生产效率。20 世纪 90 年代，中国工厂工人的生产效率显著低于美国工厂的工人，而美国公司却将各种工作外包到中国，中国企业则通过雇用更多工人来解决生产效率不足的问题。[15] 将知识技术性的工作离岸外包同样会产生很多隐性的低效率问题。最近，我采访了一位曾负责管理亚洲离岸 IT（信息技术）团队的管理人员，他这样告诉我："离岸外包策略被当成一种非常新颖迷人的产品推销给美国的公司管理人员。这种策略被宣传得天花乱坠，大家相信离岸外包就是把美国的 IT 工作扔到墙的另一边。在那里，中国和印度的优秀工程师同样能帮我们高效地完成任务，而且每小时只收 5 美元，而美国的工程师则需要我们支付每小时 50 美元的工资。于是每位管理人员都会觉得：哇，这真是太棒了！然而，离岸外包并不是那么简单的事情，我们不可能只是轻松地把工作扔到墙的另一边就能获得更高的收益。在工程领域，负责研发产品的团队以及产品的服务对象——公司管理人员——之间永远需要密切的互动和合作。如果这两组人员在同一栋大楼中工作，并且每天都能见面，能在门厅里进行非正式的交谈，那么这种互动会容易得多。然而，当你与为你提供服务的对象之间存在 12 小时的时差时，这种互动是很难高效进行的。"[16] 从某种程度上说，我们为降低成本而分割了整个工作环境，这种分割必然导致产品质量的下降。然而，由于整体成本大幅下降，离岸外包策略仍然被视为一种巨大的成功——至少对公司管理人员和投资者而言，这种策略确实提高了效率，为他们创造了财富。

但是，难道我们就没有其他更好的方法了吗？美国的商业领袖们普遍持有这样的传统观点：全球化进程完全改变了商业世界的规则，当国外的劳动力成本只有美国的 1/10 时，美国的公司根本无法抗拒这种外界压力。

但我认为这种说法并不全面。同样是面对全球化的冲击，对比欧洲和美国的反应，就可以清楚地看到，确实存在更好的方法来管理科技创新和全球化对劳动者的冲击。在欧洲，由于工会的影响更大，劳工管理方面的要求更严格，而且由于公司文化的不同，大部分欧洲公司继续在员工培训和再培训方面大量投资。在很多欧盟国家，由于工作机会被永久性离岸外包而失业的员工可以获得适当的培训，从而掌握新工作所需的技能。[17] 经济学家威廉·拉佐尼克认为："并不是说德国人或者瑞典人从不将工作外包，但是这些国家的公司拥有更好的管理结构，它们可以把离岸外包获得的利润再投资于自己的母国，因此它们可以获得更好的结果。"[18]

然而，要获得更好的结果，首先要进行更多的投资。在自动化和离岸化的创新浪潮中，要保护公司的员工不受这些冲击的伤害，必然会产生一定的成本。然而在冲动的社会中，公司根本无法接受这样的成本和支出。与此相反，我们的商业策略只接受全球化带来的好处，而把全球化的成本（或者其他创新带来的成本）通过各种精心设计的手段完全转嫁给劳动者。然而，这种冷酷无情的做法并不是美国的传统。在 1973 年的经济危机中，美国经济出现了显著的收缩，但工资的降低只占整体财富损失的 1/3 左右；其余的损失则被公司内部吸收——公司吸受损失的途径包括削减产量和降低对投资者的回报率。换句话说，在 1973 年的经济危机中，美国的公司为了降低劳动者所受的损失确实做出了严肃的努力，其他部门和利益相关方与劳动者共同分担了经济危机带来的损失。然而，随着股东革命的成功，新的技术使公司管理者能够更精确地设定成本缩减目标，同时工会也逐渐失去了政府的支持，在这两种因素的共同影响下，上述损失分担的策略发生了改变。根据德勤咨询公司最近发布的一项研究结果，在 1981 年的经济危机中，整体经济产出缩减，劳动者承担了 1/2 的损失；而在 1990 年的经济危机中，劳动者则吸收了 3/4 的总体损失。在每次经济危机中，成本压缩带来的利润越来越多地被投资者所攫取，而劳动者被迫吸收了大部分损失。到目前为止，这种趋势不但没有减缓，反而变得越来越严重。在最近的两次经济危机中（分别发生于2001年和2007年），劳动者吸收了98%的总体损失。德勤公司的上述研究报告这样写道："在经济危机中，公司曾经是员工的保护伞，通过率先承担损失来保护员工的利益。然而，在如今全球化、高度竞争的经济环境中，公司却越来越多地通过牺牲员工的利益来保护自己的利润。"[19]

这种变化的影响是巨大的。由于离岸外包策略大幅削减了生产成本[20]，在最近的两次经济危机中，公司利润和股价都在危机结束后很短的时间内迅速恢复。但是，过去20年来的离岸外包趋势导致这两次危机后经济复苏过程中"就业机会不增加"的反常现象。冲动的社会的创新模式中存在一种本质性的不合理之处：在这种模式下，公司可以通过创新来增加利润，同时压低劳动者的工资。一个世纪前，亨利·福特曾声称，高工资是充满活力的消费者经济不可或缺的组成部分，因为只有提高工人工资，这些劳动者才可能买得起自己生产的商品。[21]亨利·福特说："我们所生产商品的最主要消费者正是生产这些商品的劳动者。我们永远不应该忘记这一事实——这是我们创造财富的秘密。"[22]然而，到了20世纪末，亨利·福特的观点已经被商业界彻底抛弃。公司希望拥有钱包丰满的消费者（即使消费者本人无力支付这些消费支出，只要其他人愿意埋单就可以了）。然而，随着科技创新的发展，消费者拥有了更强的个人能力，可以脱离整个社会的控制而独立追求他们的个人利益；与此同时，公司也同样利用这些科技创新成果，将公司的财富和员工的财富相分离。在战后的美国，商业界曾有相当程度的社会责任感和共同价值观，而如今这些东西已基本灰飞烟灭。从某个时刻开始，美国的商业界已经完全把效率创新所带来的巨大能量当作追求狭隘个人利益的工具。

经济学家赫布·斯坦这样说道："如果某件事不能永远持续下去，那么它必然会停止。"虽然赫布·斯坦这句话是针对美国的贸易赤字说的，但这种说法同样适用于美国今天的创新模式。或迟或早，市场总有一天会对自身的行为进行修正。比如，不愿意在真正的科研创新方面进行投资的公司迟早有一天会没有新产品可供出售，苛待员工的公司迟早有一天会看到员工的绩效下滑，过度依赖廉价国外劳动力的公司最终会面临产品质量下降的问题。事实上，在本次经济危机的余波中，有些公司已经表现出了对其之前所选道路的不满。离岸外包策略的奇迹已经在一定程度上失去了耀眼的光环。在产品质量和沟通交流方面，已经不断出现各种问题。很多国外的劳动者开始要求获得更高的工资。有些西方公司已经逐渐将某些外包到国外的工作岗位重新移回国内——这种趋势被称为"回港"。随着回港趋势的兴起，公众对美国制造业的复兴展开了各种热烈的讨论。

与此同时，由于劳动者的技能和工作岗位要求之间的鸿沟越来越大、越来越不可持续，美国的教育部门面临很大的压力，对教育部门的改革和再投资势在必行。其中非常引人注目的一项改革措施是利用数字技术提高教育系统的效率。最近几年，哈佛大学和MIT（麻省理工学院）等大学纷纷推出了雄心勃勃的全新教育项目，其核心是MOOC（大型开放式网络课程）。MOOC集合了视频授课、在线互动、自动化等一系列先进的元素。从理论上说，这些知名大学应该可以利用这些技术手段大规模生产高等教育资源，从而让普通人能够以更低的成本、更方便的渠道接受高等教育的熏陶。MOOC的模式目前已经走出美国，向世界其他国家扩展。很多支持这项改革的人认为，这种网上课程模式仅仅是一场即将到来的教育革命的开端。在大数据技术的帮助下，整个高等教育过程（从招生入学到课程选择，再到学习和寻找就业机会的过程）都可以数量化，因此高等教育过程应该能够获得根本性的提高。借助大数据，教授、学生、辅导员和家长都能以过硬的数据为基础，分析哪种教学模式（或者哪种教材、哪种住宿模式、哪些课外活动）能让学生以最快的速度接受所学内容。2013 年，哈佛定量社会科学研究所的主任加里 · 金在接受《纽约客》记者内森 · 赫勒采访时曾这样说道："我们可以把一切进行量化：每一个学生，每一间教室，每一间办公室，每一座房屋，每一项课外活动，每一位保安，所有东西。我们可以搜集一切信息，并将其汇总于此，然后让这些信息为学生所用。"[23]

你应该可以感受到，这样的改革激起了人们多大的热情。支持这些改革的人认为，如果这样的教育革命真的发生，必然会对就业情况和社会总体财富产生巨大的影响，这项改革的影响可能超过过去 200 年的所有革新措施，因为这样的教育革命能让美国回归一种进步的、以未来为目标的创新模式。也许在创新之树上，那些挂在较低树枝上的水果确实已经被采摘完毕。但如果教育系统的升级能够培养出更多掌握最新技术的毕业生，如果公司和政府愿意提高它们在战略部门的投资（如能源和生物技术领域），我们就完全有希望看到更多突破性的科研创新成果。这种突破性的成果完全可能创造出一些全新的产业和全新的工作类别。

比如，如果我们能够研发出一种全新的能源技术（不产生碳排放，经济上可行，并且具有去中心化特点的能源技术），就完全可能为我们的经济带来根本性的改变。同样，在生物技术领域，虽然最近几十年来该领域一直未能兑现对公众的承诺，但这一领域同样具有产生突破性成果的潜质。生物技术领域的突破同样可以创造出一些全新的经济部门。进步政策研究所的经济学家迈克尔 · 曼德尔指出，生物技术领域的最新成果可能很快就能"种植"出替代器官，并且可以对这些器官进行商业化生产。现在，我们已经可以买到工厂生产的皮肤，实验室已经可以种植出能用于移植的简单器官，比如气管。曼德尔认为，一旦这些技术进一步发展，覆盖更多、更复杂的器官，就会产生一个全新的巨大产业。这个产业会有自己的生产基地、自己的分销系统、自己的出口市场，并以惊人的速度迅速成长，会产生大量新的工作机会，其中不少工作机会可以提供很高的工资——比如我们需要进行器官质量控制的技术人员。曼德尔告诉我："我们已经看到了这些创新的曙光，我们知道这些创新的成果马上就会出现在我们的视野中，它们可以轻松创造大量就业机会。如果你让我猜的话，我认为 10 年后我们将会面临劳动力短缺而非工作机会短缺的问题。"[24] 对曼德尔及其他持有类似观点的人而言，我们的创新机器和工作创造机器从来就没有停止过——我们之所以很长时间没有看到突破性成果，是因为今天复杂的技术挑战、不必要的政府监管等负面因素推迟了成果的出现，而现在，我们很快将迎来划时代的突破性创新成果。

然而，在我个人看来，我们的创新机器和工作制造机器显然出了不小的毛病，如果不对我们的冲动型创新模式进行深层次的改变，即使回港策略和生物技术革命等正面因素也难以帮我们力挽狂潮。凯恩斯曾这样说过："市场可以长期保持非理性的状态，在市场对这种非理性进行修正之前，也许我们早已破产了。"我们冲动的经济已经实现了各种各样的发展，这些发展随时可能先发制人，在我们做出调整之前就对我们短视的创新策略进行冷酷无情的修正。

其中一项非常重要的发展，就是今天有许多大型技术公司利用金融工程来有效回避市场的修正性约束。以微软为例，与很多成熟的技术公司一样，微软通过早期的技术突破（尤其是 Windows 操作系统的发明）获得了极高的市场占有率，并以此不断赚取大量现金。在这种情况下，一种理性的商业策略应该是将这些现金的一大部分再投资于下一代科技研发工作。然而，拉佐尼克指出，虽然微软每年确实在研发方面花费数十亿美元，但由于公司未能成功地投资于能使公司运营效率提高的领域，公司员工根本无法高效利用这笔研发投资。事实上，那些本该用于升级经营功能的投资被用来回购本公司股票：2003—2012 年，微软总共花费了 1 140 亿美元来回购本公司股票，这笔支出大约是微软科研支出的 1.5 倍。这些举措导致了典型的冲动的社会。过去这些年来，微软通过不断推出各种效果平庸、充满漏洞的系统升级版本，来吃 Windows 操作系统的老本，而研发全新技术和全新产品的努力基本上没有获得任何成果。即便如此，微软仍然成功地通过大规模的股票回购策略达到了保持高股价和安抚投资者的效果——通过这样的金融手段，微软成功规避了效率市场本应给予它的惩罚。拉佐尼克认为，微软公司的经营目标“不是让员工充分参与经营活动，而是想尽一切办法保持公司的高股价”。[25]

微软这种短视的、高度金融化的创新策略已经成了美国商业文化的流行病。许多大型美国技术公司都发现，在科技研发的投资和回报方面，与其投资新的科研项目，不如吃过去研究成果的老本，因为后者能够提供更高效的资本回报。因此，这些公司大量削减为未来创新做准备的组织能力方面的投资（比如对员工的技能培训），而把节省下来的钱用于回购本公司的股票。在这方面，IT 行业是一个非常典型的例子。如果没有 IBM、惠普、施乐等公司几十年来对科研的大量投资（以及大量公共科研投资），互联网技术不可能那么早就以如此惊人的形象出现在我们面前。[26] 然而，正是这个曾经创造过奇迹和辉煌的行业，如今在华尔街的压力下，很多公司却宁愿用科技研发的资金回购本公司股票。拉佐尼克告诉我，2003—2012 年，微处理器的发明者英特尔公司在回购本公司股票上花费了 597 亿美元，这项支出仅比科技研发支出低几十亿美元。网间结构技术重要的早期奠基者思科公司则在回购本公司股票上花费了 750 亿美元，超过了其科研预算的 1.5 倍。从这些数据中我们可以看出，美国商业界的创新机器确实已经出了大问题：创新的目的不再是创造新的产品和技术，也不再是为经济创造真正的价值，而是用各种方法来补偿新发明和新价值的匮乏。

拉佐尼克认为，问题的关键正是股东革命的核心理念，即股东必须对公司的所有表现（包括公司的创新）负责，因此，股东应该获得相应的利润。然而，实际上除了通过筹集初始资本和发售新股这两种方式为新项目融资外，股东根本不会真正参与公司的创新过程。拉佐尼克认为："事实上，公司的利润是由公司的劳动者创造的，跟股东根本没什么关系。"[27]

从现实的角度看，工业界不愿意在员工身上投资的现象反映的是对劳动力普遍的冷漠态度。如果这种冷漠出现在30年前，很可能早已导致了一次市场修正。确实，如果在20世纪50年代或60年代，公司敢像今天这样冷酷无情地、像对待消耗品一样对待自己的员工，恐怕早已遭到劳动者的强烈反抗。然而，正像今天的管理者可以使用金融工程的工具来逃避市场的修正以免于惩罚一样，今天的管理者也学会了逃避劳动力市场的反抗。经历了几十年持续不断的无情裁员、离岸外包和其他各种形式的"结构重组"，美国的劳动者似乎已经放弃了反抗。事实上，在今天的美国，罢工及其他形式的劳工活动频率达到了历史最低水平。这一方面是因为工会参与人数的下降，另一方面是因为工会为了保住工人的就业机会越来越愿意向公司妥协。几年前，曾经是世界上最大、最激进的工会之一的全美汽车工人联合会与汽车制造商达成协议，根据这项协议，汽车制造商支付给新工人的薪酬仅相当于老工人薪酬的一半。[28] 2013年，西雅图的波音公司威胁公司的机械师们，如果他们不接受养老金和医疗福利的削减，波音就将整个公司搬去没有工会组织的南卡罗来纳州。① 这次劳资斗争以资方

① 此外，南卡罗来纳州政府还向波音公司提供了约80亿美元的免税优惠。

的胜利告终，波音公司的股价随之达到了历史最高点。

显然，随着每一轮的工资和福利削减，随着每一次经济危机后不增加就业岗位的复苏过程，劳动者的谈判筹码变得越来越少。经济学家赫希·卡斯珀20世纪60年代的研究表明，劳动者失业的时间越长，就越愿意接受更低的工资，他们只求能回归工作岗位就行——公司的管理人员当然很乐意利用这种自我反馈的心理模式。① 一些后续的研究显示，失业时间每增加一年，所谓的“保留工资”就会下降3%~7%。这一心理现象和其他原因共同作用，导致失业工人重新找到新工作时，平均收入比原工作的工资低20%。[29] 面对这样的统计数据，就不难理解长期失业的新现实，以及整个劳动力市场上的失业恐惧心态。在美国的劳动力市场上，越来越多的劳动者相信，公司管理人员可以随意对待公司员工，把员工当作吸收成本的工具，以追求越来越高的效率——虽然这样的商业策略会造成高昂的社会成本。2001年的经济危机之后，显然有很多西方公司以经济危机为借口，抓住机会压低员工工资，大幅裁员，并加速离岸外包进程。更重要的是，虽然美国经济已经从危机中恢复过来，但是工作岗位和薪酬的削减仍在继续，公司管理人员对待员工的态度展现了空前的恶毒和傲慢，似乎公司管理人员对自己的地位拥有绝对的自信，完全不担心员工会进行任何形式的反抗。到了21世纪初，许多离岸外包策略在实施过程中表现出惊人的冷酷和算计：比如，曾有公司以取消离职补偿金为威胁，胁迫因离岸外包而即将失去工作的员工在工作的最后几周内培训抢走他们工作的外国员工。

更重要的是，虽然这种冷酷无情的策略严重打击了公司员工的士气，也因此伤害了公司提高生产力的能力，公司的管理者却选择继续采取这些

① 当然，由于当时的美国经济非常繁荣，而且公司尚无法使用国外的劳动力，因此，工会仍然能通过各种努力和斗争不断提高工人的工资。

措施。20世纪八九十年代，美国的公司还广泛强调团队意识，并致力于建立一种新的、更人性化的公司文化。回想当初，再对比今天的情况，我们不禁感到一种苦涩的讽刺意味。突然之间，美国的商业界再也没有团队，也没有人情。一位IT公司的前高管告诉我："公司的所有高级管理人员都要向员工传达这样的信息：'我们必须保持机构精简，我们必须保持对员工的吝啬，这意味着我们会把所有可能外包的工作外包到其他国家。'即使这样做会严重伤害公司，会彻底摧毁员工的士气，我们也一定要这样做。然而，他们似乎忘了过去10年间他们一直在说：'哦，我们的员工是我们最好的资源！'——在知识型产业中，我认为这种说法是完全正确的。而现在我们却要为了缩减开支和保护季度奖金而破坏这种良好的传统？"

有人可能会说，这只是市场对过度的劳工运动的一种修正罢了，在劳工运动最为盛行的20世纪60年代，公司管理层面临着经济全球化的新挑战，而那时的工会也不曾对管理层抱什么同情。但是，即使这样的说法有一定的合理性，这种修正的程度也未免太过分了。人们曾经普遍相信员工的利益和管理层的利益是紧密关联的，我们相信工作是一种靠集体努力才能完成的任务，相信同一家公司的员工和管理层应该为了共同的目标而奋斗。然而，这些理念如今都已走向终结。工会组织曾在美国普遍存在，工人可以在这些组织的帮助下联合起来，与雇主协商争取更高的工资和更好的劳动环境。然而，如今美国的工会组织已经严重衰退，这是上述信念的衰亡带给劳动者的巨大损失。然而更大的损失是职场已不再具有社区的性质。在美国，职场曾经是一种社区化的空间，职场上的劳动者可以在一定程度上获得安全感，因为他们的工作是半永久性的。在这个社区中，有共同的规则和价值观，有同事间的友谊和上级对下级的关怀和指导。职场社区的重要性不亚于任何与私人生活相关的社区。然而，在冲动的社会的效率市场中，职场社区已被慢慢摧毁，取而代之的是一种孤立的、非人性化的、高效率的工作环境——在这种环境中，没有任何事情是安全和永久的，也没有共同的目标和价值观，所有温情都被达尔文式的生存竞争所取代。

当冲动的社会进化到这一步，传统的生产者经济终于彻底死亡。在传统的生产者经济中，劳动者为他们的生产者身份而骄傲，劳动为每一位工作者带来快乐，在创造价值的过程中，劳动者也获得了生活的意义和自我存在的认知。然而从这一时刻开始，正如社会学家理查德·森尼特所说的，一个典型的劳动者需要不断与工作环境中的不确定性和各种变化做斗争，因此劳动者已变得越来越像消费者，他们“不断渴望着新的东西，将完全可以继续使用的旧物无情地丢弃，他们完全不像这些东西的所有者，因为所有者总是会极力保护自己拥有的东西”。[30] 换句话说，在战后的经济繁荣时期，美国的劳动者曾将自己视为稳定社区的一部分，并把自己的所有同事都视为这个社区中的邻居。然而，如今的劳动者更多地将自己视为自由人，他们学会了如何轻松地建立和切断人与人之间的联系，学会了如何快速地抛弃过去，他们将所有事情都视为暂时的，把个人的生存当作凌驾于一切价值之上的最高目标。不难看出，在这种新的职场环境中，同样出现了严重的以自我为中心和自恋主义倾向，而这些情绪早已感染了现代生活的其他方面——在这样的环境和文化中，我们很难相信美国的工业复兴能够顺利地发生。

我认为在目前冲动的社会中，存在更多根本性的原因，劳动力市场所面临的问题不可能在短期内得到解决。事实上，公司在创新方面的很多投资恰恰是为了阻止这些问题的解决。即使回港运动真的能够继续下去，回港的工作数量也远远低于被外包的工作数量。这是因为，在离岸外包潮流兴起之后的20年中，一代又一代的自动化技术始终在不断地降低对劳动力的需求。消费品生产公司已经在研发封闭型的、完全自动化的生产线，这种生产线不需要任何工人操作，只有监管和修理的功能还需要人类来完成。能够完成工业生产任务的机器人不仅功能变得更加先进和复杂，成本也在不断降低。麦肯锡咨询公司的一项研究发现，自20世纪90年代以来，与人类劳动成本相比，工厂机器人的价格下降幅度达到了50%。即使在劳动力相对充足的中国，也有一些工厂开始使用机器人代替人类劳动者。而在发达程度更高的经济体（如日本）中，无人工厂早已不再是科幻小说中的情景。早在十几年前，日本的机器人生产厂家FANUC就已经开始用机器人来制造机器人了。这些机器人的生产效率很高，每24小时能生产50个机器人。FANUC的工厂可以在完全无人监管的情况下连续运行几天，如果不是因为必须停工以使物流方运走已经造好的机器人，FANUC的工厂甚至可以全自动运行更长时间。[31]

与此同时，美国的机器人技术也在不断发展，每当新的机器人技术被投放市场时，公司总能迅速将这些新技术运用到自己的生产活动中。机器人专家罗德尼·布鲁克斯最近发明了一种新的机器人模型，名为巴克斯特。巴克斯特是被专门设计来完成流水线工作的。每一台巴克斯特售价约22 000美元，这个价格低于美国工厂工人的平均工资。使用者可以轻松地对巴克斯特进行编程，然后生产线工人就能“教”这些机器人如何完成生产工作。[32]布鲁克斯设计巴克斯特的本意是希望这种机器人能协助人类完成生产线工作，然而布鲁克斯告诉我，有些公司认为巴克斯特不仅能成为人类的助手，甚至可能全面取代人类的劳动。最近，在波士顿举行过一次关于机器人技术的专题讨论会。在这次会议上，布鲁克斯提到，某些公司将巴克斯特视为一种既能帮助工厂增加产量，又不会产生额外管理成本的优秀工具；有了巴克斯特的帮助，工厂就不需要为了增加产量而雇用更多低工资的工人了。“很多向我们咨询的小公司都表示，它们可以通过竞价获得更多的工作合同，但它们不愿意雇用夜班工人来完成这些工作，因为他们不希望这些夜班工人晚间长期待在工厂里。因此，这些公司希望能够使用巴克斯特来完成夜班的流水线作业。有了巴克斯特，这些小公司就不用再雇用更多的工人，于是它们会有更强的竞争力，也能赢得更多的合约。对我来说，这是一个有趣的现象：这些工厂不愿意雇用更多的工人，因为他们认为很难找到值得信任的工人。”[33]在冲动的社会中，制造业未来的工作岗位将不再是所谓的蓝领岗位，而会变成无领岗位。

被机器人逐渐取代的工作远不止工厂的流水线工人岗位。如前所述，随着技术的发展，电脑可以完成各种越来越复杂、越来越有创造性的工作，甚至连律师的工作都受到了威胁。今天，我们读到的很多体育简报完全是由电脑算法编写的。随着人工智能和大数据技术的发展，电脑将很快胜任更多与概率相关的分析工作，而我们的大学毕业生却需要苦读数年才能掌握这些工作所需的技能。当然，仍然有很多专业技术岗位只有人类才能胜任，但是这些岗位的工作要求将会与现在非常不同。上文提到过的在伦敦担任律师的高级自动化专家马克·史密斯告诉我，随着人工智能技术和其他自动化技术的发展，法律行业将被分割成两个完全不同的部门。第一个部门由少数能力很强、工资很高的超级律师组成，他们拥有过人的才智、出众的管理技能以及高超的社交能力，雇主仍然需要依靠他们来完成一些复杂的工作。至少在目前看来，电脑在短期内不可能具备上述高级能力与技巧。第二个部门则包含大量能够以沃尔玛模式大规模处理的简单工作，我们可以运用数字技术自动处理成千上万的简单案件，如无争议的离婚案件或者住房抵押贷款合同纠纷等。

有些经济学家认为，未来的整个劳动力市场都会和律师行业一样被分割成两个截然不同的部分。经济学家泰勒·考恩在他最近出版的著作《再见，平庸时代》中更具体地描绘了这种情形。在考恩对未来的预测中，所有劳动者中能力最强的前 15% 将会成为生产力超高的“超级劳动者”，他们不仅非常聪明，而且知道如何利用最新的科学技术，或者知道如何管理其他的超级生产力要素。因此，对这些超级劳动者而言，每一代新技术的推出都意味着更高的效率，技术的发展能帮助这些超级劳动者获得利润的更大份额。超级劳动者之下的第二阶层是少数“服务提供者”，包括按摩师、健身教练、室内装修师、个人助手、课程辅导员、艺术家以及娱乐业人士，这些人通过向超级劳动者提供服务，也可以获得不错的报酬。在服务提供者这个阶层之下，情况看起来就没有那么美好了。因为我们的劳动力市场已经系统地消除了所有能够自动化或者可以被离岸外包的工作岗位，因此对其余的劳动者而言，可供选择的工作非常有限。他们只能从事低技术的服务类工作，比如食品服务人员、保安、清洁工、负责维护草坪和花园的园丁、美容美发师以及家庭健康服务者等。从乐观的一面看，这类工作由于很难完全自动化或外包，因此可能具有一定程度的安全性。考恩的《再见，平庸时代》一书引用了 MIT 的劳动力市场专家戴维 · 奥特尔的研究成果。戴维 · 奥特尔认为，这类低技术的服务工作“通常需要面对面的接触，并提供手工服务，因此相对难以取代”。然而从悲观的一面看，奥特尔认为，这类工作永远只能是一些低工资的工作，“因为这些工作所需要的技术非常简单，任何人只要学上几天都可以从事这些工作”。[34]

事实上，这些低技术工作的缺点远比优点要多。比如，大数据技术使雇主可以随时方便准确地监控工人的生产率，因此工人必然时刻承受必须达到某种业绩指标的压力。管理者也会不断对工人进行评分和考核，就像今天网友会对餐馆和各种线上商品进行评价一样。公司会试图监控所有可能影响业绩表现的因素。因此，员工工作的每一个环节，从工作的申请过程到实际工作任务的完成情况，都会受到雇主越来越严密的监控和评估。考恩在接受美国国家公共电台的采访时说：“如果你是一位工人，你身上将时时刻刻贴着一个信用分数一般的评分。[35]事实上，目前这种评分在某种意义上已经存在了。这个评分反映出你的很多信息：你有多可靠？你从事过多少种不同的工作？你是否曾经被他人起诉？你收到过多少张交通罚单？”考恩认为，未来会出现一种精确度量所有事物的趋势，而对劳动者的上述评估只是该趋势的一种体现。考恩说：“然而，对于作为个体的我们来说，长期受到监视和测评很可能会让我们感到压抑和不快。”[36]这是市场与自我的融合所带来的阴暗面：劳动者像一件物品一样被研究、测评、分析，在这种压力下，他们必然会被磨去个性的棱角，成为商业机器中更高效的螺丝钉。（事实上，美国银行等公司已经开始进行这方面的实验。美国银行要求员工佩戴数字徽章，这种徽章可以随时自动监控员工的动作和互动情况，监控的对象甚至包括员工说话的语调，而这一切信息的搜集都是为了更好地测评员工的工作效率。[37]）随着这种趋势的盛行，中下层劳动者的经济状况会变得更差。考恩认为，如果最上层的超级劳动者变得比今天更富裕，那么其余的大部分人必然会变得更贫穷。随着这种两极分化的趋势，我们今天所理解的中产阶级将不复存在：中位数收入将显著下降，很多贫穷的人甚至无法获得最基本的公共服务，因为富裕阶层必然会想尽一切办法抗拒增加税收的政策。考恩说：“政府不会通过高税收、低福利的方法来达到财政预算的平衡，而会让大部分劳动者的实际工资下降，这就会创造出一个新的‘低产阶级’。”

很多批评家认为考恩的上述观点过于悲观。然而，目前我们在社会的方方面面都可以看到这种未来的影子。很多公司已经开始使用以大数据为基础的绩效考评算法来决定哪些员工将被裁员——如果所有公司都采用同一套算法，那么被裁员的人或许就再也找不到新的工作了。这种现象是科技创新的终极腐败：本应被用来帮助劳动者升级职业技能、提高工作稳定性的技术反而被雇主用来伤害劳动者。当然，大数据也可以给我们的社会带来很多有益的影响。比如，数字技术的发展必然会重塑我们的教育体系。然而，在冲动的社会中，技术对社会结构的伤害日益严重，我们现在不仅需要全新的教育系统，甚至需要某种全新的经济部门来扭转这种负面趋势。本次经济危机之后，大量工作岗位的消失和失业者失业时间的延长造成了一系列负面的社会影响，大量劳动者已经走上了一条缺乏希望的下坡路。美国的制造业工人虽然能够获得中等水平的工资，职业技能却相对低下，因此制造业的崩溃产生了大量工作技能不足的失业工人。这些人以男性为主，从目前的情况来看，未来这些人很可能长期处于失业和就业不足的状态。而这些失业人群会进一步导致不稳定的家庭状况，引发更多社会问题，比如下一代人的吸毒问题、青少年怀孕问题、辍学问题等。于是，这些人的下一代将更难逃离低收入阶层，更难获得大学的录取通知书。虽然数字技术将大幅提高大学教育的质量，但中下阶层的孩子根本无法享受科技进步带来的这些好处。在中产阶级不断萎缩的同时，上层阶级的财富和地位却在不断提升。由于我们的经济对高级工作技能的需求越来越强，稳定的家庭生活和良好的教育所带来的优势正变得越来越明显。上层阶级的孩子不仅更容易找到理想的工作，也更容易进入成功的社交圈，找到优秀的配偶，培养出优秀的孩子。

事实上，只要我们仔细观察当前这些令人担心的情况，即使想象力不怎么丰富的人也可以清楚地看到，考恩所描述的那个糟糕的世界确实正在降临。更可怕的是，我们的世界并不是因为某些大规模的灾难（比如另一场经济危机或者贸易战争）而变得更糟，而是因为数不清的科技升级，以及商业界为了进一步缩减开支、提高效率而进行的孜孜不倦的努力。考恩说："我们并不知道怎样才能让这个趋势停止。当有一天我们回顾历史时，我们将会看到我们的国家分裂为两个部分：能够获得科技进步的好处的人将生活在一个童话般的成功国度中，而其他所有人则会在一个苦难的国度里挣扎。”[38]

让我们感到分外矛盾的是，如果仅看很多传统的指标，上述一切根本不应该发生。美国经济正向着更高效的、生产率更高的方向增长，每年我们都在以更低的成本创造出更多的 GDP。华尔街和其他金融市场一片欣欣向荣，这部分得益于各种科技公司的不断创立和发展。2013 年，IPO（首次公开募股）的私有公司数量上升了 40%，[39] 达到了经济危机以来的最高水平。[40] 当然，其中很多最大规模的 IPO 都出自技术公司，这一点恐怕我们都不难猜到。

然而，引人注目的是，这些创新中的绝大部分似乎不太可能带来我们真正需要的经济复兴。其中一个相当典型的例子便是 2013 年年末上市的推特公司。作为一家社交媒体网站，推特给自己贴的标签是“向公众表达自我的领先平台”。由于在推特上发送消息是如此简单和高效，我们中的很多人几乎已经患上了刷推特的强迫症。当中东的独裁政权被推翻的时候，我们在推特上发文庆祝；当我们见证某些令人赞叹的英雄主义行为时，我们在推特上发文表达崇敬。甚至当我们堵在车流中，外出活动，或在家看电视的时候，也要发送相关的推特信息。推特平台创造了一条近乎永不停息的自我表达的河流（日前全世界每分钟总计发送 347 000 条推特信息）。每个人都可以看到我们发送的推特信息，尤其是广告商通过实时搜集和分析我们的推特信息，可以将我们自我表达的行为转化为消费的动机。推特前 CEO 迪克 · 科斯特罗在向投资者宣讲时曾举过这样一个例子：很多失眠者会在深夜发送关于失眠的推特信息。科斯特罗解释道：当 NyQuil（一家医药公司）的广告商侦测到这样的信息时，就可以向这些用户推送该公司的安眠药产品（这种药的名字叫作 ZzzQuil）的优惠促销信息。科斯特罗向投资者这样保证：这类推特信息每天都会不停地在推特平台上出现，这些信息为广告商提供了无限的机会，“与目标客户群进行有针对性的接触”。推特的IPO获得了巨大成功。投资者们争先恐后地抢购该公司的股票，在新股发售当天收盘时，推特的市值已经达到310亿美元。然而，虽然推特成功策划了近年来最成功的IPO，该公司当时却尚未产生过任何利润。

我们不会因为它们在IPO中获得了巨大的金钱利益而仇视科斯特罗或者推特。然而，推特的成功以及公众对推特上市表现出的极端兴奋情绪却凸显了冲动的社会中科技创新与劳动力市场互动方面的问题。我们清楚地看到，20世纪那种能够稳步提高劳动者收入的科技创新已经不能获得效率市场的表彰。如今我们追求的是像推特这样的快速成功。（推特的成功掀起了一波投机的浪潮，投资者可以迅速在这样的浪潮中收获利润，然而这场热闹的盛宴并没有创造出任何新的就业机会。）这种创新反而减少了劳动力市场的就业机会，并且降低了劳动者的工资。

帮助我们减少劳动需要的科技已经如此发达，于是现在的商业界更愿意投资于技术，而不愿意投资于劳动力。简言之，投资于机器人、服务器组群或者某种对语义敏感的算法的回报率要远远高于投资于员工筛选和培训的回报率。经济学家劳伦斯·萨默斯曾经指出，这种现象会迅速产生滚雪球效应。随着公司将越来越多的资本投向减少劳动需要的科技研发，不仅用于支付劳动者工资的资本变得更少了，而且这些新的科技创新成果会导致大量的劳动者失业或就业不足，从而导致整个劳动力群体争取工资的谈判力下降。由于科技提供的高回报率吸引了越来越多的资本，劳动力能吸引到的资本就相应变少了。于是，在整个经济体系中劳动力所能获得的利润和财富份额也变得越来越小。在不久前的20世纪70年代，美国的经济产出大约有41%流进了劳动者的口袋（劳动者获得回报的形式包括工资、养老金以及其他各种福利），其余的部分则由投资者获得，或者通过税收形式由国家获得。然而到了2007年，在美国的总体经济产出中，劳动者获得的份额已经下降到了31%。虽然这种现象部分是因为工会组织权力的下降，但另一个非常重要的原因是：对自动化和外包化技术的大规模投资使公司可以在完全不提高劳动者工资（事实上，劳动者的工资不仅没有上升，反而有所下降）的前提下压低生产成本、降低售价、提高销售量，从而将更多的利润输送给投资者。[41] 正如劳伦斯·萨默斯和其他学者指出的那样，借助新技术，公司在提高工业产出的同时减少了对劳动力的需求，经济危机结束后，我们看到美国的公司利润和股东回报率都出现了大幅提升，然而美国的中位数工资和中位数家庭收入却没有出现上升趋势。显然，生产率和效率提高带来的财富越来越多地被资本所有者占有，而劳动者得到的份额却越来越少。这种变化虽然是缓慢的，但方向却十分明显。

在冲动的社会的影响下，美国越来越不像世界上最发达的经济体，而像是贫富差距巨大的二流经济体。美国的富人和穷人仿佛住在两个完全不同的星球上。政治科学家雅各布·哈克和保罗·皮尔逊曾这样写道："在一代人之前，美国的贫富差距虽然略高于其他发达国家，却也是富裕民主国家（又称混合经济体）中的重要一员。当时，美国经济高速增长的成果被整个社会共同分享。然而，到了1980年左右，这种美好的情况却一去不回。美国偏离了混合经济体的方向，而向资本主义寡头垄断政府的方向高速前进。资本主义寡头垄断政府的国家包括巴西、墨西哥、俄罗斯等，在这些国家，经济增长的利益分配呈现出很高的集中度。"[42] 这种贫富差距加大的现象与冲动的社会的追求高度吻合，因此我们很难相信这样的趋势不会继续下去。在过去的几十年中，随着技术的进步、经济的全球化进程、工会组织的衰落以及公众文化对效率市场理论的接受，美国的公司获得了越来越大的权力，公司管理层在处理与员工的关系时，也获得了更多的自由和操作余地。在社会学和心理学上，我们知道任何群体一旦获得了更大的权力，就一定会积极使用这种权力。事实上，美国的公司也正是这样做的。然而，这种风气的变化反映的不仅是权力的变化，更是一种文化和价值观的改变。在战后的经济繁荣时期，美国公司的管理者们自愿放弃利润蛋糕的一部分，将这部分利益发放给员工。公司管理者这样做是为了与劳动者保持良好的关系，也是为了赢得政府的支持。同时，管理者这样做还因为他们认识到，只有当劳动者的工资不断上升时，中产阶级才有能力购买更多消费者产品。然而，在今天的美国社会中，我们的企业文化已经完全失去了这种长远眼光和宏观视角，取而代之的是一种达尔文式的论调。如今的商业文化不断强调，为了在一次又一次的危机与挑战（全球化、数字化、经济危机、沃尔玛的兴起）中生存下去，公司必须不断压低劳动力成本。然而，目前美国的公司利润已经占到国家经济总产出的11%，自20世纪30年代大萧条以来，这个比例从未达到过如此高的水平，因此上述达尔文式的理由并不能为公司压榨劳动者的行为提供合理的依据。[43]曾任奥巴马总统经济顾问委员会主任的普林斯顿大学劳动经济学教授艾伦·克鲁格曾说："公司利润占整体经济产出的比率几乎已经达到了历史最高点，因此所谓'公司无力负担更高的劳动者工资'的说法是站不住脚的。"[44]

然而，虽然这种说法缺乏理论依据，美国社会文化却坚持继续宣扬这一论点。很多时候，这种论调会公开出现在人们的视野中。在上一轮经济危机中，很多制造业公司宣称，只有降低员工工资才能保证公司在危机中继续生存下去。正是以这样的理由为基础，不少公司在危机中确实成功压低了员工的工资和福利。虽然公司目前的利润水平已经大幅回升，然而绝大部分企业都拒绝将员工的工资回调至危机前的水平。比如，在经济危机结束之后，虽然卡特彼勒公司的利润已经创下了新纪录，公司却拒绝解除在经济危机中设置的工资增长冻结计划。愤怒的公司员工要求卡特彼勒公司对上述现象做出解释，而公司时任 CEO 道格拉斯·欧博赫曼却声称，只有继续实施工资增长冻结计划，才可能保持卡特彼勒公司的竞争力。然而，自 2010 年至今，欧博赫曼自己的薪酬几乎翻了一番。在接受《彭博商业周刊》的采访时，欧博赫曼告诉记者："我总是向公司的员工传递这样的信息：我们赚的钱永远都不够多，我们的利润永远都不够高。"[45]

在成本压缩方面，美国公司也表现得同样厚颜无耻。《华盛顿邮报》2013 年年末的一则报道显示，虽然美国公司的利润和股东回报率几乎都达到了历史最高水平，美国商会却向其成员公司提供建议，教它们如何"利用社会福利措施（比如住房补贴和粮食补贴）来解决低收入员工的生活问题，因为通过这样的途径，公司能够以零成本解决员工周转率过高的商业问题。"[46]

从实用主义的角度来说，也许我们应该无视这些经济腐败问题，应该任由道德的漏洞变得越来越大。反正拥有权力的人总能以更多的创新方式合法地占有利润蛋糕的更大份额。只要利润蛋糕可以越做越大，也许社会上的其他公众应该停止对道德问题和不平等现象的担忧。然而，问题的核心是，以自我为中心的经济不仅是美国社会的标志，也是美国社会的引擎。在这样的经济环境中，没有人能够保证利润蛋糕真的会不断变大。即使我们能够通过某些巧妙的方法避免贫富差距增大对社会稳定性造成大规模的影响（也许穷人每天都忙于在社交媒体上发自己的早餐图片，因此没有时间去抗议和革命），以自我为中心的经济因为自身的内在特征也绝不可能拥有长久的可持续性。尤其是，在冲动的社会中，人们对更快、更狭隘的自我利益的不懈追求必然导致社会的巨大创新能力被用来实现一些错误的目标。因此，技术公司会继续用大量现金回购本公司的股票，或者会花费数十亿美元购买技术专利权，然后对使用类似技术的竞争对手提起法律诉讼。与此同时，潜在的投资者（刚从学校毕业的聪明而富有野心的年轻人）会继续追捧能帮他们快速赚到现金的创新公司，虽然这些创新并不能对经济发展和社会进步做出任何实质性的贡献。人工智能研究所的研究员埃利泽·尤德科夫斯基曾开过这样一个玩笑："如果只需要设计出一个时髦的App，就能让谷歌公司通过人才收购的方式付给你2 000万美元，那又何必费力去发明下一台T型车呢？"[47]我们的高科技产业之所以迟迟未能产出真正具有创造性的突破性产品和理念，正是因为它们把过多的精力和资源浪费在了这种没有意义的工作上。因此科技产业只能不断吃现成技术的老本，而它们推出的新产品一代比一代弱。要想把整个经济的利润蛋糕真正做大，就必须在科技上取得真正的突破性成果，然而科技产业的上述倾向导致这种理想根本无法实现。

新技术为我们提供了如此巨大的个人权力，我们可以轻松安全地获得很多短期的奖励，在这样的环境下，人们早已失去了追求长远目标的动力。在真正的效率市场上，市场应该察觉到人们的这种短视行为，并对其进行惩罚。然而在以自我为中心的经济中，市场也早已成了这个骗局的帮凶。因此，当微软、苹果、英特尔等公司花费数百亿美元回购本公司股票时，股东非但没有表现出任何担忧，反而为公司的举措而欢呼雀跃。我们不妨考虑这样一个例子：2013年8月，由公司"狙击手"转行为积极投资者的卡尔·伊坎宣布（当然是在推特上宣布）他已经收购了10亿美元的苹果公司股票，并要求苹果公司花1 500亿美元回购本公司股票。卡尔·伊坎认为，这样的回购行为可以将苹果公司的股价从每股487美元抬升到每股625美元（也就是说，卡尔·伊坎可以从中获得2.8亿美元的净资本回报[48]）。卡尔·伊坎的行为简直是冲动的社会的经典桥段：他既不懂电脑技术，也不精通经营结构，因此绝不可能为真正的科技创新做出任何形式的贡献。卡尔 · 伊坎只懂得如何利用金融技术把他手中巨大的资本蛋糕变得更大。很多更现实的观察者认为，苹果公司不应该用这笔钱来回购本公司的股票，而应该用这笔钱重振公司的创新流程，或者至少应该用这笔钱去研发某种比苹果手机更有技术含量的新产品。然而，市场却对卡尔 · 伊坎的行为十分满意。对市场而言，与投资技术创新相比，用大笔现金回购本公司股票才是高效使用资本的正确途径。事实上，当天股市收盘时，苹果公司的股价上升了 3.8%。卡尔 · 伊坎的一条推特就让苹果公司的市值增加了 200 亿美元。

第七章　无论疾病还是富裕

以自我为中心的经济能产生多大的威力，安东尼·杰特曼医生每周至少有一次切身的体会。杰特曼医生就职于波士顿的马萨诸塞总医院，是一名放射肿瘤医生。杰特曼医生经常需要与前列腺癌患者见面，讨论各种可能的治疗方案。过去的患者只会顺从地坐在自己的位置上，听取医生的治疗建议。而杰特曼医生说，如今“经常会有患者来到医生的办公室，打开一大堆网页，并且说‘我知道有这么一种疗法’”。在很多情况下，“这么一种疗法”指的是质子疗法。这种尖端的疗法通过发射一束极窄的粒子流，杀死其他疗法难以触及的部位的肿瘤，并能避免伤害肿瘤周围的健康组织。患者之所以青睐更为精确的质子疗法，是因为一些传统的治疗前列腺癌的方法有可能产生阳痿、尿失禁等副作用。然而，杰特曼医生会耐心地向每一位患者详细解释，在前列腺癌的治疗方面，质子疗法并不具有任何明显的优势。事实上，质子疗法精确度高的优势只有在治疗一些高风险肿瘤（比如眼部肿瘤和脊柱肿瘤，因为在这些部位即使出现很小的误差，也可能造成灾难性的后果）时才能发挥出来。然而针对前列腺癌，质子疗法并不能提高治疗的有效性，也不会降低严重副作用发生的概率，因此与传统疗法相比，质子疗法在治疗前列腺癌方面没有优势。而该疗法的劣势却是非常明显的——这种疗法的成本明显高于传统疗法，治疗费用可以达到其他疗法的 2~5 倍。因为用于治疗的质子束由粒子加速器产生，而这种体育馆大小的机器成本高达 1.5 万亿美元。[1] 杰特曼医生认为，与其把钱浪费在这些并无必要的治疗上，不如把钱花在更有实际意义的地方，比如对主要医疗项目的投资，或者建立新的门诊中心和手术中心。

在真正的效率市场上，市场应该能自动减少甚至消除针对前列腺癌的质子疗法。然而，因为仪器制造商和医院花重金进行大量宣传，而扭曲的医疗保险系统又对疗法的成本很不敏感，近年来这种没有必要的昂贵疗法反而变得十分流行。根据预测，到 21 世纪 20 年代，美国将拥有 31 所质子治疗中心——这个数量达到了实际需求的三倍，于是美国的医疗系统距离全面崩溃又近了数十亿美元。杰特曼医生说："我们根本无力负担这样的疗法。我的意思是说，如果每个患者都想接受质子治疗，而且不是因为这种疗法对他们更好，仅仅是因为他们喜欢这种疗法，他们想要享受最新、最先进、最尖端的疗法，那么整个社会一定会被这种情况搞破产。"看来，医药领域已经成了市场和自我互相融合的最新战场，商家利用我们的恐惧和不安全感来获得短期利益。

事实上，美国的整个医疗系统早已成了冲动的社会的加速器。医疗系统是整个以自我为中心的经济的缩影，在这里，可以看到我们的经济如何以自己创造的永不停歇的跑步机为引擎，人们不断地追求各种短期、狭隘的个人利益。整个美国被一种奇怪的"健康"文化所主导。一方面，人们可以在各种不必要的疗法上毫不心疼地花费数亿美元；另一方面，至少有 5 000 万美国人连最基本的医疗保险也买不起。这种文化鼓励人们毫无节制地追求即时的满足，据估计，如果现在的情况持续下去，我们的孙辈可能需要缴纳 3 倍于现在的税收，才能偿还我们这一代人积累下来的医疗债务。这种健康文化鼓励人们对医学治疗抱有一种严重夸大，甚至极端自恋的预期（至少对能够买得起医疗保险的人来说是这样的），现在的人们似乎认为任何形式的疾病都是对个人权利的严重侵犯。最重要的是，这种文化甚至鼓励人们拒绝承认自我的局限性和短暂性。我们每年花费数百亿美元去抗拒一些不可抗拒的事情（美国人每年在整形美容手术上的花费是 110 亿美元，在睾酮凝胶上的花费是 20 亿美元），人们似乎相信这些尝试能够帮助他们完全逃离衰老和死亡。2013 年年末，谷歌公司成立了一家新的机构——加州生命公司，这家公司的目标是研发新的医疗措施，将人类的寿命延长 20~100 年。[2] 根据皮尤研究中心的调查，现在每 10 个美国人中有 4 个接受这样的医疗措施。

换句话说，美国的医疗系统为我们提供了详尽而令人痛苦的案例，我们从中可以清楚地看到，将后物质主义理想制度化会带来怎样的风险。从理论上说，医疗系统应该是一种保护公民不受实际风险伤害的社会系统，所谓实际风险是指患病的风险以及随之产生的经济压力。在这样的传统定义下，医疗系统帮助每个公民更好地实现个人的潜能，从而促成一种更文明、社会参与度更高的生活方式。然而，如果制度化的过程出了问题——美国的医疗系统显然已经出了问题——我们就会得到截然相反的结果。作为医疗服务的消费者，如今美国公民只关注狭隘的个人利益，这已从整体上威胁到了整个社会的健康和发展。换句话说，在我们即将崩溃的医疗系统中，我们可以清楚地看到后物质主义理想与自我和市场的冲动之间的内在张力，目前这种张力正把整个冲动的社会推向同样不利的方向。但是，当我们试图对功能失调的医疗系统进行改革时，我们第一次做出了面对这种张力的尝试——我们试图冲破各种经济、政治以及心理上的壁垒，正是这些壁垒让冲动的社会看起来如此强大、如此坚不可摧。

因此，奥巴马医疗改革被视作美国这个时代最核心的英雄传奇。[3]虽然奥巴马推出的平价医疗法案在设计和实施方面确实存在这样那样的漏洞，然而这却是美国对疯狂蔓延的后物质主义进行再平衡的首次全面尝试。关于医疗改革的争论从本质上讲是关于我们能否把冲动的社会转变为某种更人性化、更可持续的社会的争论。美国在医疗改革方面所面临的困难，让我们得以瞥见我们在前进道路上将会遇到的更大困难。如果我们的终极目标是支持社会以某种更广泛、更长远的价值作为前进的方向，那么美国医疗文化的问题及潜力也许可以让我们学到一些有用的经验和教训。

哈佛大学毕业的约翰·诺尔斯医生也曾面临过同样的困境。20 世纪 60 年代末到 70 年代，为阻止过度医疗进一步伤害美国的医药产业，诺尔斯医生发起了一场抵制过度医疗的公众运动。在他的文章和演说中，诺尔斯医生的语调不像一名医生，而更像一位推崇宗教复兴运动的牧师。在接受《人物》杂志采访时，诺尔斯医生严厉地批评了很多医生对患者采取大量无必要的医疗措施并收取高昂费用的行为。诺尔斯医生说，这些医生这么做不是出于医学上的需要，而是"挖国家的钱来中饱私囊，他们这么做可能仅仅是因为他们的妻子想买辆新车"。[4]除了批评自己的同行外，诺尔斯医生也对美国医疗产业的消费者进行了严厉的批评，他认为这些消费者的个人习惯——"暴食、酗酒、滥用药物、熬夜晚睡、滥交、超速驾驶、吸烟"也是导致美国医疗开支剧增的重要原因。[5]

诺尔斯医生认为，美国公众的这些坏习惯部分应该归罪于我们一味放任的"信用卡文化，人们总是贪图眼前的享乐，而把成本推迟到未来。这种文化影响了人们行为的方方面面：从饮酒、进食到买车、买房"。然而，诺尔斯医生认为，造成这些恶习的更大原因是一种制度化和结构化的力量，它使美国公众丧失了对自身健康负责的个人责任感。诺尔斯医生指出，一方面，美国公众要求在个人健康选择方面拥有“完全不受限制的绝对自由”；[6]另一方面，由于美国的医疗系统几十年来一直是全世界最先进、最慷慨的医疗系统，公众逐渐对这样的医疗系统产生了不现实的预期，他们希望在健康方面享有无限的选择自由之后，能够依靠医疗系统解决放纵带来的所有不良后果。诺尔斯医生曾这样写道：“个人权利全面淹没了个人责任。人们希望政府可以对他们的个人权利进行担保，希望各种公共和私有的制度能满足他们的所有需求。”[7]社会和经济制度的缺陷会鼓励人们采取不良的个体行为——这样的规律早已存在，也绝不仅限于医疗领域。事实上，这样的规律正是长期存在的关于国家和公民最佳关系模式之争的核心议题。然而，通过美国医疗系统的问题，我们清楚地看到要实现两者之间的合理平衡极为困难。即使我们已经明确知道目前两者之间出现了失衡，要修正这种失衡仍然是一项极为困难的任务。

这里的核心问题是，当我们建设美国的医疗制度时，并没有将取得国家和公民关系的完美平衡作为目标。事实上，我们的目标是十分具体和现实的。欧洲的大部分国家将提供全民医保作为重要政治目标，而美国政府则设立了另一种不同的目标。美国政府于1965年推出了联邦医疗保险计划和联邦医疗补助计划两项措施，其目的是弥补美国以私有医疗保险为主的保险体系的不足。支持全民医保的人认为，这种公私结合的体系为国民提供的医疗保障严重不足。然而支持这一体系的人却认为，这样的设计能让美国人民同时享受到公共保障和私营效率的双重好处——私营市场可以提供创新的动力和市场化的规范作用，同时政府又建立了一个公共的社会安全网作为对私营市场的补充。上述两派的观点都说对了一半。在新的联邦保险计划推出之后，美国的私营医疗市场确实掀起了技术创新的高潮。由于联邦医疗保险计划和联邦医疗补助计划都按照目前的市场价格来支付医院和医生的费用（很快，大部分州政府也要求私营保险公司采取同样的做法），国会不仅创造了大量对医疗的新需求，还消除了医疗供应市场上存在的许多限制。

在这样的环境下，大量的医疗创新迅速出现。由于医疗保险可以帮助患者支付更多的费用，对医疗服务的需求迅速上升，从而刺激了各种新疗法和新技术的快速发展，治疗的效果大大提高。20世纪60年代，每5位心脏病发作的患者中会有3位不治身亡。然而到了2000年，由于有了β受体阻滞剂、心脏监护病房、血液稀释剂、血管形成术、血管支架等各种先进的医疗设施和手段，每4位心脏病发作患者中只有1位会不治身亡。[8]在医疗系统的其他领域，也同样出现了类似的巨大进步。到2000年，医疗系统的这些进步使美国人的平均寿命又延长了4年。[9]然而，新的医疗系统同时也导致了一些不尽如人意的后果。医保的慷慨弱化了患者维护自身健康的动力，同时也弱化了医疗服务提供者节约各种医疗资源的动力。我们使用的医疗服务远远超过了实际需要，同时我们使用医疗服务的效率也下降了。在对疾病的主动预防和事先筛检方面，我们的投入严重不足，因此，很多疾病直到晚期才被发现。此时不仅患者的健康已经严重受损，可行的医疗方案也已经非常有限且昂贵，这就造成了大量不必要的医疗开支。此外，由于患者不必为医疗费用发愁，作为医疗服务的消费者，他们总是不断要求享受更先进的医疗手段，医疗创新市场也因此出现了更严重的扭曲：我们进一步忽略了对疾病的预防，而着重研发各种更复杂的、更有利可图的治疗技术和手段。由于监管方面的原因，也由于许多简单的治疗措施已经被研发使用了，产品研发的成本不断上升，每一代新的医疗创新成果都变得比上一代更加昂贵。

医疗创新成本的急剧上升进而导致了一种破坏力巨大的金融化趋势，在之前的章节中，我们已经详细解释过这种金融化趋势的害处。由于医疗技术正变得越来越昂贵，医生和医院一旦购入新的医疗设备，就会面临巨大的经济压力。为了收回成本，他们必须尽可能多地使用这些医疗设备来获取利润。在这里，我们可以以两项最常见的医学成像技术——CT（电子计算机断层扫描）和 MRI（核磁共振）——为例。任何人都不能否认，这两项技术可以帮助我们及早发现癌症和其他各种疾病，拯救了成千上万条生命。然而，这两项技术的金融特点——高昂的前期投资（50 万 ~300 万美元）和相对低廉的运行费用——导致医生和投资者都会尽可能频繁地使用这些机器。研究医保政策与个人决策关系的哈佛大学经济学家阿米塔布·钱德拉说："只要你花费了安装这台机器的固定成本，你就有充分的动机让每一位患者都接受这项检查。"作为两种通用的诊断工具，CT 和 MRI 从理论上说适用于任何一种医疗情况，因此过度检查的倾向自然很难避免。钱德拉说："问题的关键就是，医生可以让全美人民都接受 CT 或者 MRI 检查。"[10]

医疗技术行业的经济规律与其他资本密集型产业越来越相似，因此医疗技术的研发者和使用者的行为模式也越来越类似于其他资本密集型产业的从业人员。钱德拉说："医疗产业的情况与航空公司的情况十分类似。如果你是美国联合航空公司，当你买入一架新的波音 777 飞机，你当然不希望这架新飞机在停机坪上白白浪费时间。你希望这架飞机每时每刻都在飞行。"此外，由于医院和医生越来越频繁地使用这些成本高昂的技术，越来越多的患者也慢慢熟悉和习惯了这些医疗技术，并把它们当作常规医疗服务的核心元素。

这一切又一次导致了冲动的社会的经典矛盾：一波又一波医疗创新带来了更多的疗法和更高的期望，而更高的期望又反过来促进了技术的创新。随着这个雪球越滚越大，人们期望着一个又一个医疗奇迹的出现。同时，这也导致了医疗开支的飞速增长。目前，美国医疗支出的增长速度是总体经济增长速度的 3 倍左右。支出和预算的不匹配导致医疗赤字不断上升，在美国的总体经济产出中，医疗赤字所占的份额已经达到了不可持续的高水平。1960 年，美国的医疗开支仅占 GDP 的 5%，而现在，虽然美国经济已经远远大于 1960 年的规模，医疗开支却占到了 GDP 的 17% 左右（如果与其他国家进行横向比较，就会发现除了美国以外，没有任何一个国家在公共健康上的支出超过该国 GDP 的 12%）。[11] 如果按目前的趋势发展，专家预测到 2020 年，美国的医疗支出将占到 GDP 的 20%。目前美国医疗系统的情况像极了苹果和通用汽车的经营模式——它们的共同特点是永不停歇地更新换代，而区别是美国医疗系统的规模远大于任何公司。医疗伦理学家和历史学家丹尼尔·卡拉汉就职于专门研究医疗成本的海斯廷斯研究中心，卡拉汉曾说："美国医疗系统的情况就像太空探索一样。不管你已经到了多远的地方，永远有更遥远的太空等你去探索。美国的医疗系统仿佛一个不受任何限制的黑洞。"[12]

从总体上来看，美国医疗模式以保险、创新、消费者期望为核心驱动因素。在这样的医疗模式之下，我们的医疗文化渐渐走上了一条歧途，很多极为荒唐的事情现在却成了常态。纽约市的纪念斯隆·凯特琳癌症研究所是世界最顶尖的癌症治疗机构之一。2012 年，该研究所由于拒绝引进治疗晚期结直肠癌的新药——阿柏西普而登上了各大媒体的新闻头条。该研究所的这一决策如何赞美都不够：用阿柏西普治疗癌症的开支是每月 11 000 美元，比目前广泛使用的抗癌药物艾维坦贵不止 1 倍。然而在疗效方面，阿柏西普和艾维坦相比并没有什么明显的优势。事实上，艾维坦也并不是一种便宜的药品：对一位典型的晚期结直肠癌患者而言，一个疗程的艾维坦价格大约在 8 万美元。艾维坦有时会导致内出血等副作用，并且数据显示，艾维坦只能将患者的生命平均延长 6 周多。此外，还有另外一种针对前列腺癌的抗癌药——普罗文奇。普罗文奇每个疗程的价格大约是9.3万美元（因为制药商需要收回11亿美元的研发成本），然而这种昂贵的药品只能将患者的生命平均延长4个月。[13]

当然，我们应该感谢医疗技术的进步，正是这些科技进步的成果让今天的患者能够拥有更多的治疗选择。然而，我们有时也感到一种深深的忧虑，由于失衡的医疗部门具有强烈的金融动机，每一位处在生死边缘的患者都必须面临这种可怕的两难困境。卡拉汉说："制药公司非常清楚，不管药品的价格多么惊人，总有一些人愿意尝试和购买这些药品。保险公司可能愿意支付这些昂贵药物的部分开支，但很少会全额赔付。为了获得这些药品，有些患者选择卖掉自己的房子，或者这些患者的子女会卖掉自己的房子，他们为了这些药品宁愿破产。"然而在很多其他国家，这样的情况是非常少见的。因为那些国家的医疗保险系统是由政府运营的，公共医疗系统通常会拒绝为这种高成本、低价值的药品埋单。因此在那些国家，患者在这方面的期望值就会低很多。在英国，如果患者被诊断患有某些晚期癌症，医院会主动建议他们采取保守疗法，或者干脆建议他们搬去临终关怀机构。杰特曼医生就来自英国，据他说："也许你会说：'这样做岂不是太残忍了？'但我觉得，这不是残忍，而是接受现实。在美国，我们假装可以用一些昂 贵的药物来治好你的疾病，事实上，这只是一种欺骗。花费如此高昂的代价来争取微不足道的时间其实是很不理智的。"

然而在美国，甚至连晚期癌症都被当作一种商业机会，患者家属通常只有在患者去世以后才会追悔莫及地想起还存在保守疗法这种选择。美国患者进入临终关怀机构的治疗时间中位数不足3周；在住进临终关怀机构的患者中，有1/3的人入院不足7天就去世了。在美国，面对晚期癌症的流行做法是进行英雄式的、不惜一切代价的抗争，这通常意味着采取一些极为昂贵的治疗手段。这种文化倾向是如此强烈，以至当政府和某些保险公司试图说服患者放弃昂贵的低效率治疗时，居然受到了严重的抗议，甚至面临法律诉讼。卡拉汉说："在美国，这方面最保守的意见是，选择是否继续治疗的决策永远应该由患者本人做出。然而这种做法的问题在于，严重患病的人常常缺乏理性选择的能力，因此他们自己做出的选择常常不是最好的。在我看来，一个好的系统应该在一定程度上保护人们免受错误选择的伤害，尤其是那些事关金钱的选择，更应该遵循理性的原则。"然而，目前的医疗系统不仅越来越无法避免患者做出错误的选择，甚至还通过各种渠道鼓励人们做出非理性选择。因为在我们的医疗系统中，这些非理性的错误选择恰恰是商家利润的来源。

显然，医疗系统能有效提供的东西与消费者的真正需求之间的差距正变得越来越大。这种差异再次表现出冲动的社会的典型弊病，要不是这种差异带来了如此令人悲痛的结果，我甚至会觉得这带有一种讽刺性的喜剧效果。美国的人均医疗开支超过了世界上其他任何工业化国家，然而令人吃惊的是，这种巨额投入却未能为美国民众带来健康方面的合理回报。衡量一个国家医疗健康水平的重要指标包括平均寿命、婴儿死亡率以及患者满意度等，然而不管从哪个方面看，美国医疗系统的表现都落后于其他发达国家。[14]

美国医疗系统弊病的另一个主要的症状是，目前有数千万美国人没有基本的健康保险。这项统计数据在各种场合被不断提及，因此我们可能已经麻木了。然而，只要认真思考一下，就会发现这样的情况多么令人震惊：整个人类历史上最富裕的国家却有 1/7 的人口无法享受最基本的医疗保障。任何其他工业化国家都不可能允许这样的现象存在。我想，美国之所以陷于这样一种可耻的境地，是因为世界上其他任何工业化国家都不像美国这样完全屈服于短视和狭隘的个人利益。这种短视和对狭隘的个人利益的追求是冲动的社会的最核心特征，正是面对这些人性弱点时的妥协态度造成了如今美国基础医疗保险覆盖率严重不足的危机。值得注意的是，医疗保险覆盖率的下降始于20世纪70年代的经济动荡时期，而20世纪80年代的公司成本控制风潮则进一步加剧了这种趋势。为了控制成本，很多公司于20世纪80年代起不再向工资较低的员工提供医疗保险。这一举动导致了极为迅速和剧烈的社会变化。到了20世纪90年代末，虽然美国经济迎来了新一轮的繁荣，但在工资较低的员工中，没有健康保险的人数比例却比20世纪80年代时还要高。乔治城大学一位卫生保健专家朱迪思·费德认为："美国20世纪90年代的社会变化带给我们的最清楚的教训是：不仅低迷的经济表现会降低全国医疗保险的覆盖率，繁荣的经济周期也未必会促进医疗保险覆盖率的回升。"

确实，如果经济的繁荣意味着医疗创新的跑步机永不停息地高速转动，这反而会导致穷人更难获得必要的医疗保险。第一，由于我们过度依赖昂贵的新技术，医疗成本必然会快速上升，这就导致穷人更加无力负担基础医疗的开支。第二，由于医疗系统的商业模式是以追求资本回报为首要目标的，这必然导致整个医疗系统倾向于那些耗费巨额资本、社会价值并不高的医疗技术。哈佛大学的钱德拉指出，目前一位患者接受一次质子疗法所产生的费用足够为三个没有医疗保险的人购买医疗保险。钱德拉告诉我说："从事实来看，这就是我们做出的选择，这就是我们目前选择的分配情况。我们宁愿为某些人提供昂贵的质子治疗，也不愿向另一些人提供最基本的医疗保险。也许，这就是我们的制度经过审慎的权衡后做出的选择，然而我个人却很难相信这样的选择是正确的。我的意思是说，只要任何人愿意花两分钟以上的时间思考一下这样的情况，我相信他一定会说：'不，这是一个疯狂的选择。'"

然而，这样的医疗选择对冲动的社会而言真是再合适不过了。因为在冲动的社会中，医疗的目标不是公众的健康，而是医疗本身（即对疾病的治疗）。在一种理性的医疗模式下，我们的着眼点应该是尽一切努力（从饮食到运动，再到预防性医药措施）保持人们的健康水平，应该是疾病的预防和早期控制，而不是等疾病严重的时候再进行大量昂贵的治疗。然而在现有的消费者环境中，这个系统的最高追求却是快速的资本回报，任何支出都被视作一种正面的经济行为而得到鼓励和表扬。在这样的评判体系中，昂贵的医疗干预确实比预防性医疗活动更有价值。我们的医疗系统已经陷入了一种十分荒谬的境地：医疗本身已变得和健康一样重要，因为医疗本身就是实现经济增长不可或缺的重要部分。几年前，记者兼公共政策分析师乔纳森·罗曾这样说道："医疗系统的目标应该是更健康的民众，而不是售出更多的药品和医疗服务。然而，现在我们却以医疗行为而非医疗结果为标准来评判医疗系统对经济的贡献。如果这样的趋势继续下去，不久我们将会听到关于'导致疾病的最新科学发现'的新闻。为了刺激经济增长，我们必须鼓励民众多生病，因为经济的健康迫切需要民众生病。"[15]

在这样的语境下，我们便不难理解为什么推行医疗改革如此困难。首先，我们必须重建一系列的制度和常识，因为这影响着我们管理自身健康的态度，而这显然不是一项容易的任务。诚然，从纯技术的角度看，我们并不缺乏先进医疗系统的范例，从加拿大和中国台湾实行的由政府运营的单一付款人医疗制度，到瑞士和新加坡采用的完全以市场为基础的医疗模式，很多国家和地区的医疗系统都比美国的医疗系统要理性得多。但出于各种原因，究竟什么样的医疗模式最适合美国成了一个我们始终无法达成明确共识的难题。分歧之一是，在管理医疗这一极为重要的事项时，究竟是政府的效率更高，还是市场的效率更高（或者说危害更低）。

对支持单一付款人模式的人来说，上述问题的答案似乎是很明显的：政府才是医疗服务最理性的提供者，因为政府可以利用其巨大的规模优势以最低的价格买入医疗服务，并可以利用其监管方面的权威来管理（更粗暴地说是“配给”）个人使用医疗服务的数量和程度。在理想的情况下，这种自上而下的模式应该能同时限制市场和个人消费者两方面的过度医疗倾向，医疗可以不再是一种昂贵而极易波动的消费者商品，而变成一种基本的社会服务。与此同时，这些效率方面的提高必然会帮我们省下一些资金，这些资金正好可以用来为那些没有医疗保险的人购买他们需要的医疗服务。而市场模式的支持者则认为，政府的责任应该是保证每个公民都有足够的资金在私人市场上购买最低标准的医疗保险。在这样的情况下，消费者虽然只拥有有限的资源，却能在更大程度上掌控这些资源，因此消费者在决定使用多少医疗服务、如何使用医疗服务时，会变得更加谨慎和理性，这意味着更强的自我约束，而这种自我约束会迫使医院、医生以及医疗技术的提供者与消费者一样更加重视对成本的控制。

但是，关于医疗系统的争论并不仅仅是哪种系统效率更高的问题。虽然关于医疗的争论常常以市场与政府孰优孰劣作为议题的核心，但其实这方面一直存在一系列更深层次的问题，不仅涉及消费者与市场的关系，而且涉及公民与社会的关系（注意公民和社会是两个不同的概念）。随着关于医疗系统最佳形式的争论的展开，我们尤其需要回答这样一个问题：社会究竟对其公民负有怎样的义务？而公民又对社会负有怎样的义务？关于这一点，就职于哈佛大学全球卫生与人口系的医疗伦理学家丹尼尔·维克勒说：“现在首要的问题是，我们是否愿意接受一个很多其他国家已经接受的前提，即国民的健康是国家必须担负的一种责任。国家是否有义务保证国民的健康？尤其是，是否有义务保证所有需要就医的公民都能获得必要的医疗服务？”[16]维克勒认为，这不仅是一个政治问题（我们是否能在这方面达成共识，并找到足够的资源及合理的程序来实现这个目标），而且是一个道德问题（如果导致健康恶化的唯一原因是你无法负担的医疗费用，那么在你生病的时候，你的邻居是否有义务向你提供帮助）。

显然，我们还远远没有找到后一个问题的答案。在奥巴马医疗改革启动之前，虽然大部分美国人支持对医疗系统进行改革（支持者的比例是 56%，而反对者的比例是 33%），但超过半数的人认为医疗改革的目标应该是降低成本，而不是扩大医疗保障的覆盖范围。[17]这样的民意至少部分反映出一种意识形态上的分歧，显然公众对一系列问题有着不同的看法，这些问题包括政府的角色以及社会安全网络是否具有普遍的合理性。然而，乔治城大学的费德指出，这样的民意同时也显示出医疗行业的一个非常基本的特点，那就是人们保持现状的愿望。目前的事实显示，虽然美国的医疗系统存在着各种各样的问题，但是大部分美国人对他们目前的医疗状况持比较满意的态度。大部分美国人都有医疗保险，能在合理的范围内获得需要的医疗服务。对美国大多数民众而言，有些人没有医疗保险的事实让他们感到遗憾，他们也并不反对以某种方式解决这一问题，但前提是不能影响他们自身的医疗状况。费德说："推行全民医保的最大障碍是，我们中的大部分人已经有了医疗保险，而我们不希望自己目前享受的医疗保险受到影响，毕竟没有医疗保险的人只是少数。"在克林顿总统的任期内，美国政府也曾试图推行医疗系统的改革，然而那次改革的动议却以失败告终。费德曾经亲身参与克林顿政府的这项工作。他告诉我，正是因为公众极不希望自己目前所享受的医疗保障受到任何形式的干扰，曾经积极鼓吹单一付款人模式的民主党议员现在已经很少再提起这一医疗模式了。费德告诉我说："消费者不希望这样的事情发生。既得利益者总是希望维持现状。"正因如此，在奥巴马医疗改革出台之前，大部分医疗改进措施的核心不是任何形式的变革，而是在现有的基础上增添更多的福利：比如，2003 年曾通过一项联邦医疗保险处方药福利法案，这项福利在民众中很受欢迎，却也导致了高昂的政府开支。

正因为公众这种集体性自我保护意识，奥巴马的平价医疗法案一经推出，就受到了激烈的反对——这种大规模的负面情绪早已超出了对拙劣部署的反感所能解释的程度。奥巴马的平价医疗虽然保留了美国医疗系统公私结合的基本结构，但仍从很多方面对一些关键制度导致的不良医疗行为进行了限制和惩罚。比如，联邦医疗保险的支付结构发生了改变，医疗服务提供商能收到的款项不再取决于它们提供了多少医疗服务，而是取决于其治疗效果。这一变化目前已经成功降低了联邦医疗保险项目的开支，几十年来，美国医疗成本的上涨速度首次出现了减缓的趋势，而这种趋势很可能是得益于奥巴马平价医疗法案的改革措施。与此同时，奥巴马平价医疗法案还包括一项名为“比较效率审核”的政策，根据这种政策，保险公司有权拒绝那些性价比过低的医疗技术和医疗程序（在英国等国家的单一付款人医疗系统中，这是一项标准化的重要特征）。[18] 更富争议的是，奥巴马平价医疗法案提高了个人和雇主购买的医疗保险的价格，使得消费者和雇主必须承受更多医疗服务的实际成本，消费者和雇主因此必须接受更多市场约束。此外，平价医疗法案还包括一项个人强制保险规定，根据这项规定，所有目前不愿意购买医疗保险的人（这些人通常是健康状况较好的年轻人），都必须强制购买医疗保险，他们所付的保险费将被存入整个医疗系统的“风险池”，为他们日后需要医疗保障时做准备。从理论上来说，个人强制保险规定能够修正个人自然的短视特点，不致为社会带来高昂的成本。

尽管如此，奥巴马平价医疗法案做出的这些改变可能还称不上真正的改革，因为这些改革并未触及美国医疗系统的核心问题：不合理的公私结合模式。尽管如此，奥巴马的平价医疗法案仍然对美国医疗系统的现状起到了显著的修正作用，也清晰地回应了关于个人与社会关系的争论，虽然这些改革措施可能需要若干年才能见到效果。随着支付政策的改变，随着医生和医院改变对各种治疗手段的态度，未来我们很可能会看到联邦医疗开支的人均成本显著下降。同时，过度追求医疗技术更新的“强迫症”很可能也会有所缓解，美国将不再是一个质子疗法的国度。

然而，关于奥巴马平价医疗法案的效果，也存在一些不那么令人欢欣鼓舞的分歧。比如，对那些由联邦医疗保险全额赔付的医疗技术，法案设置了赔付上限，此举是否会导致减缓医疗创新速度的不良后果呢？英国和法国等国家的医疗制度都能在某些情况下禁止本国医生使用过于昂贵的治疗手段，但这两个国家的患者仍然能享受到很多最前沿的医疗技术，而这些医疗技术的创新成果恰恰是由美国公私结合的创新体制产生的。这方面的担忧已经超出了医疗领域的范畴。更根本性的是，奥巴马的医疗改革措施最终会带来怎样的政治后坐力？当美国国会于 1965 年推出联邦医疗保险计划和联邦医疗补助计划两项措施时，保守派曾对这两项福利措施进行过强烈的反对和阻挠。然而，这些反对和阻挠并未阻止这两项福利措施的推行，这部分是因为当时强有力的民主党占多数，更关键的原因则是，当时快速老龄化的美国社会发自内心地欢迎这些福利的出台，而当时的美国社会也具备足够的财力对老年人进行上述补助。然而在奥巴马平价医疗法案推出的今天，美国社会已不复当年的富裕与繁荣。因此，国家无力承担医疗改革的全部成本，法案的推出意味着很多群体需要支付更多的费用，或者享受更少的福利。虽然在法案实施的过程中，前期部署方面的缺陷以及保险取消问题已经激起了一定程度的社会负面反应，然而随着这一法案改变美国医疗现状的长期效应逐步显现，我们很可能会看到一些有影响力的选民爆发出更强烈的愤怒与反对。

提高医疗保险的覆盖率、为目前没有医疗保障的人购买医疗保险的开支很大一部分来自联邦医保支出的削减。长期研究政府政策的专家托马斯·埃兹尔认为，扩大保险覆盖率的受益人群主要是穷人和少数族群，而联邦医疗保险的主要受益者则是中产阶级和白人。从这个角度看，奥巴马的平价医疗法案事实上造成了一种公共资金的再分配。在这一过程中，某些群体的获利意味着其他群体的损失。这是一种非常困难的再分配选择。埃兹尔警告我们，这一过程是一个竞争的过程，很可能会产生深刻的政治和选举方面的影响。2013 年 11 月，埃兹尔曾在《纽约时报》上发表过相关文章，文章指出："由于对纳税人的税金和其他公共资源进行了再分配，中产阶级的利益受损，而穷人和少数族群则获得了实惠，大部分白人选民势必表示反对。很多人认为，白人选民的反对和阻力现在已经过去了，但我认为这样的想法过于天真。只要回头看看 2010 年的选举情况，就会发现白人选民的不满情绪会导致重要的政治后果。在奥巴马平价医疗法案通过的当年，这种反对就表现得非常明显，共和党人迅速占据了美国众议院以及各州众议院的大多数席位。目前奥巴马平价医疗法案遇到的种种困难都明确告诉我们，2010 年的情况很可能会在 2014 年甚至 2016 年（大选年）重演。"[19] 换句话说，如果我们认为可以靠政府的强制权力来限制驱动冲动的社会的各种不良反应（包括医疗、金融以及个人行为方面的不良反应），我们就应该预测到政府强权的使用必然会导致严重的政治后坐力，因为冲动的社会一定会拼死捍卫自身的利益。

奥巴马医疗法案试图极大地改变美国社会的现状，从某些角度看，与这一改革的雄心相比，改革受到的反对可算是相当轻微的。对自由主义者而言，奥巴马医疗法案距离他们梦想已久的欧洲单一付款人模式还有很大的距离。而很多保守主义者则担心，奥巴马医疗法案是几十年来将美国社会推回罗斯福新政时代的经济管理模式的首次努力，而这种经济管理模式早在 20 世纪 80 年代就该被斩草除根了。更根本的是，奥巴马医疗改革所遭遇的阻力迫使我们不得不重新审视一条我们历来珍视的信念：美国人愿意为解决普遍的社会问题而牺牲个人利益。事实上，我们有理由相信，经过数十年自我中心意识形态的升温以及高度响应型消费者经济的洗礼，美国社会已经发生了根本性的变化，如今，对个人牺牲的抗拒已经成了追求社会正义的最大阻力之一。

然而，从某种程度上说，这种自私的行为却是一种习得行为。毫无疑问，过去几代美国人比现在的美国人更愿意为社会的整体利益而牺牲自我利益。然而不幸的是，正像冲动的社会的其他部分一样，我们的医疗文化不断滚动着创新与期望的正反馈雪球，这种反馈机制事实上培养了人们不懂感恩的自私品行，让人们把一切权力和福利都视作理所应得的东西。于是，当保险公司拒绝为昂贵的实验性疗法埋单时，有些患者愤怒地采取了诉讼的手段。甚至有些患者试图通过法律手段提高自己在器官移植分配系统中的优先级。这种行为的实质是，人们希望绕过制度和规范的限制，为自己争取稀缺的医疗资源，而这些制度设计的初衷正是希望这些稀缺的医疗资源能够被平等地分配。在美国，这类挑战制度的行为正变得越来越普遍；而在英国等其他国家，这样的现象是非常少见的。在英国等其他国家，政府的医疗政策比美国更严格，这些国家的公民对制度和规范的接受和遵守程度也比美国人高得多。乔治城大学医疗中心的一位医生兼生命伦理学专家凯文·多诺万告诉我："英国人比我们更懂得排队——他们能更好地接受自己在队列中的位置，并且能在队列中安静地等待。而美国人在排队问题上的态度则是：'任何限制一定有合理的理由，因此我们应该遵守这些限制——除非我自己受到限制。'"[20]

事实上，在美国的医疗文化中，存在着一种不平等的固有偏差，而仅仅依靠政府的改革是很难完全消除这种偏差的。我们对医疗技术的狂热追求人为地催生了这种偏差，而这种偏差显示了广义的冲动的社会带给我们的主要挑战。大部分疗效神奇的医疗创新成果都非常昂贵。这方面一个很好的例子便是呼之欲出的基因靶向治疗，这种治疗意味着生物技术公司可以针对某种特定的疾病为患者量身定做极有针对性的药物，而这种先进的治疗手段通常只针对总人口中很少的一部分人。哈佛大学的钱德拉指出，因为基因靶向治疗技术的研发非常高昂，投资者为了快速收回成本，必须迫使生物技术公司将研究的重点放在困扰富裕人群的疾病上。这就意味着这些先进技术的目标受众不仅是富裕国家，而且是富裕国家中最富裕的精英阶层。钱德拉告诉我："研发这种药物的公司更可能以美国市场为目标，而不会以阿富汗和斯里兰卡之类的国家为目标。而在美国国内，这些技术的目标受众更可能是波士顿和曼哈顿的富裕人群，而不是阿肯色州和肯塔基州的穷人或患者。"随着基因技术的发展，也许我们很快就能识别各种影响人们智力、野心及其他决定人们富裕程度的基因片段。我们也可以对这些基因档案进行扫描，筛查出每个人易患的疾病，并及早进行预防和干预。这种分拣技术将在分子水平上继续发展。

然而，这些先进的医疗技术意味着巨大的研发成本，同时我们的医疗产业比以往任何时候都更狂热地追求快速的资本回报。不难想象，医疗系统的未来会与现在的情况高度相似——真正能够改变我们生活的医疗创新成果将越来越多地流向能够负担这些技术的富裕人群市场。即便我们能够将美国的医疗系统改革为单一付款人模式，我们的医疗文化仍然会像泰勒·考恩在《再见，平庸时代》中所描述的那样，呈现高度两极分化的特点。富裕人群不仅能够享受更好的医疗服务，而且可以率先享受那些能显著延长人类寿命的创新成果带来的好处。30年后，如果考恩所描述的"超级劳动者"不仅比其他人更富裕，而且比其他人活得更久，我们的社会将变成什么样呢？

我们的医疗文化一再强调并加速着冲动的社会的种种不平等和不均衡现象，也不断塑造着各种影响我们决策的思维方式。我们的技术创新能否带领我们抵达我们真正想去的地方？这些技术创新究竟意味着怎样的取舍？——我们很少会停下来思考这些问题，因为我们唯一关心的是如何高速前进，如何获得即时回报与满足。医药科学的进步帮助我们消除了很多影响人类寿命的疾病，这当然是一件令大多数人感到欣喜的事情。然而，随着我们的生命变得更长，我们同时也应该认识到长寿会为我们增添很多不可忽视的成本——而我们在构想医疗体系时，却未能理性地将这些成本列入考量的范围。平均寿命的延长意味着我们更有可能患上各种导致我们无法自理的慢性疾病，比如癌症、中风、阿尔茨海默病等，这些疾病的治疗和护理都是非常昂贵的。即便是无病无灾的长寿者（他们无病的晚年可能是得益于非常好的运气，也可能是因为接受了某种神奇的"超级治疗"）也无法逃脱高龄的必然结局——虚弱和衰退。这种不可避免的虚弱和衰退常常把长寿者最后的年月变成一种生理和心理上的漫长折磨。华盛顿的一位老年病专家乔安娜·林恩是医疗改革的直接执行者，她将这种长寿者的状态形容为"像被凌迟处死，因为对这些长寿者来说，仅仅维持每日的基本生活便必须克服各种越来越痛苦的困难"。[21] 随着人口的老龄化，衰老所引起的虚弱以及各种使人丧失自理能力的慢性疾病将成为各大后工业化、后物质主义社会必须面对的严峻现实。显然，这并不是我们规划中的医疗未来。如果我们能够预见这样的情况，我们一定会更早开始对各种医疗资源进行重新分配，我们会更努力地帮助老年人与虚弱和衰退做斗争——在大部分情况下，这意味着我们的着眼点不是临终治疗方案，而是各种看起来更加微不足道的日常关怀，比如为老年人提供就医所需的交通工具、合理的营养，或者护士的上门看护。然而事实上，我们目前的医疗系统在很大程度上完全忽视了老年人的这些基本需求，却把大量的资源和精力放在研究能延长生命的医疗创新方面。不可否认，这种不合理的资源配置很大程度上是受金钱利益的驱动，因为这些试图延长生命的创新远比上述日常关怀更能为医疗系统提供丰厚的利润。

与此同时，这种扭曲的文化已经开始惩罚我们——我们越来越无法接受自身的局限，越来越无法接受自我的短暂性，我们甚至会极力回避这一点。虽然各种医疗创新不断延长我们的生命，但当一切神奇的续命疗法用尽时，每个人最终还是必须面对走向死亡的时刻。具有讽刺意味的是，正是那些医疗创新的巨大成功导致个体越来越难以接受这样的时刻。在永不停歇的医疗跑步机的驱动下，我们处理衰老与死亡的方式正变得越来越不公开、越来越欠考虑。我们越来越难以靠个人信念和文化传统的引导渡过死亡的难关，甚至越来越拒绝承认和接受死亡的宿命。当我们走向生命的终点时，我们越来越在执念的驱使下无谓地拖延时间，而培植这种执念的正是医疗市场的结构性“本能”，是各种各样的资本循环和靠临终治疗牟利的商业跑步机。衰老和死亡本应被视作生命不可避免的最终结局，本应是展现优雅、人性和勇气的伟大时刻，然而在冲动的社会中，衰老和死亡却成了另一种未被满足的消费者需求，成了另一种未被实现的消费者欲望，成了市场试图确认自我的伟大和永恒的又一次失败尝试。

显然，这又是冲动的社会精神的一次集中体现。心理学家的研究显示，自恋型人格的人尤其难以坦然地接受死亡，因为这类人的自我是如此膨胀，仅仅是想到他们的自我将不复存在，就足以使他们陷入极度恐惧之中。因此自恋型人格的人会用尽一切方法否认和避免死亡的来临。作为冲动的社会的一员，自恋是我们的集体性格，因此我们对死亡怀着同样非理性的恐惧和抗拒。随着延长生命技术的每一点进步，我们对死亡的恐惧反而变得更深刻、更令我们动弹不得。

因此，关于医疗改革的争论实际上为冲动的社会提供了最清晰的预后分析。在未来的几十年中，我们将面对各方面的危机：医疗问题、金融问题、结构性失业问题、生态环境破坏的问题以及社会结构崩坏的问题。然而，最可怕的并不是这些危机的规模和复杂程度，而是在冲动的社会中，我们面对和处理这些危机的各种能力正在逐渐丧失。从个人的层面上来说，由于我们早已习惯了高度个人化的经济模式，我们既不愿意延迟满足，也完全拒绝任何可能让我们脱离舒适区的事物。然而，更严重的是，曾经帮助我们克服和限制这些个人缺点的公共制度（主要是我们的媒体和政治体系）也已经因为被以自我为中心的经济腐蚀而变得极度脆弱，从而丧失应对危机和挑战的能力。

第八章　永恒的战争

2009年1月20日晚，奥巴马在美国历史上参与人数最多的总统就职仪式上完成了就职宣誓。然而，在总统就职仪式结束仅仅几个小时后，十几名共和党的重要人物就在华盛顿的一家名为“核心会议室”的餐馆里举行了一次紧急的战略会议。[①] 这次紧急会议包括一顿3小时的晚餐和很多瓶葡萄酒，与会人士包括共和党的很多重要人物：众议员埃里克·坎托、保罗·瑞恩，参议员吉姆·德敏特、琼·凯尔，以及众议院前议长纽特·金里奇。这些共和党要员在这次会议上剖析了本次选举中共和党遭遇巨大失利的原因，并且制订了对民主党进行反击的计划，一位与会者事后将这项反击计划称为一项“起义”计划。从奥巴马上任的第一天开始，共和党人就不遗余力地使用一切手段阻挠奥巴马政府议程的实施。在之后进行的参

① 关于这次晚餐会议的情况最先是由汤姆·贝文和卡尔·坎农在他们2011年所出版的书籍《2012年大选：斗争开始了》中披露的。几个月之后，罗伯特·德雷珀在《不要问我们做了什么好事》一书中进一步披露了此次会议的详情。

议院任命听证会上，共和党人对奥巴马选择的财政部部长人选蒂莫西·盖特纳的个人财务状况发起了猛烈的攻击。而在众议院中，共和党人则极力阻挠奥巴马的经济刺激计划通过。[1] 与此同时，共和党还大量发布竞选宣传风格的广告，挖空心思地用各种可能产生争议的话题来攻击民主党的立法委员们。共和党的这场“起义”严重违反了美国总统竞选的政治传统：根据这一传统，在新总统刚刚就职时，两党应该共度一段政治上的“蜜月期”。在此期间，在大选中落败的政党至少会暂时性地配合执政党完成各项政治任务。而共和党的这种新的斗争策略被称为“核心会议室”策略，在这样的策略下，共和党拒绝对执政的民主党进行任何形式的配合。众议员凯文·麦卡锡曾这样宣称：“如果你表现得像少数派一样，那你就将永远处于少数派的地位。[2] 我们将会与民主党斗争到底，我们会在每一项法案的通过以及每一项运动的进行中，尽一切可能给民主党制造挑战和麻烦。”[3]

按照这些共和党人的说法，剩下的一切都是历史的必然。在接下来的几年中，共和党人的这种起义精神传遍了整个国家，形成了一些颇具影响力的人民运动，也创造出了所谓的“茶党”组织——该组织成员的最大特点是对政府，尤其是奥巴马政府的各种政策和行为进行积极的强烈反对。在 2010 年的中期选举中，不少起义派的候选人依靠激进派的政治活动家的运作和一些富裕的极端保守派人士的金钱资助赢得了众议院的大多数席位，在参议院也获得了大量席位。从那一天开始，这些起义派人士便开始疯狂地进行各种立法运动，阻挠奥巴马政府的大部分政策（尤其是奥巴马医疗改革计划）。而在这一过程中，保守派的脱口秀主持人们一直在为这场起义活动加油叫好。这场可怕的两党战争持续了 4 年半，对美国的各项内外政策造成了严重的阻碍和损害，并且在 2013 年逼迫美国政府关门了 16 天，使得本来就已十分脆弱的经济复苏受到严重的威胁。这场两党之间的战争是美国政治体系自美国内战以来最大规模的一次失灵，甚至连很多美国的保守派人士都被起义派为了一己私利而罔顾国家利益的狭隘行为所震惊。2013 年 10 月，共和党领导人终于否决了茶党的要求，结束了长达 16 天的政府停摆，这时我们几乎可以听到整个美国都终于长舒了一口气。

然而，可悲的是并没有任何理由可以让我们确信，2009 年的这种荒谬的两党分歧不会在不久的将来以某些其他形式重演。导致这场严重两党分歧的所有政治因素，比如奥巴马医疗改革以及关于移民问题的改革，目前都仍然存在。支持茶党的富有的商业领袖们依然仇恨着大政府、各种政府管制规章以及针对富人的税收。此外，另一个同样重要的因素是，美国经济仍处于持续的低迷之中。疲软的经济让有史以来最大比例的群众感觉自己被时代和社会所抛弃。在这些人的心目中，美国政府压迫和背叛了他们，对政府的这种强烈的不满导致这部分人群随时愿意以各种手段与政府对立。在这样的情绪下，最具有讽刺意味的是：起义派目前正在激烈反对或者未来即将激烈反对的很多政府动议（比如医疗改革以及金融改革），实际上是一些有望推动美国经济发展的正面改革措施。因此起义派的这些激进行为事实上只会进一步延长美国人在经济方面的不安全感，而这种在经济方面的不安全感恰恰是起义活动的最大燃料。换句话说，早已占据了美国现代生活其他领域的这种短视和狭隘自我利益的恶性循环现在已经完全控制了美国的政治体系。对此，我只能无奈地说，欢迎大家来到冲动的政治世界。

在这出政治闹剧背后是这样一个现实：长期以来，美国的保守派一直希望通过市场的约束力量重新整合美国的社会。也正是出于这样的原因，为了阻止这种重新整合，政府所做出的任何努力都会遭到保守派的激烈反对。正是这种意识形态方面的公开分歧点燃了美国保守派和自由派之间的战火。这种野蛮的斗争之火越烧越烈，漫长的两党之争意味着各个环节中的无谓拉锯，导致美国的政治文化在国家层面和地区层面上都出现了严重的断层。然而，在党派之争的背后，是一种远非意识形态分歧能够解释的更深层次的问题，这种深层次的问题与冲动的社会永远不停运转的跑步机有很大的关系。在过去的 30 年中，美国的整个政治体系在事实上已被以自我为中心的经济体所控制。共和党曾被视为商业阶级的政党，而如今甚至连民主党和自由派的政治力量也越来越把商业阶级（特别是金融板块）当作其政治机器的核心合作伙伴，因为这样的政治机器正变得越来越昂贵、越来越依赖科技。在每一轮的大选周期中，美国的政治机器都在变得更加商业化。如今，民主党和共和党都严重依赖资本的注入（一轮总统竞选运动常常需要耗费 10 亿美元的巨资），因此，两党都日益成为金融市场的附庸，政治活动不仅被市场的目标和追求所控制，而且越来越多地展现出与市场相同的周期与性质。

商业对政治的侵蚀绝不仅仅表现为职业政客所受到的腐蚀。极端主义的倾向已经严重损害了美国政治体系的健康，虽然很多选民对这一点感到极度不满，然而事实上我们自身参与政治的形式也在变得日益个人化和极端化。对我们中的很多人而言，参与政治已经不再意味着通过努力达成妥协和共识，也不再是一种为了某种比我们的自我更加广阔的东西而投身社会的过程。对于很多人来说，对政治的参与已经变成了另一种进行个性化消费的渠道，通过消费政治党派精心制造的、分歧巨大的政治信息，参政向我们提供了另一种建立自我认知的机会。

以上现象的结果是，我们的政治体系以及政治文化已经变得与我们的金融板块及消费者经济体一样短视。虽然我们在追求短期政治目标（比如筹集竞选资金，或者巧妙地挑选出能改变民意结果、扩大选民基础的 15 秒钟“言论摘要”[①]）方面正变得越来越高效，我们却逐渐丧失了利用政治

① “言论摘要”，指从政客长篇讲话中截取的、能快速打动选民的金句。——译者注

过程解决某些复杂长期挑战的能力。这些变化导致我们的政治体系终日沉醉于政治本身，而已经无力解决任何其他问题。总统选举已变得像军事入侵一样复杂和激进，像IPO（首次公开募股）一样需要充沛的资金支持。牢不可破的精英阶层能够轻松地在政治活动的后台构建起隐形的精妙支持网络，让他们的短期利益得到充分的满足。美国正面临着一些复杂的、持久的问题，比如失去支撑的劳动力市场、即将破产的医疗系统、年久失修的基础建设系统，再比如注定会走向下一次崩溃的自杀式金融市场——这些问题如今已经严重威胁美国经济繁荣的稳定性和持久性了。然而，更可怕的是，当我们的政治体系面对这些真正的问题的时候，我们已经失去了行动的能力和意愿。在这里，我们看到了冲动的社会的终极悲剧：唯一可以帮助我们修正短视和以自我为中心的谬误的制度，本身也已经被短期狭隘自我利益的病毒所感染，因此我们面对着毁灭性的危险却束手无策，只能坐以待毙。

公平地说，美国政治体系的某些失灵现象并不是我们故意造成的。在20世纪的前2/3时间中，美国的政治体系取得了长期的胜利——我们鼓起了赢得战争胜利的勇气和信心，我们积极投资于国家的未来，我们成功限制了工业化经济模型的过剩倾向，并取得了许许多多其他的政治成果——这显然不是一个平庸的政治体系仅靠运气就可以取得的。我们英勇地挺过了大萧条和二战的困难，从这些磨难中重生的美国不仅表现出惊人的富裕和强大，还拥有着相对统一的社会价值观，并对极左或极右的激进主义思想抱有高度审慎的警惕态度。虽然各种严重的社会张力仍然存在，但就总体的公开政治文化而言，大部分美国人都是相当稳健的中立主义者。美国的选民甚至常常在选举中采取“分票”手段，即将两党中的一党候选人选为总统，而让另一党控制国会。在立法过程中，两党合作现象相对现在来说可以算是非常普遍。（在 1965 年，虽然共和党声称民主党推行的联邦医疗保险计划是一种社会主义倾向的运动，但仍然有近半数的共和党政客对联邦医疗保险法案投了赞成票。[4]）然而，这种凝聚力和两党共识的丧失却是不可避免的。事实上，到 20 世纪 60 年代末、70 年代初，政治上的党派分歧已经开始加剧。战后经济繁荣时期的结束以及一系列的政府失灵现象和丑闻（包括越南战争、种族暴乱、失去控制的国家预算赤字以及水门事件等）打击了美国民众的后物质主义理想，也使得民众丧失了对大政府解决重要问题的能力的信心。具有讽刺意味的是，那些我们之前所取得的政治胜利（尤其是公民权利方面的进步）激起了保守派的反扑，进一步腐蚀了美国战后的凝聚力以及两党共识。

然而，正如我所看到的那样，美国政治的党派分歧问题的很大一部分成因是人为的。在 20 世纪 70 年代中期我们选择向效率市场的意识形态靠拢的时候，我们事实上有意识地将美国社会推回向一种更古老、更残酷的达尔文主义的经济秩序和社会秩序，而共同价值和集体主义的生存空间则因此大大减小了。政府放松了对公司的管制，于是公司可以自由地最大化股东的价值，并在很大程度上抛弃了对其他社会价值（比如员工福利以及对社区活力的贡献）的传统追求。美国公司这种新的个性导致了经济不平等现象的抬头，也侵蚀了美国社会中残存的战后凝聚力和共同价值。与此同时，曾经在公司与劳动者之间、市场与社区之间扮演经济裁判角色的美国政府也放弃了这种有益的身份，于是社会凝聚力的另一大主要来源也丧失了。同样重要的是，美国的社会文化开始鼓励个体尽情地最大化个人的享受和自我利益。这种文化赋予公民更多的个人权力，并允许公民从社会生活中抽离，从传统价值规范（比如自我约束以及为社区利益牺牲自我利益等）中抽离。我们旧式的、效率相对较低的经济体系曾要求我们必须采取一种公共性的、集体主义的生活方式。然而当市场赋予我们撤退的权力，我们便迅速拥抱了这项权力，转而追求一种更加个性化的生活，然而这种个性化的生活却也常常意味着更加孤立且与社会隔离。

在第五章中，我们曾经简要讨论过这方面的问题。很多美国人选择搬去与他们的文化和政治偏好完全符合的社区生活，这种行为事实上造成了社会分类现象的加剧。到了 20 世纪 90 年代，这种国家层面上的地域个性化趋势已经完全改变了美国的政治地图：很多曾经相对中立（即民主党支持者与共和党支持者的人数相对接近）的州和选区已经变成了深红或深蓝区域。[5] 然而这种政治上的分类现象并不仅仅局限于物理世界中。随着广播谈话节目、有线电视新闻以及在线网站等各种新的媒体形式的发展，我们通过选择各种截然不同的媒体环境进一步巩固着政治意见上的分歧。

然而，就像以自我为中心的经济体的其他方面一样，这种分类的趋势事实上受到两种因素的共同驱动：一是我们自身的冲动的驱使，二是市场对我们的迎合——市场不断提高着满足我们上述冲动的能力和效率。就算选民不去有意追求个人化的政治环境，这些政治环境也会主动去寻求选民。以媒体为例，各种新闻渠道不遗余力地试图适应受众的偏好，这在事实上鼓励了我们这种强调差别和分歧的新型政治文化，因为这种分歧的文化更有利于商家追求利润。由于自由派和保守派的民众通常有着非常不同的消费模式，广告商愿意花费巨资向不同政治偏好的受众推送不同的商业广告。于是极端化的政治新闻便成了一种筛选偏好类似的受众群体的工具，这种高效率的媒体运营模式能满足商家的广告推送需求，因此具有极大的赢利潜质。靠带有意识形态色彩的新闻来区隔受众很快成为一种标准化的模式，到了 20 世纪 90 年代末，这方面的先驱——福克斯新闻频道已经筛选、培育出了大量保守派的忠实受众。根据共和党的一位媒体专家戴维·弗鲁姆的说法，福克斯新闻频道采用的实际上是一种非常简单的两步策略：第一步是激起观众义愤的狂热情绪（这可以令观众继续收看该频道)，第二步是制造观众对所有其他信息来源的不信任感（于是观众永远不会转向其他频道)。[6] 如今，保守派新闻媒体仍然是这方面的高手：自由派的最主要新闻频道 MSNBC（微软全国广播公司节目）的观众只有福克斯新闻频道的一半不到；[7] 而在广播谈话节目的世界中，右派也几乎获得了压倒性的胜利。① 然而，不管从何种角度看，两极化的政治新闻都已成为新闻媒体的主流，这一方面是因为消费者越来越习惯于那种“义愤的狂热情绪”，另一方面是因为新闻媒体在制造这种狂热情绪方面正变得越来越有创意、越来越得心应手。② 当然，事实上这种义愤的狂热情绪很可能是一种人为的情绪。美国的普通选民很可能并不如政客、专家以及媒体观察者所声称的那样极端。也许，媒体中的那些煽动性的修辞以及巧妙的言论摘要并不能真正反映我们大部分人对政治议题的看法。然而不可否认的是，这样的宣传手法确实拥有几乎不可抗拒的极高宣传效率：对我们中的大部分人而言，收看这样的新闻不仅更加简单轻松，而且能为我们带来更多情感上的满足——毕竟直接拥抱简单粗暴的狂热情绪远比时刻清醒地详细分析各种政治议题要容易得多了。正像在冲动的社会的其他领域中一样，我们最终总是会选择那条走起来最简单轻松的道路，于是美国的政治文化也不可避免地走上了这样的道路。

换句话说，如今的政治完全变成了一种品牌。在消费者经济最初的

① 我们应该注意的一点是，在两极化的政治新闻环境中，占最大份额的电台谈话节目之所以能够诞生，是因为在里根时代美国政府对无线电波领域推行了去管制化的政策。在此之前，大萧条时代的公平主义政策要求所有广播节目频道将节目时间平均分配给民主党和共和党。

② 一项很有说服力的数据可以很好地印证这一点：在意识形态方面保持相对中立的 CNN（美国有线电视新闻网）目前正面临着黄金时段观众数量下降的挑战。根据皮尤研究中心的分析，在目前的新媒体市场上，“如果一个新闻频道既不愿意公开表现自己对自由派的支持，也不愿意公开表现自己对保守派的支持，那么这个频道就注定会在收视率的战争中处于劣势”。

日子里，市场营销专家就已经发现，消费者都非常喜欢强有力的“著名品牌”，否则我们在每一次购物时都必须认真分析各种厂商的宣传，再做出选择，而品牌效应可以帮助我们消除这一举动所带来的焦虑感。于是在冲动的社会的大环境下，如今的政治文化也出现了完全相同的情况。从前，保守派和自由派等字眼意味着复杂的政治概念，而如今，这些政治概念都被提炼成为一些极度简单却非常强有力的品牌。对选民而言，这些品牌的存在不仅可以让我们更加轻松和快速地处理复杂困难的政治问题，而且还能让我们在道德和情绪上获得高度的确定性：我们总是坚定地相信，我方是正义的、善良的，而对方是错误的、邪恶的。对于两党的政治势力和商业化的媒体行业而言，这种品牌效应提供了一种收获选民好感的高效率途径，并且这种好感可以被很容易地转化为选票和排名。如今，市场营销已经成为政治的一个不可分割的部分。我们的政党运营的模式与资金充足的公共关系公司并无二致，而各种各样的营销手段都希望鼓励选民们将政治当作另一种表达自我、创造自我身份以及获得情感满足的途径。

然而，这些现象对民主制度本身而言都是非常不健康的。当我们把我们的政治制度当成消费者经济的一个普通部分，当我们用高度商业化的方式来运营我们的政治体系，当我们把资本和感情上的效率当作政治活动的重点，我们就不可避免地将美国的整个政治文化变成了一场灾难。因为，公民的政治决策显然不应仅仅被当作一种消费者的选择。事实上，政治的决策应该是反消费主义的，也就是说在做出政治方面的决策时，我们至少应该试图超越我们的短期目标和个人目标，应该试图抗拒非理性的“义愤的狂热情绪”，我们应该避免我们在政治上的热情成为极端主义的温床。然而，由于这种令人窒息的狂热情绪恰恰是产出快速政治回报的最高效率的途径，而美国现代化的政党已经和现代化的公司一样，永远对快速的回报贪得无厌，于是狂热和极端主义变成了我们政治经济体的主要货币。在这样的情况下，我们或迟或早地必然会创造出一台新型的永不停歇的跑步机，这台机器的产出不是共识和进步，而是分歧和瘫痪。因此，政治市场的工业化过程必然会导致左派和右派意见分歧的加剧，明白了这样的道理，我们便会觉得目前美国政界的种种乱象实在是一点也不值得惊奇了。关于选民态度的研究显示，从1972—2008年，对于一系列核心议题，美国一位中立的共和党选民与一位中立的民主党选民之间意识形态上的差距几乎扩大了一倍（意识形态差距的度量采用标准化的7分意识形态标尺）。[8] 埃默里大学的政治科学家艾伦·阿布拉莫维茨说："在这36年间，民主党选民从'中立稍微偏左'移动到了'明显偏左'，而本来已经'明显偏右'的共和党选民则进一步向右侧移动。"[9] 简单来说，虽然共和党选民移动的幅度更大一些（这可能是由于他们对罗斯福新政经济政策现状的不满所导致的），但是两党的选民显然都比过去更加远离政治上的绝对中立态度。这种向两极移动的现象是十分重要的，因为两党的选民越是远离传统的中立态度，两派之间在关键问题上互相妥协的意愿就越低，而愿意妥协的政治家也就越难以获得选民的支持。

市场促成的这种两极分化的趋势在很多层面上都产生了严重的后果。在纯粹的文化层面上，我们可能已经达到了自美国南北战争以来两极分化程度最高的时刻。研究美国政治地图变化现象的最著名的专家之一阿布拉莫维茨说，"现在人们已经不再愿意与'另一边'的人进行交流"，在越来越多的情形之下，"人们干脆选择避免进行这样的对话，选择避免接触与他们不同的人群。为什么会出现这样的现象？因为与立场不同的人交往会令人们不舒服，会令人们不快"。[10] 关于这一点，我可以举出一个十分切题的例子：在20世纪60年代，只有5%的美国人关心自己的子女是否会选择支持另一党派的配偶。而如今，1/3的民主党选民以及1/2的共和党选民都认为，支持不同党派的男女缔结婚姻是一件不合适的事情。[11]

美国的政治文化已经出现了极为深刻的裂痕，人们对一些极其基本的问题（比如科学方法的合理性，以及虚假竞选广告是否道德）也已经不再能达成共识。甚至关于“是否存在一种普适的真理”这一问题也已经出现了争议。在第五章中，我们曾经提到过康涅狄格大学的心理学教授迈克尔·林奇。林奇说：“现在，我们文化中的分歧已经不仅仅是关于价值观的分歧，甚至面对事实的认知都产生了分歧。对于‘如何获得事实’，以及‘什么样的知识可以被视为一种事实’，我们和他们都无法统一。”林奇认为，当我们到达目前这种境界，民主制度本身已经受到了威胁，“因为一旦没有了对知识的共同标准，就不可能对任何事情形成共同的标准。如果两派之间根本没有任何共同的词汇表，那么我们就像说着两种不同语言的人一样。我们已经无法通过沟通来讨论我们之间的不同点了”。

这种蒙太古和凯普莱特式[①]的冲突毫不走样地投射到了美国的国家政治文化中。阿布拉莫维茨以及其他观察者都认为，这种文化已经培养出了整整一代国会议员，这些政客在意识形态上表现得更为极端，而在立法的过程中则比我们能够回忆起的任何一代政客都更加无能。曾经，共和党中的中立派甚至比保守派的民主党人还更加偏左，而民主党和共和党中的中立派都能够通过妥协达成两党间的合作。而如今这样的时代已经一去不复返。更加糟糕的是，由于目前美国红色州和蓝色州的数目相当，而每一次的大选都有可能改变国会的权力平衡，于是每次的立法投票都变成了一场战略性的“赢家通吃”的机会，两党都想利用这样的机会来安抚自己在下次大选中的潜在支持者，同时也想让对手没有机会去取悦他们的选民。这

① 蒙太古和凯普莱特是《罗密欧与朱丽叶》中势同水火的两个家族。——译者注

方面的一个突出的例子是，在参议院中，两党越来越多地选择通过冗长的辩论来阻挠对方党派法案的通过，或者抵制对方党派推举的法官候选人。在 20 世纪 70 年代，我们每年大约只能见到 10 次这样的冗长辩论。[①] 然而到了共和党人发起“起义”的 2013 年，通过冗长辩论来阻挠法案的情况已经上升到了大约每年 70 次。阿布拉莫维茨说：“现在我们已经到达了这样的境地：两党几乎想用冗长的辩论来阻挠任何法案的通过，大家完全是为了反对而反对，为了阻挠而阻挠。很多时候，两党事实上对候选人或者某项特定的政策根本不存在分歧，但他们仍然选择极力阻挠对方。这么做只是为了恐吓对手，我们的政治已经完全变成了一场游戏。”显然，这些行为的代价是非常高昂的，美国的政治体系已经日益丧失了处理真正问题的能力，甚至连推行一些非常简单的政策也很难完成，更不用提那些真正有争议的问题了，比如国家债务的削减、移民问题、清洁能源问题，以及气候变化问题，这些问题本是联邦政府应该重点处理的问题，而事实上美国的政治体系面对这些问题是束手无策的。

在一种运行良好的民主体制下，政治领袖应该努力而富有创造性地试图修补这样的裂痕，试图淡化选民间的分歧。即使无法做到这一点，他们也至少应该试图让更多的民众回到中立的立场上，以创造出一群能够被领导的大多数。要完成这样的任务，政治领袖不仅需要对他们自身的政治目标进行适当的妥协，而且必须启发和说服民众不能仅仅着眼于他们自身的利益，而应该更多地考虑到国家利益——在战争和经济萧条期间，美国的政治家们正是这样做的。然而，由于消费者市场的战略腐蚀了美国的政治

① 通过冗长的辩论来阻挠对方通过法案或达到其他政治目的是美国政治中的一种议事策略，通常占劣势的一方会通过马拉松式的演讲来让议事过程瘫痪，迫使对方让步。这种策略英文叫作“filibuster”，又译作“拉布”。——译者注

体系，越来越多的现代政治家不仅对目前选民两极分化的局面表示非常满意，甚至还发现积极鼓励选民进一步采取极端的政见以及进一步从公众生活中撤退是一种方便而又有利可图的政治手段。

在这里我们不妨以政治竞选运动作为例子。阵营分明的“他们与我们的战斗”性质的竞选策略并不是什么新鲜事，早在 20 世纪 60 年代，保守派的政治策略家就曾使用种族作为一种微妙的手段，来刺激南方保守派人士对民主党产生敌意。然而，现在的政治竞选运动已经把这种阵营分明的宣传战略变成了一种科学的机制，这种营销手段已经取得了和消费者市场营销同样的极高效率——事实上，这些政治运动中所运用的技术手段以及其所雇用的专家很可能是与消费者市场营销领域完全一样的。到了 20 世纪 80 年代，共和党和民主党的政治市场营销专家都开始使用消费者心理学作为争取某些特殊人口群体（比如足球母亲、福音派人士、从联邦医疗保险系统中获益的老年人）的工具，这些营销策略主要抓住那些能够激起这些特定人群热情的议题来做文章。由于政治运动的复杂性不断上升，两党都必须招募新型的专业政治人员，比如竞选咨询师。而对于竞选咨询师而言，取得职业成功的关键因素是帮助雇主取得迅捷的胜利，因为没有人会愿意雇用一名看起来就会失败的咨询师。这样的情况又给我们的政治运动引入了一种新的效率元素：候选人在进行广告和市场营销的时候，越来越愿意采取比他们的竞争对手左得多或者右得多的立场（当然，他们的竞争对手也从咨询师处获得了完全一样的建议），因为极端的政治立场是保证竞选者能快速赢得选举的最高效的武器。与此同时，美国的政党迅速发现，在宣传中使用激烈的措辞、阵营分明的宣传立场，以及推送攻击对手的负面广告是激起选民基础的热烈情绪以及获得竞选资金的最高效率的手段。政治评论家史蒂芬·珀尔斯坦认为：“这样的做法很快会产生正反馈效应，从而导致更多的负面广告，以及选举日中更为复杂精妙的‘动员选票’活动①。这种能够不断自我加强的循环机制向政客们提供了很强的动机，在这种动机的驱使下，政客们逐渐抛弃了传统的中立立场，转而长期采取极端的意识形态立场。因为平和中立的立场以及妥协的手段根本无法起到煽动选民基础的作用。”[12]

接下来，在21世纪初，我们迎来了大数据技术的浪潮。有了大数据技术，政党就可以针对每位个人选民的特点进行充分个性化的分化和争取工作。政治家们从大型消费者产品公司借来了这些先进的技术，手中有了这样的武器，他们不仅可以根据年龄、党派、投票历史等因素对选民进行划分和归类，甚至还可以通过更多五花八门的因素来判断选民的偏好和倾向，这些因素包括宗教信仰、信用历史、对车辆的偏好、杂志订阅情况、电视节目收看习惯、衣着偏好、收看新闻的信息源、喜爱的啤酒品牌、枪支的拥有情况以及数百种其他各种变量。通过对这些丰富的信息进行挖掘，竞选专家们可以以惊人的准确性预测选民对几乎所有政治议题的反应，因此他们可以设计出高度个性化的信息，并通过向选民传递这些信息来试图以最高的概率争取选民的支持。这样的情况说明，我们的政治零售业已经达到了一种新的高峰，政治市场对公民自我的入侵已经达到了前所未有的高水平。

在2004年布什对克里的总统竞争中，布什的总策略师卡尔·罗夫就曾依靠这种精确的微观定位技术争取到了数百万2000年大选时未参与投票的社会保守人士以及福音派人士，而这群选民的支持正是布什在本次大选中获得胜利的关键性因素。卡尔·罗夫通过大数据技术筛选出最能引导选民支持布什的政治议题，比如同性恋婚姻和堕胎合法化问题，并据此向

① “动员选票”活动，指在选举当日各政党会利用一切手段——比如登门拜访、邮件、电话以及为选民提供交通工具等方式——来鼓励支持自己的选民去投票现场投票。——译者注

每位选民发送高度个性化的政治信息。① 民主党则立刻意识到，2004 年大选中的落败是因为它们在大数据方面未能占得先机，于是它们迅速在这方面投入了数百万美元，迎头赶上了共和党。到了 2008 年和 2012 年，在奥巴马总统的两次竞选活动中，他的团队都从谷歌、脸书、推特、Craigslist（一家分类广告网站）等科技公司雇用了大批数据专家。[13] 这些专家带领的团队从所有能够想到的信息来源收集了以太字节计的海量个人数据，并通过分析这些数据找到了每一位有可能会被说服投票给奥巴马的选民；接下来，他们继续通过数据分析的方法计算出争取这些选民的最高效途径，并以高度个性化的方式争取每一位选民。在这样的政治游戏中，计算和分析成为制胜的秘籍。在发送募集助选资金的电子邮件时，怎样设计标题才能起到最佳的募款效果？（专家至少测试过上千种不同标题的效果。）在给选民打电话的时候，怎样的台词最能鼓励选民去注册投票？如果脸谱网上的一位朋友邀请选民参加投票，选民接受这种邀请的概率有多大？（实验和分析的结果是，在被脸谱网上的朋友邀请后，约有 1/5 的受邀选民愿意去投票。[14]）每一字节的个人信息都得到了最大限度的分析和利用。奥巴马的助选团队甚至获取了有线电视公司的账单记录，来研究各个选民家庭收看了哪些倾向于支持民主党的电视节目，并且根据这些信息划分出各种各样的选民分组，从而以前所未有的精确度和性价比向这些选民进行具有高度针对性的政治广告推送。[15]

正像在冲动的社会的所有其他领域一样，微观定位手段的这种极度个性化的高效率特点反而让这项技术变成了民主过程和社区团结的摧毁者。

---

① 一位参加过 2004 年布什竞选工作的官员在布什获得二次竞选胜利后曾这样夸耀道："我们发展出了一套与美国公司每日所使用的消费者模型完全一样的模型，我们可以借此精确地预测出选民的投票行为——不仅仅基于他们居住的物理地点，还根据与他们生活方式相关的各种数据。"

从很多方面来看，传统的非个性化政治宣传运动在总体的政治过程中起到的是稳定与缓和矛盾的作用。在传统的竞选过程中，竞选者希望能够最大限度地争取到尽量多的选民，因此他们必须选择更广泛包容的宣传平台，并且以各种手段把他们的政治立场包装得更加温和中立——虽然这些元素在今天看来都是一些低效率的元素，但这些元素使得传统的政治竞选过程能够起到稳定与缓和的效果。而微观定位技术却以最小化各种起缓和作用的低效率元素为目标，这种技术使得政党的候选人事实上可以为每一类思维方式相近的选民创造出一个独立的平台。因为有了这种高度个性化的平台，候选人可以完全忽视“另一边”的选民。政治家所面临的压力减小了，他们不再需要发展出一个广阔包容性的平台，也不再需要表达能被大多数人所接受的宏伟理念或者相对温和中立的政治信息。用竞选专家迈克尔·康的话来说，采用微观定位技术的政治竞选活动“完全不需要为了获得大多数人的支持而把他们的立场做温和化或者中立化处理”。

除此之外，微观定位技术也降低了对选民的要求。事实上，微观定位技术可以被看作政治界的快餐。传统的大型市场竞选活动要求每一位选民都必须做出必要的努力：他们需要跨出自己狭窄的个人领域，需要走进混乱并具有高度竞争性的政治市场之中。而在微观定位技术的帮助下，今天的政治市场就像比萨饼和东飞一样，能够方便地自动走向选民，而不需要选民付出任何形式的努力。正像在消费者市场中所发生的情况一样，这些技术使得政治与选民的自我之间的距离缩小到了前所未有的水平。被微观定位的选民们不再需要做出智力和文明上的努力，不再需要对宏大的理念和复杂的概念进行分析，也不再需要进行任何形式的思考和妥协。事实上，以微观定位技术为标志的政治竞选活动最重要的特质便是宏大理念的缺失。一位就职于纽约某家市场营销公司的竞选专家这样写道：“我们中的很多人将微观定位技术称为‘沉默的’市场营销。这是因为对于有效的微观定位营销活动而言，如果你在活动进行前和进行后两次对选民或消费者进行问卷调查，你会发现大部分选民或消费者并不记得他们听到过任何重大的、戏剧性的宣言，也不记得他们接受过打动他们的广告营销或任何形式的'宏大理念'。这些选民或消费者只能回忆起这位竞选人或产品的哪些特质赢得了他们的好感。因此，成功的微观定位技术是一种隐形的技术，它能够逃避所有雷达的侦测。"[16] 如今政治和其他形式的市场营销之间已经不存在任何本质性的区别，政治越来越和消费者产品一样，变成了一种经过精心设计的、用来愚弄公众的工具。

微观定位技术的这种隐形特点对于参选的政客而言是一项非常明显的优点，因为你的对手根本无法看到你所发出的全部政治信息。然而，我们的政治过程本应是一种集体性的、公众性的、需要思考和分析的过程，因此这种隐形技术显然不利于我们的政治过程实现其正确的目的。参加竞选的政客可以使用不断升级的各种微观主题来取悦所有可能支持他的选民，然而这样的行为却无法创造出一种单一的、强有力的、卓越的政治理念，而这种伟大的政治理念本应是政治家的一项最有力的武器。从前的政治家能利用这种武器在赢得选举后积极团结各部分选民，从而减小从选举到执政的过渡期中可能遇到的种种阻力。然而在如今的政治模式下，选民们在竞选的过程中一直沉浸在一种高度个人化、充满狭隘情绪以及严重单边化的体验之中，因此在选举日结束之时，很多选民无法轻松地走出竞选模式——他们拒绝接受现实，拒绝接受继续前进所必须进行的种种妥协。换句话说，以前的选民可以坦然地相信，即便他们支持的竞选人输掉了选举，美国的政治体系仍然会有效率地运转，而今天的选民们似乎已经不再抱有这样的信念。如今，美国的公民们拒绝与和他们政见不同的人为邻，美国的议员们不再关注立法内容本身，而是一味地追求他们自身的政治利益和未来的政治成功，并为此毫无原则的攻击和否认对手的所有观点和立场。当人们失去了妥协的精神和对美国政治体系的信心，人们就看不到任何将美国从这种可怕的政治文化中解脱出来的希望。

事实上，在过去的几次政治竞选中，人们确实看到了上述不良气氛的盛行，不仅美国的选民们无法从竞选模式转换到执政模式，美国的立法者似乎也同样失去了这样的能力。协和联盟（一个试图游说政府缩小赤字规模的组织）的执行董事罗伯特·毕克斯比向我总结道："两党都采取了同样恶劣的态度。两党都认为'我们完全不需要与对方合作'。两党都相信'只要我们坚持不懈地阻碍对方，我们就可以赢得下次大选，我们将在下次大选中获得压倒性的胜利，到时候我们就可以用我们自己的方式完成任何我们想要完成的事情'。它们的目的不再是政治和立法，而仅仅是获得选举的胜利。"[17] 和以自我为中心的消费者经济体一样，我们的政治市场越来越执迷于对短期快速回报的追求，而越来越少地关注如何创造真正具有长期社会价值的产出。至此，我们的社会已经表现出了冲动的社会的终极症状：唯一可能拯救我们免于走向霍布斯式的"所有人对所有人的战争"的制度，本身却已经被商业的蛮力所扭曲和重塑。[①] 因此，这样的制度不但不能帮助我们避免这场战争，甚至还把这场战争变成了一场永恒的战争。

然而，我应该记住的是，这场悲剧的最关键因素并不是人们的激情和异化倾向，而是我们的系统为了利用人们的激情和异化倾向而产生出的可怕动量和效率。问题的关键是政治咨询师们会继续建议政党的候选人使用极端的政治战略，因为这种战略是这些咨询师取得胜利并赢得新客户的最

① 在英国哲学家霍布斯的著作中提出了这样的观点，在自然状态下，世界上的所有人都希望占有世界上的所有资源，而人们所拥有的资源永远是不足的。因此，这种争夺权力的斗争会演化成"所有人对所有人的战争"，而且这场战争永远不会结束。霍布斯认为，在这样的状态下，每个人的人生都是"孤独、贫困、污秽、野蛮以及短暂的"。——译者注

高效的手段。问题的关键是媒体会继续发出违背本意的虚伪声音，因为它们不愿意承担损失受众份额的风险，不愿意放弃广告所带来的巨额收入。问题的关键是美国的政党已经对负面广告上了瘾，而这些负面广告会帮它们赢得更多的助选资金，这些资金又会被用来制造更多的负面广告。现在，这台巨大的机器已经完全控制了社会，甚至连这场游戏中的玩家们都已经开始感到紧张和焦虑了。在最近的几年中，我们观察到共和党的领导人正经受着巨大的煎熬，因为截至2010年，对共和党产生了巨大效用的保守派媒体突然之间变成了该党的一项巨大的债务和负担——这些媒体变成了一种由市场领导的力量，而这种力量使得共和党无法关小虚比浮词的音量，无法采取一种更加实用的立法策略。2011年，在众议院的共和党人威胁要利用债务上限的谈判为政府制造更大的麻烦之后不久，保守派的专栏作家弗鲁姆写下了这样令人痛心的文字："作为一种商业性的主张，这种模型（保守派的新闻产业）在奥巴马时代取得了卓越的成效。然而从新闻的角度而言，这一模型却并没有带来什么良好的成果。而作为一种政治动员工具，这种模型已经产生了严重的副作用，由于保守派的新闻渠道长期过分煽动观众，如今这些选民反过来迫使骑虎难下的共和党领导人不得不进行双输的无谓斗争。今年夏天由于债务上限问题而导致的政府关门事件就是这一现象的最佳例证。"然而，要想从这种尴尬而危险的情况中脱身是极为困难的。2010年，弗鲁姆在接受《晚间报道》节目的访问时这样说道："共和党人曾经认为，福克斯新闻频道能很好地为我们服务；而如今我们却发现，是我们在为福克斯新闻频道服务。这之间的平衡已经被完全反转了。让福克斯新闻频道长期保持强大的那些东西，恰恰是让共和党无法变得强大的东西。"[18]

美国的政党亲手建造的政治机器如今正以惊人的高效率运转着，没有任何迹象表明，民主党或共和党的成员真的有意放弃这种令人着迷的高效机器。虽然最近出现了一些两党合作的意图和尝试，但似乎这场游戏的主要玩家以及手握操纵杆的重要人物们只不过是停下来充点电而已。在2012年被奥巴马团队用大数据技术击败以后，共和党为了在2014年的选举和2016年的大选中打出翻身仗，已经依靠大卫·科赫和查尔斯·科赫两兄弟的慷慨捐助投资了数千万美元来建立自己的大数据武器。当然，民主党也在拼命说服其金主来为更高效的政治技术埋单。2013年年末，华盛顿曾经举行过一次自由派捐款人的筹款会议，在这次会议上，已经退休的对冲基金大鳄、亿万富翁乔治·索罗斯宣布将拿出250万美元的现金作为助选资金。《纽约时报》认为，索罗斯此举是一种明显的信号，这种信号意味着美国的富裕阶级已经开始“提前为下一轮的大选做出承诺”了。[19]

科赫和索罗斯等富豪的大名提醒我们，我们面对的真正的冲动并不是最新的科技，也不是我们拒绝妥协的不良思维方式。事实上，真正的冲动是美国的政治机器所产生的可怕动量，这台机器已变得如此巨大、如此商业化，它极度依赖大量的资本投资，因此从很多角度来看，这台机器更像是一个金融公司而不是一种政治体系。政治竞选的运行模式已经越来越像大型的高科技新创公司，两者的共同特点是对“投资者”的大规模需求。两党之间进行着不断快速升级的“数据武器”竞赛，微观定位技术以及其他这方面的“武器”都是极为昂贵的，于是政治竞选成本的增长速度甚至超过了医疗成本的增长速度。2000—2012年，在总统竞选活动中的开支（以实际美元计）上升了三倍以上，达到了令人咋舌的20亿美元。[20]国会竞选的成本也比过去上升了许多。在2012年，赢得一个参议院席位的成本是1 050万美元，而赢得一个众议院席位则平均需要耗费170万美元，[21]和1986年的情况相比，这两项成本都大约翻了一番。[22]2012年的所有选举活动总计耗费了63亿美元的巨资。[23]在这样的系统中，金钱已变得和选票一样重要，甚至已变得比选票更加重要。

不断上涨的金钱河流反过来又进一步加深和锁定了冲动政治的各项特征。由于选举竞争的成本正变得越来越高昂，在助选资金的资本市场上，赞助者们越来越不愿意在“挑战者”身上进行赌博，而更愿意支持已经持有席位的政客们。这种行为导致已经存在的两党对立结构进一步加深和强化。埃默里大学的一项研究显示，从20世纪90年代初到21世纪初，花费在已经获得众议院席位的政客身上的助选资金（以及相应的捐款）增加了50%，而花在挑战者身上的资金则减少了13%。[24]

在更本质的层面上，由于政治活动对资本的需求越来越高，我们的政治经济必然越来越受金融化经济体的目标和思维方式的影响和控制。如今，筹集政治捐款已经变成了一种持续性的、常年进行的经营活动——众议员平均每天要花费4小时的时间来给潜在的捐款者打电话。更严重的是，由于立法者必须筹集到大笔政治资金才能继续他们的事业，他们便不可避免地会越来越倾向于那些能够提供大额支票的捐款者和商业板块，而这也意味着政治方向和议程必然会越来越符合这些大金主的利益。对于民主党的立法者而言，这尤其是一件非常难堪的事情。从传统上来看，民主党一直致力于推进各种民粹主义的进程（比如劳工运动、环保主义以及少数人群的权益等），而如今却必须去取悦自己的资金基础——这一群体所追求的目标和利益不仅不可能是民粹主义的，甚至在很多时候根本与左派的进步主张相矛盾。各种各样的问卷调查显示，比较富裕的选民通常更注重国家赤字削减、政府支出等政治问题，而不太关心失业问题。这是因为政府的赤字水平会影响央行制定的利率水平，而利率的波动对投资回报率有巨大的影响。研究显示，富裕人群中相信“联邦政府应把充分就业作为优先目标”的比例仅为普通人群中比例的1/3，而富裕人群中支持“联邦最低工资应该足够保证劳工家庭处于贫困线之上”的比例仅为普通人群中比例的 1/2。[25] 前民主党众议员汤姆 · 佩列洛在接受《纽约时报》的采访时曾说，民主党的主要资金捐助人“很可能认为政府赤字问题是比就业机会不足现象更严重的危机”。[26] 佩列洛认为，由于这些为美国进步的左派中心提供资金支持的捐款人的优先目标发生了变化，民主党的政治活动和政策制定的过程中已经被注入了“一个巨大的反民粹主义元素”。[27]

经济学家迪安 · 贝克是经济政治研究自由中心的创始人之一，他也表达了与佩列洛相似的担忧。贝克说：“那些为政治竞选活动埋单的人现在状态好得不得了。这些人是那些手头持有大笔现金的人，是公司的高层。他们已经完全从上次的经济危机中恢复了过来。美国的股市已经超过了危机前的最高水平，公司利润也创造了新的历史纪录。对于这些人而言，他们根本不觉得失业现象是一个大问题。”贝克认为，这样的现状意味着，如果民主党提议采取政府行动解决就业机会不足的问题，那么它们很可能会失去现有的大赞助商的支持。贝克说：“如果你跑去找一位赞助商并对他说：‘你看，我找到了一种很好的方法，这种方法能够刺激我们的经济，能把失业率降低 2~3 个百分点。’那么对方一定会说：‘我们干吗要那样做呢？你这么做只会加大政府的赤字。所以我们为什么不坐在这里耐心地等待经济自动好转呢？’”[28] 在如今资本密集型的政治产业中，民粹主义早已变成了一种需要被从政治机器中挤出去的低效率元素。

事实上，由于政治竞选活动对资金的要求不断高速增长，整个政治文化已经不再有空间去容纳和回应那些民主党人和自由派人士曾经极力拥护的重要问题了。如今，金融板块是政治竞选活动的最大赞助商之一，金融板块有着巨大的利润盈余，并且在最近几年中，它们有极强的动机要把这些利润盈余中的一部分花在华盛顿的政治活动中。1992—2012 年，金融板块对竞选活动的注资数额（以实际美元计）几乎翻了七番，达到了 6.65 亿美元，[29] 在对政治竞选活动的注资规模上，金融板块超过了其他任何板块，[30] 1992 年，金融板块的注资只占整体竞选支出的 4%；而如今这一比例已经上升到 11.5%。[31] 此外，仅在 2012 年一年，金融板块就花费了近 5 亿美元的巨资用来游说政府的立法者和管理者们。[32]

金融板块的巨大政治影响力在很多方面都有所体现，而最能看到这种公开影响力的地方恐怕要数众议院金融服务委员会了。众议院金融服务委员会负责对华尔街实施监管，而来自金融板块的大量竞选赞助资金几乎每天像暴雨一样浇在该委员会委员们的头上。由于这个“现金委员会”的席位是如此的值钱，自 1981 年以来，该委员会总共增加了 17 个新席位，总委员席位数量达到了 61 个。[33] 一旦一名众议员首次赢得了该委员会的席位，金融行业的说客就会以职业体育俱乐部挑选大学生运动员那样的热情对这名新委员进行最详细的审查。在一篇关于这个“现金委员会”的杂志报道中，记载了一位说客与《时代周刊》的埃里克 · 利普顿的对话。[34] 这位说客表示：“这个过程很像 NBA（美国篮球职业联赛）或者 NFL（美国国家橄榄球联盟）中俱乐部对第一轮获选新秀进行的投资。我们看到了这里存在的潜力，因此我们愿意进行投资，我们希望这样的投资日后能够产生回报。”在大部分情况下，华尔街对这些投资的回报感到相当满意。众议院金融服务委员会以及国会的其他部分，甚至整个白宫都充分照顾了华尔街的利益。政府在金融危机后承诺进行的很多改革措施都因此被严重弱化甚至完全消除了。

华尔街从来都把华盛顿视为一项可以产生巨额回报的投资财产。然而在最近几十年中，国家政治的金融化水平达到了一个新的高峰，或者有些人可能会说，国家政治的金融化水平回到了大萧条之前的水平。在二战结束之后，美国政府曾对金融板块采取了严厉的管制措施，政府的政策甚至常常对金融板块抱有一定的敌意，然而如今，政府对金融板块的态度变得友善了许多。虽然这种对金融更加友善的新态度始于共和党人尼克松和里根执政的时代，然而如今金融板块的最大政治支持者却常常是民主党人。事实上，正是民主党人在20世纪90年代把金融板块从大萧条后的严厉管制中解放了出来，因此民主党人应对金融板块的自由化过程负有最大的责任。1933年通过的《格拉斯–斯蒂格尔法案》曾禁止商业银行同时在金融市场开展业务。在20世纪90年代，《格拉斯–斯蒂格尔法案》被推翻，而领导推翻该法案的政治运动的头号功臣正是克林顿政府的财政部部长、高盛的前任老板罗伯特·鲁宾。罗伯特·鲁宾还帮助华尔街击退了试图对CDS（信贷违约掉期）及其他金融衍生品实施监管的政治力量。这两项去管制化的政策为华尔街开辟了收入和利润的新来源，而这些巨额的利润又成为民主党助选资本的一个巨大的新来源。然而，这两项政策同时也是2007年全球金融危机的关键促成因素之一。在这次金融危机中，这些“大而不倒”的银行由于在金融市场上进行投机行为，而在这些不受政府管制的金融衍生品上损失了数千亿美元。这些天文数字般的亏损几乎完全摧毁了当时的全球金融系统。

然而，尽管发生了这样的巨大悲剧，民主党和华尔街之间的联盟关系却依然稳固。虽然奥巴马在很多方面（尤其是医疗改革方面）毫不犹豫地进行了一些非常激进的改革努力，然而他在金融方面的立场却是非常老派的。虽然奥巴马在2008年的大选过程中曾对华尔街做出过极为严厉的批评，这位新上任的总统却很快建立了与金融板块的联系，这方面最为明显的举动是奥巴马任命了罗伯特·鲁宾的追随者——蒂莫西·盖特纳作为他的财政部部长。虽然我们应该承认，盖特纳在一定程度上阻止了经济危机的继续恶化，但盖特纳也从未放弃对华尔街尽忠的目标。当时，有很多人认为华尔街的银行规模过于巨大，因此它们的投资行为已经造成了对整个美国经济体的系统性风险。基于这样的考虑，出现了拆分华尔街银行的提案，很多金融专家认为，这样的提案完全可能促成一次根本性的金融改革。然而，在盖特纳的努力下，这样的法案以及很多其他不利于华尔街的法案最终未能获得通过。此外，对于在本次危机中起重要作用的华尔街机构，奥巴马政府也放弃了提起刑事诉讼的权利，虽然有大量证据证明，这些机构涉嫌欺诈。最终，奥巴马政府对华尔街再次复苏的各种过剩现象坐视不管，这些过剩的现象包括巨额的工资和奖金，以及投资者的短视思维对公司策略所起到的严重的腐蚀性影响。至此，我们见证了冲动的社会的又一次胜利：强有力的金融板块将美国的政治文化转化为暴利的保护伞，这些通过不当手段获得的暴利又被再次投资于政治领域，用来制造新的寻租机会。

可悲的是，唯一能阻止美国的政治文化不被完全金融化的公共制度——法庭最近也沦陷了。在 2010 年的“联合公民诉联邦选举委员会”案件中，美国最高法院取消了针对公司向政治活动委员会进行政治捐助的一切限制。此次判决生效后，政治活动委员会可以使用这些资金来发布支持和攻击任何候选人的广告（大部分广告是攻击对方候选人的广告）。在这次判决生效后的第一次选举中，靠公司资金支持的超级政治行动委员会就一举筹得了 3 亿美元的资金。[35] 而到了 2012 年大选时，上述金额又翻了一番。

联合公民诉讼案向我们展示了金融市场对政治的巨大影响力，自由市场的意识形态已经完全穿透和控制了美国的政治文化。在做出这次判决后，时任最高法院大法官安东尼·肯尼迪表示：这次判决的影响在很大程度上将会是良性的。肯尼迪大法官的这种看法恐怕只有那些被隔离在华盛顿的小世界中的人才会同意。肯尼迪大法官认为，虽然这样的判决结果使得公司能够对美国的政治过程“产生一定程度的影响或介入”，但他认为这样的结果“并不会让选民丧失对我们的民主制度的信心”。[36] 肯尼迪大法官的这种看法实在是大错特错。这次判决的主要依据是，向政治竞选活动捐献资金是一种受宪法保护的表达个人看法的权利。这一论调常常被公司律师用来作为支持一项范围更大的法律运动的论据，这项运动希望法律能保证公司享有与个体公民完全相同的权利——如果这样的运动获得成功，那么公司在事实上就能够通过金钱购买其所希望的任何政治结果，这样的行为与冲动的社会中个体消费者用金钱购买即时满足的行为确实是高度相似的。然而，这样的论点也触怒了很多不是公司律师也不是政治说客的美国公民，尤其是那些个人生活被美国公司的这种追求自我满足的浪潮严重损毁的公民。

本次金融危机的最大成因便是公司的这种狭隘自我对短期回报的过度追求（并在亏损后不知羞耻地要求政府用公共资金对它们进行救援）。然而就在此次金融危机发生后不久，便出现了联合公民诉讼案的判决结果，这很可能成为压垮骆驼的最后一根稻草。对于很多普通的美国公民来说，这个国家的政治体系似乎已经成为金融板块的帮凶，或者说成为金融板块的一种延伸。现在，美国的政治体系的行为模式已经与市场完全一致，美国的政治体系有着与市场一样的短视，与市场一样的“赢家通吃”的游戏规则；美国的政治体系与市场一样把狭隘的个人利益作为终极的追求目标，与市场一样重视资产而轻视个人。①

从旁观者的角度来看，美国的国家政治似乎回到了大量进步改革措施实施之前那种野蛮而又腐败的世界中。罗斯福以及威廉姆·塔夫脱等进步派改革人士的努力似乎已被完全抹去。在改革之前的黑暗日子里，国会议员席位可以被公开购买，公共资金可以被随意掠夺，而普通的美国公民要么被完全忽视，要么被政治家当作为富裕阶级谋取利益的垫脚石。在这样

① 对于这样的情况，我们完全不应该感到惊讶。毕竟在美国的参议员中，每 3 位议员有 2 位的个人净资产超过 100 万美元，而在众议院中，每 5 位议员有 2 位的个人净资产超过 100 万美元。

恶劣的社会环境下，难怪一些严肃而愤怒的民粹主义运动会一而再、再而三地发生：2009年的茶党运动出现之后，在两年后又出现了更严重的“占领华尔街”运动。2011年9月，当愤怒的示威者们占领了纽约市曼哈顿的祖科蒂公园，对腐败的金融系统以及同样腐败的政治体系进行抗议时，大多数美国公民都深感惊讶。让人们惊讶的并不是为什么会出现这样的抗议活动，而是这样的抗议行为为什么直到现在才发生。

那么，这样的愤怒情绪为什么没有转化成大规模的革命运动呢？美国的这种新型的金融化的、高效率的、完全以自我为中心的冲动的政治世界必然导致一系列可怕的后果，比如金融和经济体系的崩溃、中产阶级的衰落以及国家立法程序的瘫痪。按理说没有比这更容易促成长期的示威反对运动的情形了。然而，在现实世界中，我们却看到，这些反对运动主要针对相关问题的表面，而未能直指问题的核心。“占领华尔街”在很大程度上未能引起实体经济界的震动。与此同时，美国社会的另一项示威运动——茶党运动——倒是取得了巨大的成功。茶党运动的平台在很大程度上致力于阻止政府采取任何形式的有意义的改革措施来对上述不平衡现象进行修正，这种方向完全错误的抗议运动反而高效地取得了成果。茶党运动事实上控制了整个共和党，并最终让后者成功地关停了美国政府。可悲的是，当美国的政治文化不再追求真正的政治变革，而主要追求品牌效应和自我身份的创造时，茶党运动的这种荒谬的结果正是人们唯一可能得到的。

让我们再来看看自由派人士对金融危机的反应。虽然“占领华尔街”反映出了主流自由派人士对华尔街及其走狗——政府的腐败现象的不满，以及对根本性改革措施的呼唤，然而这场运动最终却未能成功地唤起很多主流自由派人士的热情。从公平的角度来说，“占领华尔街”根本没有为争取主流的支持做出足够的努力。相反，发起“占领华尔街”的主要群体既不愿意与媒体沟通，也不想和潜在的同盟者（比如广大劳工阶级）进行合作。这一抗议群体也同样不愿意提出，同时也没有能力提出一套合理的改革方向和方案。从实际的角度来看，“占领华尔街”的参与者仅仅是想发泄一种冲动的政治愤怒，这场运动完全缺乏经过深思熟虑的结构和过程，因此注定不可能成为一场主流的运动。用本书中的话来说，“占领华尔街”更多地来自“短视的冲动者”，而不是来自“长远的计划者”。

然而，就算“占领华尔街”能被组织得更加“专业”一些，我们也无法确定主流自由派人士是否愿意加入这场高风险的集体性抗议活动，这些活动的地点主要在祖科蒂公园以及美国数百所其他公共场所。事实上，自20世纪70年代以来，美国的左派人士与集体活动或者说“集体性”的概念之间一直保持着一种十分尴尬的关系。反主流文化的冲动在20世纪60年代曾经是如此的强烈，以至到了20世纪80年代，这种风潮已经被主流消费者文化所吸收，而主流消费者文化的重要特征便是它随时准备将任何形式的政治理念转化成一种商品或服务。到了20世纪90年代，很多激进的反主流文化人士甚至已经变成了消费者文化的代言人：艾伦·金斯伯格代言了Gap（盖璞）牛仔裤，而威廉·巴勒斯则开始宣传耐克公司的AirMax系列产品。而对于我们中的其他人而言，示威和抗议变成了一种方便的商业化消费品，身在消费者经济体中的我们只要走进商场，便可以轻松地获得为个人自由而斗争的机会。

与此同时，美国的新左翼群体（那些在政治上十分活跃，愿意为了争取民权或抗议越南战争而走上街头示威的男男女女们）在很大程度上已被美国的中产阶级所同化。物质的理想代替了政治的理想。20世纪60年代末的时候，自由派的学生积极分子曾为了抗议理查德·尼克松所采取的保守派政策而走上街头。然而，仅仅20年后，当里根政府再次推出保守派的经济政策时，同一批自由派人士已经不再愿意走上街头，而选择搬去看不到支持里根的条幅的社区中居住。与此同时，美国的政治家们也不再要求选民走出自己的狭隘个人利益，去拥抱某种更广阔的国家目标。对于很多“婴儿潮”一代的人来说，政治在很大程度上变成了一种自我表达和自我身份确认的工具，只有当政治适应我们的日程和生活方式的时候，我们才愿意参与政治；或者只有当我们需要填补内心的空虚时，我们才愿意参与政治活动。对这一代人而言，政治再也不是一种要求人们忍受不适、延迟满足、做出艰难选择的东西了，因此也再没有任何人愿意为了政治而忍受催泪弹的攻击。

当然，这些逐渐老去的左派人士并没有完全丧失他们对一个市场化程度较低的社会的渴望。只要看一下 Daily Kos 等网站的流行程度，我们便会发现美国仍然存在着一个规模很大的关注政治的左派群体。然而，Daily Kos 等网站也同时完美地展现了人们的政治理想在冲动的社会的环境中发生了怎样的进化（或者更准确地说应该是退化）。从很多方面来看，美国已经变成了一个“摇椅自由派”的国家，我们只愿意坐在安全舒适的客厅里或者办公桌前，对美国的政治问题品头论足、指手画脚。想要鼓励伊丽莎白 · 沃伦竞选总统吗？请点击这里。想要告诉哈里 · 里德他应该停止使用冗长的辩论来阻碍法案通过吗？请点击这里。想要支持“占领华尔街”吗？请点击这里。然而要想让我们真正走上街头，忍受种种不适，面对“占领华尔街”人士所面临的那些生理和心理上的风险（顺便问一句，我们已经有多久没有看到过这种程度的白人对白人的警察暴力了）？[①]不好意思，我们中的大部分人根本不想承受这样的风险。因为我们高度工业化、高度金融化以及高度商业化的政治文化早已不再鼓励人们承担这样的风

① 美国的大部分警察暴力事件受害者都是少数派族群，比如黑人。因此作者认为警察对于“占领华尔街”的群众所采取的暴力手段十分耐人寻味。——译者注

险了。

这些情况造成的后果是，在今天的美国政治中，已经不再存在一个有效的左派群体了。至少我们已经不再能看到如 20 世纪 30 年代劳工运动高峰时或者战后时段末期抗议运动盛行时的那种积极的、强大的左派力量了。政治分析师皮特 · 贝纳特认为，这样的情况对美国的政治过程而言是灾难性的，因为这样的情况致使民主党人放弃了很多曾经是该党核心理念的东西。贝纳特还认为，由于美国缺乏有力的左翼群体，由于不再有政治积极分子愿意走上街头打破美国的政治现状，如今的民主党人已经失去了与保守派协商的筹码。贝纳特这样写道："与富兰克林 · 罗斯福或者林登 · 约翰逊不同，克林顿或者奥巴马永远无法真正有效地威胁到美国的保守派人士，因为他们无法令人信服地说出这样的话：'如果你们不通过自由派的改革法案，左翼激进分子就可能做出破坏社会秩序的行为。'"与此同时，左翼力量的缺失使得今天的民主党能够轻松地采取很多以前只属于右派的行为，比如大规模地从公司赞助商处获得助选资金，以及对华尔街采取高度友好的态度。贝内特写道："今天的民主党人发现，与保守派世界的大公司和大财团建立关系变得更容易了，因为已经不存在一个独立的左派运动来对民主党的上述行为施加反对压力了。"[37] 从一定意义上来说，左派所采取的这种更以自我为中心的政治主张直接导致了金融去管制化政策的出台，也继而促成了后续危机的发生和发酵。由于今天的美国左派高度关注自我表达和对个人成就的追求，他们已经在很大程度上抛弃了该派力量的历史功能：对政府起制约作用，保证政府不能彻底成为市场的奴隶，不能盲目地追求效率的提高。

然而，右派的茶党却完全不存在左派的这种缺乏支持基础的问题。自茶党诞生之日起，这场右派的革命就得到了保守派政治机器的热烈肯定。

而这台右派的政治机器与左派相比，不仅行动能力更强，资金基础也更为雄厚。当“占领华尔街”人士拒绝与媒体进行沟通时，很多茶党的积极分子却接受过极为专业的媒体管理训练。右派的各种集会和政治活动不仅经过精心的组织，而且更重要的是这些集会和活动受到了媒体和当地立法者的支持和配合。茶党不仅邀请当地的立法者参与这些活动，并且还警告这些政客：如果他们不支持茶党的政治主张，就会在下一次的初选中面临严重的麻烦。

在这里，我并不是想说茶党所表现出的愤怒情绪不如占领祖科蒂公园的群众的愤怒情绪真诚，我也并不是想说茶党完全是由右翼说客和百万富翁们创造和控制的。在茶党运动的中心，以及在更广泛的红色州的“品牌标志”中心，确实存在着一种深刻而真实的焦虑情绪，是家庭、社区、自力更生精神等重要社会价值的逐渐消失导致的。当然，在茶党的世界中，对这些传统价值观的珍视中还混杂着其他一些没有那么高级的情绪，比如偏执和顽固。此外，这种传统的价值观也很容易被政治精英和商业精英利用，成为他们操纵选民的工具。事实上，尼克松就曾经成功地挖掘和利用“沉默的大多数”的焦虑情绪，从而获得了连任选举的胜利。可见，利用传统价值观来操纵选民早就已经是共和党人的传统。然而，尼克松和他的保守派后人（比如里根）之所以能够取得这样的成功，是因为他们深刻地理解这样的事实：战后的自由商业主义所带来的社会成本已经确确实实地引起了很多美国人（不仅仅是狂热的保守派、自由派、生存主义者[①]）的不满。

从保守派的角度来看，积极干预商业活动的大政府以及过于广阔的社会安全网不仅掏空了美国的国库，而且制造了一群新型的、令人讨厌的美

① 生存主义者是一群以最大化个人或群体在危机中的生存概率为信念的人，他们通常很重视对经济危机、金融灾难等危机状况的预防和准备。——译者注

国公民：他们愚蠢而又以自我为中心，心安理得地把政府提供的各种福利和权利当作他们理所应得的东西；他们完全看不到物质世界的现实情况，也毫不尊重长期保持美国社会活力的传统制度和价值观。保守派的这些看法并不仅仅针对那些整天吸大麻的嬉皮士以及靠福利生活的社会寄生虫。事实上，这种情绪反映出的是一种更为深刻和真诚的恐惧情绪——他们担心美国公民中会有越来越多的人不再相信和支持美国的传统社会制度和规则。而在这些保守派人士的心目中，这些社会制度和规则正是促成美国稳定、高产、快乐的优良文化的核心因素。对此，保守派的历史学家丹尼尔·布尔斯廷发出了这样的慨叹和警告：这些新型的自由派公民“不仅拒绝美国的过去，也否认他们与社区的关系。美国要生存下去，就绝对不能容忍这种可鄙的返祖现象，不能让这种新型的野蛮主义继续存在下去”。[38]美国的保守派人士仿佛发现了莱格英哈特所描绘的超物质主义人群的阴暗面，就像美国社会的衰退完全是这群人的自私和短视所致。

虽然上述问题是确实存在的，但保守派对上述问题提出的解决方案却只能起到相反的作用。杰瑞·法威尔等社会保守派人士提出的虔诚的、道德圣战式的解决方案被大多数主流选民认为是陈旧的、脱离现实的。而问题更严重的是里根及其他自封的“财政保守派”人士所提出的经济方针：向美国经济中注入大剂量的极端个人主义和自由市场的猛药，却完全不以政府监管和制度对此进行限制和规范。从长远的角度来看，保守派所实施的这些政策最终只会让他们想要保存的这些社会价值被更快地侵蚀掉。虽然这种自由市场的意识形态撕裂了美国的社会，拖垮了劳动力市场，加速了收入不平均现象的升级，使得家庭、社区以及本可以自食其力的人们的生活变得极为困难，然而保守派对自由市场的近乎宗教式的信仰却让他们继续无视现实的矛盾，继续无视他们的行为所造成的巨大破坏，或者牵强地声称这些成本都是社会前进的自然规律。如果说左派的问题是常常过度怀疑市场的力量，那么如今的保守派则显然过度迷信市场的力量了。在里根经济革命的最高峰，保守派的社会批评家理查德 · 约翰 · 纽豪斯和皮特 · 伯格提出了这样的观点：现代的保守派意识形态"经常表现出与左派完全相反的弱点：他们对大政府的异化过度敏感，却对大公司的同样行为视而不见"。而就职于保守派的战略与国际研究中心的爱德华 · 勒特韦克则进一步指出：保守派的这种盲点"导致主流共和党意识形态的核心中存在着一种刺眼的巨大矛盾"。[39]

为什么保守派人士如此不愿意正视市场的这种分化和腐蚀的力量呢？他们这样做很大程度上是因为恐惧。平心而论，保守派的这种恐惧并不是完全不合理。因为政府试图控制经济的种种努力几乎总是会创造出一些新的问题。比如说，政府对房地产市场的积极干预就对房地产泡沫的产生做出了不可忽视的"贡献"。然而，要真正理解右派对自由市场悖论的盲目否认态度，我们就必须回过头去看看他们的政治品牌究竟是如何诞生的。在过去的 20 年中，政党、咨询师以及各种各样的媒体渠道已经成功地将个人对政治的参与活动转化成了一种与消费产品高度相似的东西——通过参与政治活动，选民可以满足自己的热情与幻想，可以保持自己的身份认同，却不需要付出任何形式的努力，也不需要经历任何形式的不适，或者进行任何形式的思考和妥协。然而，虽然这种品牌包装的效应确实在近些年来为政党（特别是保守派政党）带来了短期的政治回报，但这一过程也同时导致美国的政治文化几乎失去了推进政策或者做出重要抉择的能力。比如，在目前保守派政治品牌的理念中，妥协的理念几乎没有任何的生存空间，因为在这种品牌理念中，妥协行为与保守派"正统"的自我身份定位在道德上是不相融的。因此，不管是保守派的选民还是保守派的政治领袖，都认为他们在意识形态上绝对没有回旋的余地——他们无处可去，只能从相对中立的立场不断向极右主义和极端主义移动。

然而，保守派的品牌形象中的这种矛盾的元素现在已经浮出了水面。比如，由于自由市场政策对劳动力市场产生了巨大的破坏，如今的保守派已经越来越难以同时坚持以下的两种信念：一是自由市场的意识形态，二是认为每个人都应该完全对他们自身的经济状况负责。在今天的经济环境中，劳动者即使付出全身心的努力来追求自食其力的生活状态，也很可能无法完成这个任务。事实上，在过去的10年中，右翼品牌已经逐渐失去了现实世界中的大部分民意基础。在里根的时代中，由于自由派的罗斯福新政方针存在显而易见的弊病（比如大社会项目的垮塌，以及许多工会中存在的腐败与自满现象），保守派的主张能够获得足够的民意支持。然而如今的保守派品牌在现实中的根基已变得越来越不稳。面对国际金融危机所造成的种种社会灾难与经济问题，以现实为基础的保守派必须重新考虑他们奉为神谕的自由金融市场的智慧。

然而，由于右翼的品牌形象具有极强的穿透性，很多保守派人士甚至拒绝考虑效率市场有可能失灵的可能性。一些问卷调查的结果显示，很多将自己定义为保守派的人士认为，经济危机的发生主要应该归罪于政府支持的房屋贷款，同时他们认为工作岗位数量回升过于缓慢的现象是政府的过度管制造成的。而这些人绝对不肯面对这样的可能性：效率市场本身也许已经出现了腐化的现象和巨大的偏差，这种偏差导致贫富差距的加大，也损害了中产阶级的利益。然而，从这里我们可以看出，保守派的品牌形象已经被现实磨损得差不多了。因为调查研究的结果还显示，比较年轻的保守派人士（尤其是近期自身经济利益受到损害的年轻人）远不及老一辈人那么迷信市场的力量，也相对较能接受政府对市场的干预行为。然而，品牌化的保守主义已经完全控制了共和党的整个系统（这尤其体现在对初选候选人的选择上），因此它们的品牌理念只能向更极端的方向越走越远。

这样的情况导致共和党几乎已经没有能力对任何经济问题提出实质性

的政策建议。在这方面存在一个典型的例子：很多共和党议员都相信，目前的资本利得税制度是不可持续的。因为目前的资本利得税制度不仅导致百万富翁所面对的税率比挣工资的中产阶级劳动者面对的税率还要低，而且这样的税务制度还允许股票持有者不断买卖手中的股份，却几乎不会受到什么税务方面的惩罚，这一制度因此鼓励了市场上的一些最为糟糕的短视行为。在一个运行良好的政治文化中，对资本利得的征税方法应该能够鼓励投资者长时间持有股票（连续持有 5 年或更长的时间）。美国劳工联合会产业工会联合会的达蒙 · 西沃尔是一位研究商业短视问题的专家，西沃尔曾这样说道："我知道共和党中其实有很多比较中立的立法者，他们非常愿意考虑对资本利得税进行改革的可能性，并支持上调针对短期交易产生的资本所得的税率。我认为这样的改革是完全可以实行的。然而，现在阻碍这一改革措施实施的关键因素并不是商业界的阻力，而是茶党的反对。因为只要任何人提出要提高税率，茶党就一定会以最坚决的态度表示反对。因为事实上，茶党存在的最主要原因就是阻止政府提高税率。"

政治文化是一头难以驯服的复杂猛兽，很多各种各样的因素正导致左派和右派意见分歧的鸿沟日益加宽。比如说，大量行为科学的研究证据表明，自由派人士和保守派人士对不确定性以及大规模危机所做出的反应是非常不同的——相较于自由派人士而言，保守派人士在心理上更倾向于让个人独自承担经济困难的重担。同时还有一些研究的结果显示，保守派人士更加不愿意挑战权威，因为挑战权威的行为会给他们造成更强的不适感。这种不愿挑战权威的心理特点导致保守派人士更难以支持任何根本性的改革措施，而想要深刻地改变美国目前的政治现状，就必须要进行根本性的改革。然而，我们对冲动的社会的分析和梳理已经清楚地显示出，保守派对于明明已经严重腐化的商业市场的那种奇怪的忠诚背后还存在着一种更加本质的心理动因，那就是我们高度工业化、高度个人化、具有超高效率、靠人们的自我驱动的冲动政治文化已经重新塑造了保守派人士的自我身份定位。为了维护这样的自我定位，保守派人士不再能承认任何妥协的必要性，在他们的字典里，妥协这个概念已经被完全删除。当然，我们并不否认，自由派的政治机器也同样受到了这种身份塑造政治的污染，同时现代的政治文化本身也已经在一定程度上受到“受害者文化”意识形态的腐蚀。[①]然而在这一方面，右派的问题显然比左派严重得多。各种各样的研究都表明，美国的保守派人士从中立立场向右移动的速度更快，同时保守派人士的立场也比自由派人士更加顽固和难以改变。也许，这只是因为现代化的世界狂热地强调个人权力和个人价值的实现，而严重弱化了社区概念及其稳定性。也许右派的过激行为正是因为这样的现实给他们带来了太深的恐惧和失望。然而，不管右派的这种趋势成因究竟为何，这种趋势所带来的结果是非常明显的：虽然传统的自由市场意识形态已经逐渐丧失了神圣的光环，但是对于今天的保守派人士而言，他们离能够勇敢地正视这一现实还有很长的路要走。然而，美国的保守派人士一天不完成这样的挑战，美国的整个政治体系就无法真正克服以自我为中心的经济体所带来的难题与困境：这种以自我为中心的经济体正越来越严重地强调和鼓励对即时满足和狭隘个人利益的追求，而社区和集体的利益以及对国家命运的严肃思考则越来越被美国社会所抛弃。

然而，无论我们怎样怀疑美国的政治体系，耐心和希望永远是我们最珍贵的财富。比如说，虽然年轻的美国人向来不愿意积极参与正式的政治活动，但如今他们已经表现出成为一种积极的政治力量的潜质和迹象。很多调查研究发现，虽然千禧一代[②]的年轻人不像老年人那样乐于参加投票，

① 但是显然右翼的思想家们过度夸大了这种腐蚀和污染的程度。

② 千禧一代是指 20 世纪 90 年代初期出生，21 世纪进入成人期的一代。——译者注

但他们更倾向于以其他方式积极参与政治。千禧一代的年轻人更愿意参加志愿者活动，更重要的是，这一代人通常更愿意将他们的政治价值观融入他们生活的所有方面，而不是把参与政治当作一种仅在大选时发生的行为。此外，千禧一代的年轻人也不像较年长的美国公民那样喜欢上文我们所提到的那种品牌化的政治理念。比如说，千禧一代中的保守派比老一辈的保守派更能够包容种族方面的多样性，同样的，他们对同性恋婚姻的支持度也比老一辈保守派要高得多。更重要的是，千禧年一代中的保守派比老一代保守派更能够质疑大型商业公司的行为，并且他们将政府视作一种能够修正经济方面的不平衡现象的潜在有益力量——新一代保守派之所以会采取这样的态度，也许是因为在他们成长的过程中经历了美国商业界最为腐败的时段。皮特·贝纳特等政治观察家认为，不管是哪个政党或政党的政治领袖，只要他们能向千禧年一代的年轻人传递正确的政治和经济信息，就能够在选举中获得一个强有力的新的支持集团（曾经有一段时间，共和党极力争取伊丽莎白·沃伦，因为她被视作争取千禧年一代保守派青年的理想竞选人）。而政党要做到这一点，就必须对政治和金融方面的根本性改革给予更多的重视。[40]

然而，一项非常值得注意的情况是，这个新的选举支持集团很可能并不能用传统的左翼、右翼或者保守派、自由派的方法来予以归类。事实上，在经历了持续若干年的两党纷争和品牌政治以后，我们很可能即将看到一个新的中立选民群体的产生。最近的一些调查问卷结果显示，大量的选民虽然分属共和党、民主党以及独立选民的不同阵营，但他们对一系列内容宽泛的政治议题实际上却有着高度统一的态度，这些政治议题包括妇女堕胎权、贩售枪支的背景调查、最低工资标准以及宗教和国家的分离问题等。《华盛顿邮报》的一位中立偏右的专栏作家凯瑟琳·帕克曾这样写道："这些人的共同点远比各种相左的极端意见更多，而他们最重要的共同点是对‘意识形态必须保持纯粹’这一理念的反对。”[41]显然，这一选民集团已经在2012年的大选中展示了他们的存在及其潜在力量。在2012年的大选中，选民对茶党极端主义的反对是共和党最终落败的重要原因之一。然而，中立派的美国人并不仅仅是反对极右势力所倡导的不平衡的政治理念。他们同时也支持更传统的、更平衡的美国式政治理念。《华盛顿邮报》的自由派专栏作家、《我们分裂的政治之心》一书的作者小尤金·约瑟夫·迪昂曾说，2012年的大选实质上反映了选民对美国战后时期平衡政治理念的认同与支持，这种理念“包括自由主义与社区之间的平衡、私人权利与公共利益之间的平衡、市场功能与政府的重要角色之间的平衡，在清理长期的自由市场主义留给我们的各种问题时，掌握这些平衡都是非常重要的”。[42]

保守派的政客也许并不会使用和小尤金·约瑟夫·迪昂完全一样的说法。但是在2012年的大选失败之后，我们很清楚地看到，共和党的主流至少已经做好了放弃极端主义、将共和党的品牌形象重新向中立方向移动的准备。2013年年末共和党对茶党所采取的谴责态度向我们提供了一个非常清晰的信号，这一信号说明，即使是在华盛顿的封闭政治王国中（这可能是整个美国社会中分类现象最为严重的社区环境），人们也已经意识到维持现状不是一个可行的选择。

犬儒主义者可能会认为，茶党的失败事实上是因为失去了商业集团（尤其是金融板块）的支持，商业集团和金融板块担心茶党的极端主义作风会降低共和党抢占管理改革先机的能力。但是，共和党对茶党的谴责态度也标志着美国的政治文化终于走到了一个新的转折点。显然，美国的选民们已经受够了长达几十年的党派政治战争。平心而论，甚至很多强调意识形态的立法者们也因为茶党起义的最终失败而松了一口气。在一个非常基础的、人性化的层面上，政府关闭的闹剧为斗争中的双方都提供了一个他们急需的暂停时间。在经历了几个月中不断升级的野蛮两党斗争以后，双方的立法者们终于可以各退一步。即便这样的妥协与和解是暂时的，这一现象也至少让快要把美国的政治文化推下悬崖的那台永不停息的跑步机暂停了一会儿。在这种来之不易的开放性空间中，两党的立法者终于成功达成了一些虽然微小却十分重要的妥协法案。当然，没有人相信这种和平的景象会长时间持续。显然这台制造冲突的机器只是暂时停下来充电，为2014年的中期选举做准备而已。然而，即便是这种短暂的和平也足够让我们看到，美国的政党和政治家们最需要的，是双方各退一步，远离这台危险的政治机器，为双方都创造一些呼吸的空间。我需要这种呼吸的空间去反思、去权衡、去选择一条能做出实际行动的道路，而不是仅仅让这台政治机器的惯性驱动我们的决策、战略以及命运。然而具有讽刺意味的是，在这场短暂的和平之中，似乎冲动的社会的首都华盛顿正向我们展示着，一个解除斗争武器装备的社会本来应该是多么的宁静与美好。

THE
IMPULSE
SOCIETY

AMERICA IN THE AGE OF INSTANT GRATIFICATION

第三部分

我们的社会

第九章　制造空间

在某些层面，对冲动的社会的反叛早在几十年前就已经开始了。在某些社区中，不管是一周中的哪一天，你都可以看到有些人正在努力地（甚至经常是拼命地）试图在自己和将效率与高速回报凌驾于其他价值之上的社会经济体系之间寻求一点空间。这可以表现为在街上散步的一家人，他们决定能有一天远离智能手机和社交网站的控制，重新获得一些家庭的亲密氛围。或者超负荷工作的软件工程师向上司请假，为的是能与上幼儿园的孩子共度温馨的亲子时光。对冲动的社会的反叛还可以表现为某位女士决定停止网购和使用信用卡，因为她再也不希望自己的个人信息被第三方营销公司或来自俄罗斯的黑客所窃取。对冲动的社会的反叛可以表现为热衷政治新闻的网民最终决定戒掉福克斯新闻频道或者 Daily Kos 网站，因为这些媒体发出的声音正在摧毁他对民主制度的信念。当然，对冲动的社会的反叛还可以表现为像本书开头提到的布雷特·沃克那样，下定决心让自己脱离数字世界的控制。这些反叛者也许从未对冲动的社会正式宣战，但这些反叛行为随处都在发生，因为人们已经意识到，美国社会的经济环境在很大程度上就像一台无人驾驶的巨型跑步机一样，如果不能让自我与这台机器的惯性、预期和价值观保持适当距离的话，我们会失去某些重要且不可替代的东西。

我们对美国社会的这些反叛行为源自内心的绝望与愤怒，同时也来自信仰的丧失。在金融危机和政治危机发生以后，很多美国人已经不再信任冲动的美国的基本结构及其隐含的一些假设。不但我们对美国政治体系的信心达到了历史最低点，而且我们中的很多人已得出了这样的结论：美国的经济体系正在以极高的效率摧毁我们的生活——我们的经济体系早已被追求高速回报、赢家通吃的短视思维彻底腐蚀，因此收入的不平等、商业界的冷酷与野蛮以及周期性的市场崩溃已经成为美国社会的新现实。事实上，我们还看到其他各种市场失灵现象。我们看到，公司对成本压缩的狂热追求已经达到了一种非常荒谬甚至极具破坏性的境地——由于施工方在构筑混凝土结构时偷工减料，孟加拉国的血汗工厂发生了垮塌事故；石油公司为了节省运输成本而导致1亿加仑的原油泄入海湾之中。我们看到，大数据和其他数字技术的发展为大公司提供了一种新工具，有了这种新工具，它们便可以利用国家安全技术来悄悄追踪并操纵我们。更重要的是，我们不仅看到了效率市场的垮塌，甚至见证了整个“市场社会”的崩溃。这样的“市场社会”号称可以通过鼓励个人追求自身利益而增加全社会的共同财富，但“市场社会”过度鼓励对即时满足的追求，并因此掏空了我们所有的传统价值和生存意义，把我们的主流文化变成了一种支离破碎的文化。消费者经济不断向我们提供我们想要的东西，却无法真正产出我们需要的东西，这种深刻的鸿沟正变得越来越宽。面对这样的现实，很多政治立场中立、对极端思想怀有高度警惕的美国公民已经觉醒。

然而，面对冲动的社会这台强大的钢铁机器，我们的各种反叛努力一直停滞不前。我们可能已经意识到重建更人性化的价值观的必要性，然而，那些孕育了冲动的社会的结构性推动因素目前仍然大行其道，完全未被我们的不满所撼动。全球化的经济现实以及高速运转的科技创新机器继续粉碎着各种形式的低效率元素，世界各地的投资者仍把快速高额的回报当作最高追求，季度利润和股价哲学仍然控制着管理者的薪酬系统和公司战略的制定过程，美国的政客和政治机器继续靠追求极端主义和快速胜利获取丰厚的回报。与此同时，我们的消费者文化继续向我们灌输这样的信念：只为自己而活和活在当下的理念不仅是合理的，而且是必要的，任何想要脱离这种人生哲学的努力都只会增加失败和落后风险。

然而，从某种意义上说，这样的消费者文化也许是正确的。从心理学的角度看，我们中的很多人早已对冲动的社会提供的种种便利与满足产生了强烈的依赖，因此任何远离冲动的社会的可能性都会使我们产生被流放般的痛苦。从经济学的角度看，我们也担心脱离冲动的社会意味着极为严厉的经济惩罚，而这样的恐惧显然并不是我们的妄想。现在的社会已不再是我们的祖辈所处的社会：当时的美国经济长期高速发展，实现了空前的物质繁荣；当时的社会文化是宽容和激励性的，因为前几代人创造的繁荣允许个人和社会进行适度的冒险。然而，今天美国社会的风气远比那时更加谨慎且充满限制，甚至是充满恐惧。在目前的就业市场上，甚至对冲动的社会的短暂背离（比如拒绝 7×24 小时待命，或者成为那种“多嘴”的员工）也可能导致我们永远被就业市场所抛弃，这样的风险绝对是真实存在的。因此，即使我们希望在冲动的社会和自我之间创造一些空间，这样的反叛也常常是温和而隐秘的——我们更倾向于悄悄进行某种日常的“自我保存”活动，而不会奢望某种根本性的社会变革。这种小心翼翼的态度存在于我们的整个文化中，劳动者不敢离开那份每日杀死他们灵魂的工作，公司的 CEO 以及华盛顿的政客不愿承担他们应负的责任。从某种程度上说，这样的行为是出于实用主义的考虑，但这也反映出我们对冲动的社会的全面屈服和投降：在这些可悲的行为中，仿佛每个人都相信，今天发生的所有事情——从短视行为到经济上的不平等现象，从个人的过度消费到极度的自我中心主义，以及使个人凌驾于集体之上的文化氛围——都是不可避免的，因为这些元素都是社会经济体系进化的必然逻辑结果，顾名思义，这种高效率的社会经济体系应该产出最优的结果。简言之，冲动的社会是社会进步的成果。

但是，我们可以清晰地论证出，这样的逻辑显然是错误的。显然还存在其他可能的经济后果以及随之产生的社会和文化后果。我们可以看看西欧的经济模式，以及亚洲部分地区的经济模式，比如德国和新加坡的情况。在那些社会中，人们对经济体系的预期与美国显著不同，那里的人们对过剩现象及不道德现象的容忍程度显著低于美国，而今天的美国人却把这些负面的东西当作不可避免的。在这方面，我们甚至不需要借鉴别国的经验，只要回头看看美国自己的历史，就可以清楚地看到，人民完全有能力选择一种更好的经济模式，让我们的经济产出对个人和整个社会来说真正必要的东西。美国的保守派人士常常拒绝承认其他经济模式的合理性和可行性，不管这些例子来自国外还是来自美国自身的历史，他们常常将这些情况归纳为自由主义的过度扩张或定性为政府对市场的不正当入侵——当然，他们的这种说法并非全无道理。然而，即便政府对经济的干预可能造成这样那样的问题，我们的基本结论——我们完全有可能也应该采取行动，让我们的经济变得更可持续、更平等、更人性化——仍然成立，而且这一结论未必就是一种“自由派”的主张。

早在工业革命开始时，人们就已经认识到，“商业社会”（“商业社会”是亚当·斯密对资本主义社会的称呼方式）必须不断接受敲打和管理，才能保证它的高效率让尽可能广泛的公众受益。亚当·斯密在《国富论》中这样写道：“有大部分成员陷于贫困悲惨状态的社会，决不能说是繁荣幸福的社会。”[1]今天，美国的保守派人士常常搬出亚当·斯密的“看不见的手”理论，来论证不受任何管制的自由市场才是最优的经济形式。然而事实上，亚当·斯密本人早已认识到，市场需要受到一定程度的管理和限制。在亚当·斯密所认可的一系列管理措施中，他尤其支持对富人征收累进税，并对金融板块实施比较严厉的管制手段，以防止经济权力被一小部分富裕阶层的人士所垄断。亚当·斯密认为，这些管理性的干预手段虽然“在一定程度上侵犯了银行家和其他拥有经济权力的人的天赋自由权”，但如果一个国家确实希望保护“整个社会的安全”，那么这种对少部分人自由的限制是一项我们必须采取的手段。[2]正像荷兰经济评论家托马斯·韦尔斯所指出的：“对亚当·斯密来说，商业社会是一项道德工程，要想取得最大的潜在收益，我们就必须付出艰辛的努力。”韦尔斯写道：这项道德工程的成功“绝不是事先注定的，必须经过努力才能实现。”[3]而我们所面临的问题是：我们应该如何定义这一工程的成功与否？在冲动的社会的经济环境中，我们希望取得怎样的“产出”？ 为此我们该如何迈出第一步呢？

越多越好，这一点仍然成立吗

非常幸运的是，亚当·斯密关于“整个社会的安全”的论述为我们提供了一个很好的出发点。具有讽刺意味的是，在冲动的社会中，由于效率市场的价值观已被充分内化和制度化，美国的文化仿佛一团由无数相互分离的个体组成的电子云。这些个体既包括消费者，也包括美国的公司，甚至包括美国的政党。这些相互分离的个体都在追求自身的个体利益。这种碎片化的文化形式对个人（至少对某些个人）来说是一种巨大的成功，因为这种文化鼓励并促成了更多的个人发展：更多的个人财富、更多的个人消费、更多的个人满足以及自我表达的机会。然而，这种碎片化的文化却逐渐腐蚀了“整个社会的安全”，因为这种文化重塑了个人存在的意义。曾经，每个人都是以“整个社会”一员的身份而存在的，如今，个人之间的关系从合作变成了竞争，为了获得个人的满足，我们需要随时与社会其他成员为敌。如今，在这种达尔文式的、赢家通吃的竞争环境中，社会目标，甚至共同财富的概念都已经失去了生存的空间，因为这种共同财富已不再是一种全社会成员可以分享的财富了。

因此，我们的社会陷入了一种极度不可持续的状态，最能精确体现这种不可持续性的现象便是我们把经济增长率当作衡量社会健康程度的唯一标准。只要我们的经济能以更低的成本创造出更多的产出——更多的工厂、更多的商品、更多的回报，我们便告诉自己：一切都在向着正确的方向前进。当然，这样的信念具有一定的事实基础。因为从历史上看，更大的蛋糕确实意味着每个人都可以分到更多。尤其是在美国战后的经济繁荣时期，迅速、高效的经济增长不仅带来了更多的财富，还带来了更好的工作机会和更高的工资，带来了更多新颖、实用的产品，以及更高的社会理想，这提升了整个美国社会的物质和精神水平。然而，自冲动的社会诞生以来，更多与更好之间的联系逐渐断裂了。最近几十年来，我们看到，虽然美国的 GDP 在高速增长，整个社会却在不断沉沦。这不仅仅是因为经济增长的成果越来越多地被一小部分精英阶层通过高效的金融板块和裙带资本主义所垄断，还因为我们的市场已经重塑了整个社会经济体系的价值观。于是，经济的成功不再必然意味着社会的成功。事实上，由于我们以自我为中心的经济具有一些相当奇怪的特点，社会的失败常常是 GDP 高速增长的源泉。在我们的商业环境中，公司文化日益偏向对快速回报、季度利润以及股价的追求，因此公司（及其管理者）的成功（以及 GDP 的飞速增长）可能意味着一些严重伤害员工和整个社会的商业策略。正因如此，虽然美国劳动者的工资水平长期停滞不前，雇主对劳动者技能培训的投资不断下降，公司在长期基础研发方面的支出也自由落体般地飞速下跌，美国的公司却可以每年花费 5 000 亿美元的巨资用于回购本公司股票，并以此获取巨额利润。在冲动的社会的经济模式下，真正有意义的生产活动和仅仅能为资本提供高效回报的活动没什么区别，因此，虽然每年劳动者在马斯洛的需求层级上逐年下滑，股东却继续享受着人为创造的虚假利润，然而没有人认为这两者之间存在张力。

这种经济增长与社会沉沦之间的矛盾关系并不仅仅存在于商业世界。事实上，在冲动的社会的各个方面，这都是一种相当普遍的现象。在冲动的社会中，一位重病患者比一个健康人更有价值，因为前者能为医疗系统创造更多的利润。小镇凋敝的商业区比繁荣、富有活力的商业区更有价值，因为前者意味着全球化的零售供应链又成功消除了一处低效的商业区。森林的过度砍伐、过度的信用卡消费、不断上升的碳排放量、处方药滥用现象的盛行，这些都被算作经济净增长的一部分，因为在一个只关注短期利益而忽视长期成本的系统中，这些活动都意味着更多的产出。同样不合理的是，这种一味追求经济增长和效率提高的经济模式不仅不能正确计算各种活动的社会成本，还在很大程度上忽略了很多在正常经济渠道之外创造出来的真正财富。只要不涉及商业交易的活动，一概不被计入 GDP 的增长，这些活动包括在老年中心的志愿者活动，在家教孩子们烹饪而不是外出就餐的家庭活动，晚餐后陪孩子们玩耍而不是让他们一直抱着电子设备——虽然这些活动对经济的健康同样起着非常重要的作用，然而由于这些活动不是可以被购买的商品，它们便不能被计入 GDP 的增长。记者兼政策专家乔纳森·罗曾这样讽刺道：按照目前衡量经济成功的标准，“美国最差的家庭反而是那些真正以家庭的方式运行的家庭，他们自己烹饪餐食，在晚餐后外出散步，他们进行真正的交谈，而不是在商业文化中放养自己的孩子。在家就餐、与孩子交谈、用散步取代开车，这些活动都不需要花钱，因此这些家庭会比其他更为商业化的家庭支出更少。良好的婚姻关系意味着在婚姻咨询及离婚官司方面的支出更少。因此，按照目前的GDP标准，这些良好的家庭关系都威胁着经济的健康。”

几十年来，各领域的积极分子不断呼吁放弃目前以经济增长为唯一指标的评价标准，而代之以新的经济度量指标，这种指标应该能够反映被效率市场所忽视的各项成本与收益。20世纪八九十年代，一些经济学家曾建议以一套更复杂的度量系统取代GDP指标，这种更复杂的度量系统将各种非金融化的社会成本和收益列入考虑。这些经济学家希望，这种新的度量系统能够逐渐鼓励国家和公司以更宽广的视野审视经济成功的定义。世界银行前首席经济学家约瑟夫·斯蒂格利茨就曾参与过这方面的研究，他在事后曾这样解释道：“你的衡量标准会影响你的行为。如果你的衡量标准不对，你就不可能做正确的事。”[4]然而，这些学术上的早期努力并没有获得什么政治方面的支持。事实上，在20世纪90年代，当某联邦机构试图研究一套新的GDP衡量标准时，国会甚至以取消给该机构的资金支持相威胁。然而，自金融危机发生以来，关于新的经济度量标准的观点已经获得了一定程度的关注。我们的经济究竟应该以什么类型的产出为目标？这种新的、生产力更高的经济究竟应该以怎样的形式存在？关于这些问题，目前已经展开了非常广泛和必要的讨论。虽然这些讨论尚未完全切中问题的关键，但是，在这场我们重新掌握自己命运的斗争中，这一讨论的展开无疑标志着我们已经迈出了关键性的一步。

在这场讨论中，已经涌现出一些很有价值的提议，而这些提议显然不是为那些胆小怕事的人准备的。另一位前世界银行经济学家赫尔曼·戴利目前是环境经济学领域的教父级人物。戴利提出了一种新的经济模式——“稳态经济模式”①，在稳态经济模式下，整个社会积极而细致地使用管理、税收和其他政策杠杆对经济活动进行调控，目标是将经济活动“限制在生态系统能够承受的可再生、可降解的范围之内”。[5]将经济增长控制在自然极限的范围之内，这一概念在环保主义者的努力下继续发展。在这批环保主义者中，比尔·麦吉本提出了深度经济的概念，在这种深度经济模式下，经济活动的目标是将目前 GDP 度量指标没有考虑的三种产出最大化：一是生态的长期可持续性，二是收入的平等，三是人类的幸福。几年前，麦吉本在接受《沙龙》杂志采访时曾这样表示：“这样的经济更关注质量而不是数量。这样的经济将人类的满足看得与物质富足一样重要。这样的经济除了重视规模的增长，也非常重视经济的持久性。”[6]

还有很多类似提议，这些提议的共同特点是它们或多或少地要求我们必须彻底重组目前的资本主义制度，甚至完全拒绝资本主义制度的继续存在。因此，这样的提议很难得到主流文化的支持。我们的文化之所以拒绝这类提议，是因为我们的文化从未真正尝试，甚至从未考虑过市场经济以外的任何经济模式。我们目前的文化虽对经济模式的现状越来越悲观，却仍然认为可以通过小打小闹的修补而改善。我们更愿意接受那些贴着自由派和渐进式标签的改革提议。我们希望能够通过一些规模较小、政治上较为可行的修补性措施来修正经济体系的前提假设和目标，从而把现存的社会经济体系推向一种更可持续的、更人性化的轨道。比如，很多关心环境问题的经济学家（以及比较有经济头脑的环保主义者）都希望在现有的

---

① 为了限制对不可持续的经济增长的盲目追求，戴利提出了一系列的管理手段。其中最重要的有两项：一是对原材料课以重税，以限制经济活动过度耗能的问题；二是通过税收和补贴的方式降低日益严重的收入不平等现象。在戴利看来，最富裕阶层的收入与中位数劳动者的收入之比永远不应该超过 100 : 1。戴利认为，在这样的理念下，我们才可能创造出一种合理的经济模型，这种经济模型“能够对真正的创造和贡献进行奖励，而非不断扩大特权阶级的特权”。

GDP指标中加入一个度量碳排放量的指标——这一指标度量的是美国经济每产生一美元的经济产出会造成多少二氧化碳排放。很多人希望，在引入这一碳排放度量标准后，可以对碳排放进行征税。从理论上说，通过提高碳排放的成本，市场就会自动寻找碳排放量低甚至无碳排放的新技术。当然，在目前的政治气候下，对碳排放税的构想仍然处于初始阶段。很多经济政策方面的专家，包括一些著名的保守派经济学家（如里根政府的顾问阿瑟·拉弗和罗姆尼的顾问格里高利·曼昆）都表示，他们认为碳排放税最终会成为控制碳排放最切实可行的方法，而且他们相信这样的政策可以促进下一代能源技术的发展和突破。[7]

除了碳排放税，经济学家们还提出了其他一些渐进式的改革方针，例如在考虑经济增长的同时，还考虑这些经济增长为人类带来的福祉，并引入一些具体的指标来度量这种福利效应。比如，经济学家斯蒂格利茨及其同事阿马蒂亚·森提议，我们应将那些直接影响人们真实生活水平的指标作为经济活动的目标，这些指标不仅包括个人收入，还包括人们能够获得的医疗服务水平以及教育的质量和普及程度。[8]另一些人则认为，我们应该对目前的政府度量标准（比如美联储的通胀目标）进行调整，使得这些目标能与新的、更具社会进步意义的目标相适应。比如，迪安·贝克和保罗·克鲁格曼等自由派经济学家认为，目前央行过度强调保持低通货膨胀率，并因此对政府开支进行了很多不必要的紧缩性削减，这正是目前失业率居高不下的重要原因。迪安·贝克说："自然失业率并没有上升，目前失业率之所以居高不下，是因为我们的财政政策有问题。"

在这里，我想强调的重点是，我们完全有能力影响很多经济产出（比如失业率，比如人们能获得怎样的医疗服务），而不是像很多自由市场支持者及媒体所宣称的那样对这些情况无能为力。政府手中握有各种杠杆（比如税收、补贴、管理措施等），通过调节这些杠杆，完全可以改变经济的社会“产出”，使其更符合民众在社会和政治方面的偏好。然而在过去40年的大部分时间中，美国政府选择性地使用了这些杠杆，错误地让市场决定社会产出的最优组合以及各种互相竞争的社会目标的最优平衡点。然而，在目前的情况下，把一切交给市场的哲学已经行不通了：如果我们任由市场自由发展和选择，市场就会变得越来越腐败，也会越来越倾向短期的、不公平的、不可持续的产出模式。如果我们希望获得不同的结果，就必须将经济从自动驾驶的模式中解救出来，重新掌握经济活动的方向盘。

更重要的是，我们需要认真讨论我们的经济究竟该走向何方，以及经济的重点和价值何在。在目前的经济模式下，经济产出的成果日益偏向资本一方，我们对这样的现状满意吗？我们是否觉得应该重新向劳动者一方倾斜？我们是希望技术创新的永动机致力于渐进式创新以及高速的回报，还是想投资于风险更高的技术研究，以催生新的产业，并解决一些严重的资源问题？我们是否应该容忍现存的经济模式，继续让越来越多的人无法保护那些我们真正珍视的东西，还是使劳动者享有与他们的父辈、祖辈同样的机会、安全感以及对美国经济的信心？这些问题显然不容易回答。这些问题非常复杂，要想给出合理的答案，我们必须做出实质性的取舍。要处理好这些取舍，我们不仅需要足够的耐心，还需要有思考和妥协的意愿。但美国目前的政治文化（甚至整个冲动的社会）不仅不能对这些行为予以奖励，还将它们视为低效率的元素，想方设法回避甚至淘汰这些元素。

但不管怎么说，设计出一套新的度量标准可能成为我们远离冲动的社会控制的第一步。因为有了这些新的度量标准，我们才可以不仅仅着眼于GDP，不仅仅计算公司的净利润或净亏损，转而更全面地评价整个社会的健康程度。这套新的度量标准将迫使我们展开一场更广泛、更社会化的讨论，探讨我们将采取怎样的价值观，以及为了支持这套价值观我们必须做出何种取舍。更重要的是，有了这套新的度量标准，我们才能采取追求这些价值的实际行动。而这样的实际行动是极为关键的。可能会有人认为，因为这样的行动最终必然要依赖我们的政治体系以及民主过程中的各种妥协让步，因此我们应该在政治领域中迈出第一步。然而，由于冲动的社会的主要驱动因素是经济方面的，更具体地说是公司方面的，因此我认为从逻辑上说，我们远离冲动的社会的第一步甚至最初几步应该在商业领域进行。（事实上，这一点目前已经在讨论了。）面对整个社会的总体问题，我们应该首先从商业领域入手，改变商业机器的前进方向。

让市场后退

几十年来，保守派人士一直对美国政府在经济中扮演的角色抱有强烈的不满，他们认为美国政府过度干预经济活动，对生产者和消费者的行为施加了过强的影响，而正是这样的干预行为导致美国的经济无法继续之前的繁荣。如今，我们可以对美国金融市场做出类似的指控。现在，金融市场已经穿透了经济生活的每一个角落，而这正是冲动的社会的核心弊病。从消费者信贷的过度扩张到“激进”股东群体的兴起，金融板块逐渐将其对高收益、快速回报以及资本效率的需求注入了消费者生活的所有方面，同时这样的思维方式也渗透到了社会的其他方面。金融化过程最臭名昭著的症状便是对消费者信贷的过度使用。显然，要想对冲动的社会发起实质性的攻击，我们应该帮助消费者重新思考他们为了追求即时满足而透支消费的行为模式。然而，更重要的是，金融化严重影响了公司，尤其是大型公司的行为，而美国的大型公司在提供就业机会、科技创新以及公共政策等方面都扮演了极为重要的角色。因此，要想打破冲动的社会的经济基础，创造或重现一种更具可持续性的、更能产生社会效用的经济体系，最关键的步骤之一便是减少金融市场对商业界的影响。

在公司层面，金融化过程最有害的副作用是对公司短视战略的鼓励。在这样的短视战略下，公司常常牺牲长远的可持续性，只追求眼前的短期利益。正如我们所看到的，工业界曾愿意在科技创新以及劳动者培训方面进行大量的长期投资，而现在为了取悦同样短视的大投资者，公司在上述两方面的投资数额都大幅度缩小了。为扭转这一趋势，我们必须废除当前鼓励投资者和公司采取短视策略的激励机制。而关于如何废除这样的激励机制，目前已经涌现出各种各样的提议。很多专家建议引入金融交易税制度——投资者每次买卖手中的证券、衍生品和其他金融资产，都必须缴纳相应的税款。这样的金融交易税政策能够增加靠追逐短期股价变化牟利的成本，从而鼓励投资者长期持有公司股票。而一旦投资者的投资期限拉长，公司追求季度利润的压力就会相应减小，于是公司的管理人员便能以更长远的眼光来制定成本压缩、员工培训以及创新投资等方面的策略。

另一些提议则试图通过改革目前极不合理的高管薪酬模式来改善扭曲的激励机制。比如，有些人提议，可以用限制性股票作为高级管理人员薪酬的一部分。这种限制性的股票在高管离开公司后的 5 年或 7 年内禁止出售，于是在这样的薪酬机制下，高级管理人员便不能通过快速提高公司利润来谋取个人利益了。[9]（其中的一项提议更是提出，公司甚至可以追回发放给高级管理人员的股票薪酬。《华尔街日报》认为，这样的薪酬机制可以让“建立在短期投机基础上的公司立刻爆炸”。[10]）另一项有趣的提议则建议，可以把公司高管的薪酬与科技创新联系起来：高管的薪酬高低取决于公司目前的利润有多大比例是以新技术为基础的产品带来的。[11]

公司的高管们显然不会对这些提议展示出多么热情的态度。然而，研究公司薪酬和公司管理策略的专家们指出，很多公司可能会为了自身利益而接受这方面的提议，并借此机会把高管的薪酬重新纳入可控的轨道。天文数字般的高管薪酬不仅伤害了员工的士气，还招致媒体和政界的不断批评，更严重的是，目前的数据显示，高管的薪酬水平与公司的业绩表现之间通常并没有显著的相关性。[12] 事实上，有一项研究给出了完全相反的结论，这项研究发现，在美国薪酬最高的 CEO 中，每五位高管中就有两位来自业绩极差的公司：这些公司要么不得不要求政府救助，要么传出欺诈丑闻，要么干脆以破产告终。

基于同样的考虑，这些支持对商业板块进行去金融化处理的专家还呼吁对公司的股票回购行为进行严格的限制。因为目前公司的股票回购行为向高管们提供了一个十分有害的巨大诱惑，使得他们可以通过金融工程人为抬升公司股价，从而大幅提高自己的薪酬。反对公司股票回购策略的人指出，只要撤回里根政府的证券交易委员会在 1982 年做出的一项规则改变，联邦政府就可以十分轻松地全面禁止公司的股票回购行为。在这条规则改变出台之前，回购本公司股票曾被正式界定为非法操纵市场的行为。而事实上，股票回购策略确实是一种人为操纵市场的行为，因此禁止这样的行为是十分合理并具有充分法理依据的。

所有上述动议的共同点是试图将公司推离短视的轨道，让它们重拾长远的战略眼光。这样的变化可以带来很多领域的深刻变革，如在科研方面的长期投资将大幅提升。而对未来的劳动者而言，这项改革将产生尤为深远的影响。推行这样的改革并不意味着我们将阻挠机械自动化的趋势，也不意味着我们要对国际贸易采取抑制性政策。在这些改革措施之下，公司可以显著改变上述趋势对劳动者的影响，因为这些改革的目标是重塑公司对劳动者的重视。如果这些改革措施能够成功实施，公司将不再把劳动者视作削减成本的渠道，而会把他们当作需要认真保护并不断升级的珍贵人力资源。在股东革命的过程中，上述价值观几乎已被完全抛弃——管理者们不遗余力地追求降低成本以提高公司的季度利润和股价，他们大幅削减员工培训方面的投资，一旦劳动者无法在与机器或廉价外国劳动力的竞争中胜出，便立刻无情地将他们解雇。在公司大批裁员的同时，政府和公司也没有做出任何可行的努力，这又进一步加速了劳动力危机的升级。与美国的情况形成鲜明对照的是，在许多欧洲国家，政府要求公司在协助失业员工再就业的过程中发挥重要的作用，这样的强制再培训能够保证员工的就业技能（即人力资本）不致在裁员的过程中完全丧失。从过去的情况来看，欧洲国家的这些努力是非常值得的：随着经济危机的结束，欧洲的公司能以较快的速度使失业工人重返工作岗位。而在美国，对失业工人的再培训工作向来不够全面——这很大程度上是因为自 20 世纪 80 年代以来，美国一直盛行保守派反税收、反政府的政治主张。因此，美国针对长期失业问题的经济政策一直是一些修修补补的、十分短视的政策。虽然美国扩大了失业补助的适用范围，并对这项政治成就沾沾自喜，事实上我们从未认真处理更深层次的系统性问题。比如，在失业工人试图对自己进行再培训并重新寻找新的工作机会的过程中，美国政府基本上没有提供任何形式的协助。经济学家威廉·拉佐尼克说："甚至没有人知道这些人究竟是谁。在美国，这造成了严重的人力资本浪费。有些人拥有良好的教育背景以及丰富的工作经验，这些宝贵的人力资本正是我们（实现制造业复兴）需要的，或者说正是我们声称我们需要的。然而实际情况是，这些拥有知识和技能的人被无情地扔出了劳动力市场，根本没有任何制度化的机制来维护这些人力资本。"

对今天的很多自由派人士来说，上述问题的解决之道是提高对公司的征税，对持续增长的公司利润进行再分配，然后用这些资金发展一些长期被忽略的领域，比如员工的再培训。自由派的这种意见有很强的说服力：自 2000 年以来，保守派不断推进的减税政策已经导致税收收入无法支持美国政府庞大的开支（包括两场战争的开支以及经济危机后的恢复与重建支出等）。为了防止保守派人士的选择性遗忘，在此我必须指出，这已经不是保守派人士第一次将减税政策推行到过分的地步了：1981 年，新当选的美国总统里根推出了大幅减税政策。此举导致美国的国家债务水平翻了四番还多，达到了 30 000 亿美元的天文数字。[13] 然而与目前的情况不同的是，里根政府很快意识到了这一错误的严重性，并在接下来的 7 年中 4 次推出了增加税收的政策 [14]，其中包括史上最大幅度的公司所得税提高，还包括大幅提高薪酬税用以支持联邦医疗保险系统的支出。① 然而，今天的保守派已经变得如此偏执，反税收和反政府的思维方式根深蒂固，于是，即便美国劳动者在福利和保障方面已经远远落后于其他国家，即便美国的公共基础设施已变得日益破旧不堪，增加税收仍是一个禁忌话题。

然而，在给自由派人士戴上提高税收和增加开支的帽子之前，我们首先应该正视这样一个事实：提高公司的税收，然后再用这笔资金对被公司抛弃的员工进行再培训，这个想法本身就是相当荒谬的。事实上，我们完全可以设计出一种更好的方法，即通过政策手段（比如税费减免）鼓励这些深受谴责的公司把税前利润的一部分用于保护和升级其劳动力“资产”。比如，拉佐尼克认为，美国的大公司只要从它们目前用于回购本公司股票的资金中挪出一小部分用于在职员工培训，就可以提高员工的生产效率和创新能力。这样的政策可以从源头上减少裁员。即便被裁员，失业的劳动者在这些政策的帮助下更容易找到新的工作。以苹果公司为例，目前苹果公司用于回购本公司股票的资金高达 1 000 亿美元，只要从这 1 000 亿美元中拿出 5%，苹果公司就可以为员工设立一所公司内部的学校。这所学

① 几年前，《每日野兽》网站的皮特 · 贝纳特曾说：“为了让今天的茶党支持者们能够充分理解这一事实，我们必须用非常浅显易懂的语言来概括一下当时的情况，那就是：里根政府确实曾通过增加税收的方法来支持靠政府运营的医疗福利系统。”

校的雄厚资金能保证他们可以请来一流的授课人员，向员工提供各种实用技能的培训。这些技能不仅在苹果公司内部有用，而且在整个技术领域同样能发挥作用。拉佐尼克认为，苹果公司应该向所有员工免费提供这样的培训项目，这其中当然包括目前在苹果公司零售店工作的近 40 000 名销售人员。这样的培训项目不仅可以帮助苹果公司的员工获得公司内部的晋升机会，还可以让他们在重新进入劳动力市场时拥有更多的工作技能和更有分量的简历。拉佐尼克指出，这种公司内部学校的培训形式在印度等发展中国家十分常见。在这些发展中国家，公司能够认识到扩大高技术的从业人员数量是符合公司长远利益的。然而在美国，很多公司却采取了典型的冲动的社会式的短视策略：当面临技术人员不足的问题时，公司往往选择最便宜的解决方案，即游说华盛顿当局调整移民政策，从印度等国引入更多拥有这些技术的移民。

当然，我们必须承认，仅靠少数富裕公司为员工建立内部学校并不能让美国公司重新扮演战后时期那种家长式福利机构的角色。但是，这样的改革可以向美国的整个商业界发出强有力的信号，毕竟学习和模仿像苹果这类超级成功公司的经营战略向来是美国商业界的习惯。更重要的是，这样的改革可以清晰地传达出这样的信息：目前的社会经济模式的核心价值是不可持续的。也许，在 30 年以前，降低劳动者地位、把劳动力仅仅视作公司的一项“成本”的行为在逻辑上具有一定的合理性。然而，这样的公司策略已经造成了劳动者对雇主的不满和仇恨，从而增加了公司自身的管理难度。适当放弃这种不可持续的策略，公司可以在员工和效率市场对利润的冷酷追求之间创造适当的距离，这样的改革措施也许能够帮助美国的公司重塑集体主义的价值观。集体主义的价值观曾让美国的劳动者骄傲地拥有全世界最高的生产效率，然而效率市场的冷酷机器却把这种集体主义的价值观当作一种低效率元素而无情地粉碎和消除了。

然而，在冲动的社会走向终结之时，我们不可能依靠公司自发的努力（如对员工的再培训以及对短视策略的反省）来修正经济不平衡现象。① 在我们的经济中，金融化已经变得如此根深蒂固，只有外界的干预才能让我们重新找到劳动力和资本之间的平衡。否则，在目前追求快速回报、赢家通吃的经济模式下，我们迟早会迎来灾难性的修正过程。显然，如果我们真的决心实施这种自上而下的、德拉古 ② 式的干预手段，那么最需要干预的显然是美国的金融板块。目前，金融板块完全没有表现出任何修正自身错误的决心和行动。相反，华尔街那些大型投行不仅仍在进行各种高风险的投机行为，而且这些高风险行为的性质和 2008 年拖垮整个美国经济的投机行为毫无二致。同时，由于这些华尔街的投行规模巨大，事实上防止金融危机的常规监管手段都不能对它们起到真正意义上的限制作用。我们不妨考虑一下这样的事实：美国银行业 69% 的资产都掌握在摩根大通、花旗集团、高盛等 12 家银行手中。[15] 由于这些大型金融机构所占的份额如此巨大，因此无论它们做出怎样不负责任的恶劣行为，美国政府都不可能任由这些机构倒闭，否则美国的整个经济就可能成为它们的陪葬品。事实上，这些超级银行不仅因为规模巨大而不可能倒闭，而且政府无法对它们进行有效的监管，它们甚至可以明目张胆地进行犯罪活动，而政府居然不敢对它们采取法律诉讼行动。2013 年，在一次国会听证会上，美国司法部部长埃里克·侯德曾公开承认，由于这些美国超级银行的规模过于巨大，“如果我们对它们提起刑事诉讼，就会对整个国家的经济产生负面的影响，甚至可能影响全球的经济状况”。[16] 这足以证明，华尔街的这些超级银行不仅“大而不倒”，甚至已经到了“大而无罪”的地步。

正因如此，很多金融政策专家早就指出：如果不把这些“大而不倒”

① 关于这一点，并未完全成功的“公司可持续性运动”就是最好的例子。

② 德拉古是一位古代雅典执政官，以严刑峻法著称。——译者注

的超级银行拆分成一些规模较小、更容易管理的金融机构，我们就不可能对金融化经济的风险真正予以限制。然而在目前两党对立的政治气候之下，这种极端化的政策手段被普遍认为是无法真正实施的。然而，我认为，这种拆分政策不仅在政治上是可行的，而且只有这种根本性的政治改革才可能在目前瘫痪的冲动政治体系中为未来的突破扫清道路。

品牌政治的终结

现在，冲动的社会的最大盟友不是永不停歇的技术跑步机，也不是市场对效率的狂热追求，而是我们的文化（尤其是政治文化）中关于政府角色争论的僵局。在处理社会弊病方面，政府究竟应扮演什么样的角色，这方面的争论古已有之。在过去的一个世纪中，这一问题的答案发生过明显的变化。美国的主流民众曾经持有一种自由进步主义的观点，认为政府应该且能够解决所有的社会问题。此后，这一观点被一种同样荒谬的保守派观点所取代，那就是政府没有能力解决任何社会问题，也根本不应该试图解决任何社会问题。当然，针对后一种观点，保守派确实可以提出一些支持性的证据。在资源分配、结果预测以及限制个人的野心方面，政府确实从未展现过高超的能力或惊人的效率——因为这属于市场比较擅长的领域。同样，政府也永远无法取代社区、家庭或者个人自给自足的价值观——虽然政府常常进行这种无谓的尝试。但在上述经济和社会功能的实现过程中，政府却始终扮演着重要角色，而且政府可以为上述经济和政治功能的实现创造足够的空间。政府可以有力地监管寻租者和博弈者的腐败倾向，从而鼓励市场在分配和激励方面取得更好的成效。同样重要的是，政府可以向美国民众提供针对物质风险的必要保护，使民众可以实现自给自足的价值，从而组成更富活力的社区和家庭。比如，政府可以保护民众在一定程度上免受事故和自然灾害的伤害，也可以保护少数派免于多数派的专制和迫害。当然，与本书更为相关的是，政府可以保护个人免受市场的侵害，如果没有政府的保护伞，强有力的市场机器将轻易地摧毁美国的家庭、社区、传统以及文化。在某些情况下，只有联邦政府才有能力阻止市场机器对个人的无情碾压。因此，自 20 世纪 80 年代美国政府放弃对市场的干预以来，出现了很多导致社会体系瓦解的经济现象，冲动的社会的崛起也加速了，这种时间上的相关性显然不是出于偶然。

在此，我们必须再次指出，承认政府角色的必要性和重要性并不是一种自由派的观点。事实上，这正是早期共和党人的核心政见之一。在进步时代[①]中，充满改革动力的共和党人相信，如果任由公司自行发展，公司的高效率、高技术以及垄断策略会使它们不断恶性通胀，而只有联邦政府才有能力阻止这一情况的发生。如果这样的干预确实是必需的，显然现在就是干预的最佳时间点。然而，由于我们的政治文化已被冲动的社会严重腐蚀，这样的干预迟迟无法实施。我们的政治文化受到了金融化力量的污染，金融化的力量把整个政治过程变成了又一个“商业板块”，这一板块和金融板块本身几乎无法区分，而金钱也已经变得和选票一样重要。同样严重的是，由于保守派的品牌政治的影响，我们的整个政治过程现在已经完全陷入瘫痪。这种保守派的品牌文化拒绝承认政府所能发挥的社会和经济方面的重要功能，也拒绝承认正是政府角色的缺失导致金融化力量的腐败现象不断伤害着我们的社区、家庭和个人。美国的保守派人士曾经为保存传统的价值观而努力斗争，然而现时的保守主义品牌文化却一再站在这些价值的对立面，帮助冲动的社会更快地消磨和摧毁这些价值。

然而，在这些矛盾中，我们仍然可以看到前进的道路。在呼吁金融改

① 进步时代是指 1890—1920 年间，美国社会涌现大量进步改良措施的时段。——译者注

革的声音中，一些最为激烈的呼声恰恰来自保守派人士。同样，当奥巴马政府拆分华尔街超级银行的努力失败时，当奥巴马政府无力限制这些金融机构的高风险投资行为时，不仅很多自由派人士表达了他们的愤怒，很多右翼人士也同样发出了抗议的呼声。对于真正的保守派人士而言，政府对华尔街大型银行的隐性担保以及用公共资金救助上述机构的行为显然是一种扭曲市场的政府补助行为。正是这样的政府补助使得这些“大而不倒”的超级银行敢于冒小型银行不敢承担的风险。保守派经济学家、时任美国联邦储备银行达拉斯分行主席的理查德·费希尔曾这样说道：“这些公司只收获其行为的正面利润，却拒绝为其错误行为付出代价——倒闭和关停。这已经违反了市场资本主义的基本原则（美国是一个市场资本主义国家，因此，至少从理论上说，我们应该执行市场资本主义的原则）。”[17] 最能体现保守派对“大而不倒”的华尔街银行愤怒情绪的例子之一是，2013年，铁杆保守派人士、来自路易斯安那州的共和党参议员戴维·维特决定与来自俄亥俄州的极端自由派民主党人谢罗德·布朗携手推动一项要求超级银行大幅降低负载程度的法案。虽然该法案最终在华尔街的强力游说之下未能通过，但获得了两党广泛的支持。支持者包括《华尔街日报》的保守派评论员佩奇·努南，以及《华盛顿邮报》的乔治·威尔。（乔治·威尔认为，华尔街这些“大而不倒”的银行机构充分证明，“将损失社会化，同时却保持利润的私有化，这样的行为会造成严重的危害”。[18]）换句话说，在试图重新对“大而不倒”的华尔街银行实施管制的过程中，我们不仅曾经有机会驯服金融化的有害力量，还曾经有机会开创一种我们急需的左派和右派互相和解、互相合作的政治空间。在赢家通吃的品牌战争开始之前，这样的两党合作机制曾经是政治体系的常规模式。

这种两党和解的时刻将以怎样的形式发生？我们不妨充分展开想象。也许一切的开端是美联储的费希尔登上福克斯新闻频道，向公众介绍他与同事在2013年年初制订的方案。该方案的主要内容是，将“大而不倒”的华尔街银行强制拆分为规模较小、容易管理的金融机构。（该方案的关键是，撤销联邦政府对除传统贷款行为以外的所有金融行为的安全网络保障，并赋予管理者权力，使管理机构能够强制拆分那些不愿自主重组的金融机构。[19]）费希尔的这一方案不仅会激起保守派舆论的强烈反响，同时也会获得左派媒体的广泛宣传。随着民意支持的不断膨胀，参议员维特和布朗将把费希尔的计划拓展成为正式的立法法案，而这一法案将获得两党的广泛支持。当然，华尔街那十几家“大而不倒”的银行机构必然会花重金进行游说，试图阻止法案通过，但由于这一运动拥有广泛的民意支持，华尔街的游说力量不会获得太强的谈判筹码。即使这些超级银行能够避免被全面拆分的命运，它们也很可能会被迫接受某种与《格拉斯–斯蒂格尔法案》类似的法律规范。（出台于大萧条时代的《格拉斯–斯蒂格尔法案》曾在金融机构的商业贷款业务和投资行为之间设立了一道防火墙。）随着这一法案的通过，金融板块中系统风险的主要来源被一举消除。同样重要的是，在华盛顿内外，两党显示了在全国性的重要问题上达成一致、携手合作的能力。这种政治上的成功将给冲动的政治体系致命一击，因为冲动政治体系的养料正是两党不和及政治机器的失灵。这样的政治成功清楚地表明，美国的政治过程完全有能力做出实质性的行动和改变，于是自由派和保守派几十年来分别建立起来的分化的政治品牌都会因此受到削弱。

事实上，这种情况确实发生过。佐治亚大学政治科学家基思·普尔是研究政治两极化的专家。普尔指出，在一个世纪之前，美国的政治体系确实曾出现过去两极化，在这一过程中，为了对美国的商业界实施改革，两党的中立派人士在这一共同目标的驱使下团结一致，进行了共同的努力。普尔认为，要想让这样的历史重演，我们需要在选举中看到两党都出现一些中立的候选人。虽然在深度两极化的时代这样的情况无法出现（因为两极化的程度越高，中立候选人胜出的概率越小），然而这样的现状是完全有可能改变的。普尔指出："如果在国会中两党之间有更多的政策需要共同推进，那么，对候选人来说，采取中立的立场就会显得更有吸引力。"[20] 而拆分华尔街大型银行的运动很可能促成这样的情况。

即使是品牌政治的暂时弱化也能为与冲动政治的斗争提供极为重要的滩头阵地。一旦中立人士加入了对冲动政治的战争，国会就可能有能力向竞选金融问题开炮。竞选金融是最深层次、最高级的金融化现象，也是冲动的社会的终极表达方式。自 2010 年对"联合公民诉联邦选举委员会"案的判决生效以来，来自所谓超级政治行动委员会的数亿美元助选资金导致了整个政治体系的全面金融化。我们的政治体系不再只是以市场镜像的形式出现，而是完全融入了市场之中。从传统上说，这是一个自由派人士比较关注的问题。事实上，自由派的民主党人，如伊丽莎白 · 沃伦以及纽约州州长安德鲁 · 科莫也确实看到了这一问题的潜在重要性。根据《资本纽约》杂志的报道，科莫曾表示："这是一个能带来全国性影响的非常重要的问题，这一问题至少与同性恋婚姻和枪支管制一样重要，甚至更重要。"[21] 然而，竞选金融问题同样也可以成为让保守派人士团结起来的议题。事实上，经济与政治的分离原则一直是保守派的核心原则之一。至少在疯狂涌入的助选资金成功腐化左派力量和右派力量之前，经济与政治分离的原则曾经是保守派的核心原则之一。现代保守主义运动的教父巴里 · 戈德华特曾在 1960 年这样说过："为了让政治权力获得尽量广泛的分布，对政治选举活动的金融资助只可以来自个人。我认为工会或公司都没有任何参与政治的理由。因为工会和公司都是出于经济目的创立的，因此它们所参与的活动也应该局限于经济领域。"事实上，虽然美国国会中的共和党人似乎对推进竞选金融改革毫无兴趣，然而却有迹象表明，竞选金融问题让华盛顿以外的保守派人士着了火。民意调查显示，有相当一部分保守派选民和州立法决策者支持通过一项宪法修正案，将公司、工会及其他组织排除在言论自由的保护范围之外，同时禁止上述组织对竞选活动提供大规模的资金支持。其中一项民意调查显示，每 10 位共和党人中有 7 位支持通过上述宪法修正案。[22] 红州网站的一位保守派博主克里斯 · 迈尔斯这样写道："事实是，有很大一部分人认为自己的声音没有被听到，他们认为政府为了保护大公司和大型工会的利益而践踏了他们的个人利益。但是，保守派完全有机会向公众清楚地表明，我们代表和捍卫的是人民真正在意的东西。这难道不是我们一直以来努力达到的目标吗？"[23]

有趣的是，随着茶党的垮台，我们看到一些保守派的思想领袖已经逐渐远离冲动政治的保守主义品牌，开始向中立的立场移动。一位《纽约时报》的保守派专栏作家罗斯 · 杜塔特指出：中间偏右的智囊团以及实用主义的保守派政客中已经涌现出了一种实用主义的、以解决问题为目标的"改革派保守主义"，因为这批人认为，目前保守派人士的错误前进方向无异于在一条自杀的道路上狂奔。改革派保守主义的主张包括：改进早期幼儿教育系统，还包括让各州分别征收燃料税，并靠这笔资金自主管理本州的交通项目等。这些主张展现的是传统保守主义注重实际问题的现实精神，而这种理念对中立的美国公众来说一直是非常有吸引力的。同样重要的是，现实精神曾经是美国两党妥协以及有效立法过程的基础。在税务改革等重要政治问题上，法案的通过总是靠左派和右派中的实用主义者找到两党合作的途径。在冲动的社会的品牌政治文化中，实用主义成了最先被牺牲掉的元素，然而，历史先例使我们相信，我们完全有可能让实用主义精神重新回归我们的政治体系。《纽约时报》的另一位保守派评论员戴维 · 布鲁克斯指出：19 世纪的保守派政治家，如亚伯拉罕 · 林肯、亨利 · 克莱、丹尼尔 · 韦伯斯特以及其他辉格党人，通过关注一些基本的、与党派无关的议题而赢得了大多数人的强烈支持。这些议题包括社会流动性、经济机会以及“如何用政府权力保证美国非主流群体中的个体能拥有在资本主义经济中竞争的工具”。这个早期的例子向我们展示了中立政治的威力。布鲁克斯还写道：更重要的是，辉格党人主张用这种实用主义的中立立场取代“持分离民粹主义立场的杰克逊追随者们”推行的充满敌意的两党斗争策略。因为对实用主义的辉格党人而言，“与其挑动不同阶级之间的斗争，不如帮助民众向更高的阶级迈进”。[24]布鲁克斯认为：今天这样的“机会联盟”也能够赢得同样广泛的公众支持，并彻底“打乱现存的政治格局”。这样的机会联盟应该关注提高社会流动性的途径，比如重建早期儿童教育系统或者帮助条件较差的家庭创造更好的儿童教育模式。虽然自由派人士可能会全盘否定这样的运动，并认为这是共和党人在内斗的崩溃边缘为自保而进行的垂死挣扎，然而改革派的保守主义仍然可能是我们达到一种新的中立政治的第一步，因为改革派的保守主义主张揭示了这样的事实，即对我们大多数人来说，不管左派还是右派的品牌政治都从未真正回应过我们的诉求和理想。这种现实主义运动很可能标志着团结各派的实用主义政治的开端，在这样的实用主义政治中，我们将把目光重新集中在关于共同利益的讨论上，并以寻求问题的潜在解决方案为重点。不管这样的实用主义运动多么不成熟，它仍然标志着我们已经迈出了可喜的第一步——我们已经正式开始抛弃互相攻击的品牌政治，重新走向关注现实、关注可能性的政治文化。

假设这种关注可能性的政治再次成为可能，显然要想把冲动的社会重新推回可持续发展的轨道，我们需要做的绝不仅仅是对金融业重新实施管制。将金融元素排除出我们的政治体系可以为我们带来很多好处，其中最主要的是，此举可以让我们用政治去引导投资领域的决策，让美国重新承担起主要公共投资的长期义务。简言之，在这样的情况下，政府将获得更多的自由和空间，去完成它应该完成的任务，比如做出最有利于社区和公众利益的长期承诺，因为个人、社区或者公司都缺乏完成这种任务的能力和意愿。一个世纪前，美国的进步改革运动正是以这样的理念为核心逻辑：随着成熟的消费者市场完全掌控个人商品方面的投资决策，政府应通过必要的干预来保证公共商品领域也能获得足够的投资。

在此，我们又一次看到了左翼和右翼力量妥协的空间。当然，自由派人士必须接受一定程度上的实质性的福利改革（比如对联邦医疗保险制度的测试和修正）以及管理改革（尤其是对小型公司的管理改革）。同时，保守派也必须放弃他们顽固的品牌意识，并且承认几十年来不断减税和两党的预算战争已经导致目前美国面临公共投资方面的严重不足。事实上，美国在公共投资方面的赤字规模已经超过了世界上其他任何工业化经济体。我们可以举出一系列相关例子：在公路、桥梁以及其他基础建设方面，美国每年的实际投资大约比所需投资少 2 500 亿美元。[25]（根据《华尔街日报》报道，在美国的各个地方，很多州政府正放任数千英里的道路因为缺乏维护修缮而逐渐“化为沙石”。[26]）在 37 个发达国家中，美国在每位儿童身上的早期护理及教育投资占 GDP 的比例名列第 28 位。世界上有 23 个国家拥有比美国更快速的宽带网络。我们还可以继续列举一长串这种让我们感到尴尬的例子。比如，目前美国仍有 90% 的能源来自化石燃料，而目前中国政府在清洁能源研究方面的投资几乎达到了美国的两倍。

要想扭转这些公共投资方面的赤字，我们必须对目前的政治文化做出显著的改变。目前，美国的政治文化被品牌化的保守主义所控制，而这种品牌化保守主义的最大特点是反对一切增加赤字的政府支出，甚至反对适度增税。然而，如果能够获得两党的支持，政治领袖们就可以开始提出和推行在某些方面增加投资的动议（比如在基础建设和能源方面）。这样的政治运动将重点强调公共投资对促成美国过去经济繁荣时期的重要作用。（不仅包括二战后的经济繁荣时期，还包括互联网繁荣时期，因为如果没有之前几十年的大规模公共投资，根本不可能出现这一轮网络经济的繁荣。）更重要的是，这样的政治运动应该倡导今天的我们做出与过去类似的承诺（比如，用大量资金支持下一代能源技术研究工作），这样的承诺能够点燃美国经济加速的引擎。在这方面，我可以举出一个非常具体的例子：如果美国能够大量投资核聚变领域的研究，就可能产生出改变整个世界格局的新技术，从而促进第三次工业革命的发生。核聚变能源是非常清洁的能源，因为核聚变的过程只产生少量放射线，而且核聚变能源所需的燃料（氢的同位素氘）从海水中就可以大量获得，这种燃料几乎是取之不尽、用之不竭的。通过发展核聚变技术，我们有希望获得一种全新的能源，这种能源不仅碳排放量低，而且比目前市场上的任何能源都便宜许多。由于目前能源在世界经济中扮演着极为重要的角色，这种新技术完全可以深刻地改变美国的经济结构，并创造出一系列新的产业，或者将现存产业大幅扩大。所有这一切都能使我们逐渐减少对产生大量碳排放的能源的依赖。目前，美国政府对核聚变研究的资金支持正在不断减少。在这样的情况下，只要美国政府对核聚变技术进行中等程度的支持（根据一些研究的估计，要在2034年之前发展出一个可以产生能源的核聚变反应堆，大约需要投入300亿美元的资金），就可以产生惊人的社会回报。显然，没有任何私营公司愿意进行如此巨额的投资，也没有任何私营公司愿意花那么长时间等待回报的产生。因此，这种类型的投资正是政府应该也有能力进行的公共投资。用专栏作家乔治·威尔的话说：核聚变能源“是公共产品的一个极好的例子，私营板块没有能力创造这样的公共产品，而公共板块则应该对这样的公共产品给予足够的重视”。

必须承认，要推动公共投资的提高意味着政客们必须做出一些直言不讳的长期政治承诺，而如今主流的政客越来越不愿意做出这样的承诺。因为在一个高度金融化的、以民意调查结果判断政治成功与否的冲动的政治世界中，与其试图领导民众，不如用各种高效的手段去迎合和操纵民众。同时，由于长期的文化引导，选民已经产生了对公共投资，甚至对整体政府行为的恐惧，因为这些行为长期以来一直被宣传为低效率的、不正当的，甚至是腐败的。但对那些真正有决心抛弃品牌政治的政治领袖而言，美国历史上能赋予我们勇气和信心的成功例子并不少见。20 世纪 60 年代初期，肯尼迪承诺要在 1970 年之前将美国人送上月球，并因此成功赢得了选民的支持。20 世纪 60 年代，艾森豪威尔的国家高速公路系统建设计划也获得了广泛的公众支持，虽然这一公共交通工程是当时整个人类历史上造价最高的工程。在大萧条时期，富兰克林 · 罗斯福曾多次成功引导选民支持大规模的公共建设项目。而在此之前，西奥多 · 罗斯福则为加大教育、公园及公共医疗等方面的公共投资进行了不懈的奋斗。当然，要说服选民接受上述项目并不简单，这需要极高的宣传技巧。比如，为了说服选民支持增加在公共建设方面的政府投资，富兰克林 · 罗斯福巧妙地提出了一些在当时看来十分新颖的经济理念，这套经济理论就是我们现在熟知的凯恩斯经济理论。根据凯恩斯主义的理论，当国家经济陷入萧条时，政府可以通过增加公共开支的方式拉动需求，从而达到重振国家经济的效果。

然而，我们今天的政治领袖却不再具备这种说服选民的能力。奥巴马政府的经济政策受到了自由派经济学家的广泛批评，这不仅是因为奥巴马政府未能推行真正意义上的金融改革，还因为奥巴马政府既不愿意攻击自由市场的意识形态（正是这样的意识形态为金融危机埋下了祸根），也未能有效地向选民宣传采取新的经济政策，从而对原有的经济政策做根本性改变的必要性。有些经济学家和批评人士认为，这是因为奥巴马政府在宣传方面的能力和意愿有限，而一些更尖锐的批评则认为，是奥巴马政府与华尔街的紧密关系导致了这届政府在这方面故意不作为。然而，另一种观点则认为，虽然美国公众在情感上深切地呼唤一场“我们能够信赖的变革”，但大多数美国公众并没有真正准备好迎接这种我们需要的根本性改革。事实上，我们中的很多人由于对自己的经济情况高度焦虑，对政府和公司产生了强烈的不信任感，因此我们已经失去了超越个人利益、为更宏大的目标而努力的信心和决心。换句话说，即便这届政府想要推行这样的变革，公众也无法向政府提供必要的支持。正如《纽约时报》的布鲁克斯所指出的那样，奥巴马“早已认识到，如果无法获得外界组织的支持，一位总统能做到的事情实在是非常有限的”。[27]

在理想的情况下，我们可以改变群众不愿参与政治的社会和经济因素，来扭转公众对政治的消极态度。我们可以对政治体系进行清理，从而让国民重新产生参与政治的意愿。我们可以通过推行经济改革和提高公共投资，重新创造出上几代人所拥有的经济机会，而这样的经济机会能够启发和引导人们走出自身利益的狭小天地，去追求某些更为宏大的理想和目标。通过重塑公众与市场之间的平衡以及市场与政治制度之间的平衡，我们可以让公众的政治眼光变得更加无私、更加开放和更加长远。

诚然，如果公众不希望这样的变化发生，那么上述高层次的、系统性的变革就绝对不可能发生，几十年来的情况，让公众相信这些理想主义的前景已经变得越来越困难了。政治和经济方面的腐败让美国人变得越来越冷酷和愤世嫉俗。消费者市场不断向我们灌输这样的理念：我们不需要政府和政治也可以通过自身的行为获得任何我们想要的东西。同时，主流文化逐渐接受了市场控制社会的现状，虽然这样的社会体系正在制造着越来越多的问题和不平等现象。但是，在个人层面，上述默许态度正在逐渐改变——因为对我们中越来越多的人来说，维持现状只会让我们的生活变得越来越糟糕。面对中产阶级的衰落、商业界的短视行为以及迫在眉睫的基础设施故障问题，人们已经无法保持沉默。美国是人类历史上最富裕的国家，然而今天普通的美国人却时刻担心被时代和社会所抛弃，越来越缺乏安全感。我们已经无法再忽视和回避这种荒唐的现象了。也许我们曾经相信，我们的市场和政治体系会通过某种方式自动完成对自身的改革，然而，今天的我们已经无法再相信这样的说法了，因为我们亲眼看到，我们的系统已经变得千疮百孔，我们已经不再有否认和回避的资本了。我们中越来越多的人意识到，那些让冲动的社会看起来坚不可摧的元素（政治体系的顽固失灵、长期以来赢家通吃的短视思维、个人的慢性自我中心症）本身就是冲动的社会的一部分，这种巨大的垄断品牌效应使得实质性的改革似乎是不可能完成的任务。但是，我们中也有越来越多的人看穿了这种品牌效应，并且明白改革的可能性仍然存在。现在，一些精英统治论者、学者、有改革眼光的政治家以及商业界人士已经打响了对短视的政治体系和商业系统的战争，而我们中的其他人应该把思想化为行动，投身到这场对冲动的社会的战争中去。不安和紧迫感已经笼罩了整个美国社会，我们应该抓住这样的机会，向我们自己，同时也向更广阔的社区展示出我们的信念：变革的可能性仍然存在。驱动冲动的社会的那些制度因素完全可以被我们所改造，成为抗击冲动的社会的掩体。

小心裂缝

几年前，我的一位朋友就把她内心的这种不安的情绪转化成了实际行动。玛西当时是一家全国性建筑公司中一颗冉冉升起的新星，然而她却开始严肃地怀疑自己是否真的在为社会创造价值。玛西喜欢设计各种建筑，然而如今的建筑行业却被削减成本、增加数量的想法所把持，创造性在这一行业中所占的份额越来越小。玛西告诉我说：“大部分时候，我的工作任务只是研究怎样从工程中赚钱。有时我设计出一个很好的方案，每个人都喜欢我的方案，然而接下来他们会说：‘好吧，让我们来谈谈划算与否吧，让我们拼命压低成本吧。’于是我开始想：‘我设计的这栋建筑会在那里存在 50 年，我的名字会出现在这座建筑上，我并不认同我们现在的这些做法。’”玛西当时恰好会参加一些本地学区的志愿者活动，她带领学生们参观和欣赏市中心的建筑，并进行讲解。玛西非常喜爱孩子们表现出来的热情和好奇心，在每次志愿者活动的几个小时中，她都相信她的努力可以改变孩子们看待世界的视角。玛西渐渐觉得，这些小小的转变比她在工作中做的任何事情都更有创造力，也更加重要。

有天晚上，在下班回家的路上，玛西在车中收听了一档广播节目对一位政客的采访。在采访中，这位政客谈到他是如何辞去一份报酬丰厚的工作而投身政治的。那位政客引用了大希列尔的一句古话：“若仅为己，我为何物？若非此时，更待何时？”听到这句话时，玛西受到了触动。“当时我想，这句话不正说出了我的感受吗？我想去做一些更重要、更有价值的事情。”于是，玛西辞去了工作。她离开了之前供职的建筑公司，重返校园去学习教育硕士的课程。现在，玛西每天的工作是“设计”高效的课堂教学内容。她告诉我说：“我现在终于拥有了我想拥有的影响力。我的意思是说，我可以和一个孩子进行一场对话，而这场对话有可能改变这个孩子的人生。”玛西承认，辞去建筑公司的工作并不容易。放弃这样的工作不仅意味着放弃高收入，还意味着她再不能获得这种所谓的光鲜工作带给她的自我满足。玛西说：“当我告诉别人我是教师的时候，对方常常赶紧换话题。”然而，当玛西离光鲜的商业工作越来越远后，她也越来越清楚地看到，市场定义的职业成功与她的个人价值观所定义的成功之间存在极大的差别。对玛西来说，要实现自己的价值，就必须参与并影响他人的生活。玛西说：“对我来说，这是一种成长和领悟，我对自己说：‘也许教小朋友真的比想象我自己在设计房屋更重要。’是的，那是真的。我热爱现在的职业，而且我从来不往回看，我从来不后悔自己的选择。”

对我来说，玛西的故事生动地诠释了“制造空间”的主题。只有当我们退出冲动的社会的价值和规律时，我们才能看到冲动的社会存在多么严重的失衡现象。不仅如此，我们还能看到自己如何建设性地回应这样的失衡现象。我们曾讨论过如何在金融市场和实体经济之间制造空间，以及如何在市场和政治之间制造空间。但是，要想真正摆脱冲动的社会的束缚，我们必须让自我和市场之间的缝隙变得更宽，必须扭转持续了一个多世纪的自我和市场的融合过程。只有这样，自我才能获得一些呼吸的空间，才能稍微远离市场短视的价值观的污染，重新获得那些更重要、更长远、更人性化的价值观。同样重要的是，只有当我们后退一步时，我们才能认识到，我们在消费者市场中狂热追求的那些东西事实上只有在其他地方才能获得。对我们中的很多人而言，如今我们最渴望的东西是“连接”，我们希望与他人建立深层次的、真正的、有意义的关系。半个世纪之前，社会学家罗伯特·尼斯比特曾说，人们一直“被对社区的渴望驱动着”。事实上，今天的我们仍然被这种渴望所驱动。显然，从定义上说，我们不可能在一个追求以自我为中心的即时满足的消费者文化中满足上述需求。事实上，我们所追求的这种深层次的连接恰恰是一种与冲动的社会的精神完全相反的东西；我们所渴望的，是与某种永久性的、比自我更宏大的东西的联系。当我们在市场中寻找这样的连接时，我们不仅无法满足自己的基本需求，而且破坏和削弱了可能满足这种需求的东西。

于是，我们选择了后退。事实上，这场后退运动已经在如火如荼地进行了。在美国各处，人们采取了上亿种反抗冲动的社会的行动，这些行动反映出我们不同的偏好、恐惧和选择。尽管这些反抗行为多种多样，但我们最终必须认同某种更宏大的统一目标。我们必须把这些对连接和社区的个人追求转化为某种更广泛的社会行动和政治行动，因为只有这些社会行动和政治行动才能保护和重塑社区的价值观以及某种更宏大的长期目标。显然，只有集体行动才能让上述一切成为现实。如果说，在冲动的社会的腐蚀下，自我和社区的概念同时出现了垮塌，那么在反抗冲动的社会的运动中，我们必须同时重建自我和社区的功能。

在更广泛的意义上，我们已经知道应该做些什么。我们中的大多数人都已经理解，冲动的社会诞生的关键以及制服它的关键都在于自我和社区的关系。当自我和社区之间存在健康的关系时，自我和社区之间可以赋予彼此更多的力量。在这样的环境中，社区是健康的社区，而社区的基本价值（共同的目标、合作、自我牺牲、耐心以及长期承诺）也能对自我起到支撑作用，并赋予自我回馈社区的能力。这样的关系会形成一个正反馈的良性循环，自我和社区可以互相支持并提升对方的作用。是的，我们曾经使这样的良性关系瓦解了。我们曾错误地说服自己相信个人可以通过对市场的依赖获得所有需要的力量，因此我们不再需要社区的帮助，只要让社区自生自灭就可以了。然而，随着追求满足的过程日益个性化，上述良性循环变成了一种恶性循环，自我和社区之间的关系也变成一种互相损害的关系。这同时弱化了自我和社区的力量。这种可怕的现实正是冲动的社会的核心。市场越是把我们从社区的义务和影响中解放出来，个人的实际权利和自由反而会受到越严重的损害，当我们无法抵抗市场分化和征服的力量时，甚至对结果提出申诉的能力都没有。回顾历史，我们可以清楚地看到，在市场瓦解社区的过程中，我们是多么的无能为力。我们还看到，很多人把不断加大的贫富差距视作既成事实而予以接受。在很多方面，在很多层面上，冲动的社会都成功地把我们放在了对它而言最方便的位置上。

然而，现在我们的忍耐早已超过了上限。从市场撤离的行为本身就是一种政治化的行为，不仅向社会表明我们没有获得自己真正需要的东西，同时还宣布我们真正需要的东西其实是唾手可得的。当我们远离市场的价值体系，社区的价值体系便能重新回到我们的生活中。即便只是适度远离市场的控制，我们也能感受到极大的快乐和真实感，这来源于我们与社区重新建立起来的联系。这种快乐和真实感鼓励我们进一步扩大市场和自我的距离，于是我们和社区的关系也会变得更加深入和持久。这种改善的过程虽然可能是缓慢的，但是改善的方向却是明确的——最终，恶性循环必将被打破。当然，这个过程中很可能会出现困难和挫折。由于几十年来人们的忽视，很多对健康社区而言非常必要的社会结构已经出现了严重的萎缩和退化。此外，由于我们中的许多人已经在马斯洛的需求层级上下滑了一到两级，我们很可能缺乏远离市场的资金和能力。然而，即便如此，我们对社会联系的渴望以及对某种远大理想的追求仍然存在。只要我们能够获得一点点微小的机会和鼓励——在自我和市场之间制造出哪怕最微小的空间，我们将自我和社区重新连接的欲望便会像裂缝中的野草一样蓬勃地生长起来。一方面，野草会努力向着太阳的方向生长，另一方面，野草的根系则会深深地扎入冲动的社会的根基。

在基督教的教堂、犹太教的教会以及伊斯兰教的清真寺里，我们每周都能看到这种野草般的欲望在蓬勃生长。在这些地方，人们寻找集体和社群的力量来重塑自我。在周五晚上举行的高中足球比赛中，那种原始部落般的能量表达着这种欲望。在高中的毕业典礼上，参与者乐观的情绪表达着这种欲望。在扶轮社的募捐活动中，人们对共同目标的肯定与信心表达着这种欲望。在关于公共土地使用的听证会上，人们强烈的情绪和诉求表达着这种欲望。在农民集市欢快的气氛中，我们同样能看到这种野草般的欲望。事实上，只要用心观察，便会发现我们的社会中仍然广泛存在着对社区、家庭等最基本社会结构的尊重及渴望。我们中的大部分人都希望这些社会结构所代表的价值观——合作、滋养以及长期的承诺——能成为市场以及政治领域的主流价值观。我们对社区和社会连接的渴望其实一直都存在，我们所缺乏的仅仅是社会各阶层团结一致的努力。一旦有了这样的努力，我们便可以清除政治和经济方面的障碍，消除结构性的偏差，击退腐败，摒除品牌化的犬儒主义。我们对社区的渴望将引领我们重新回到一种更平衡的、更理性的社会定位中。

事实上，即便缺乏集体性的改革措施，重新回归社区的趋势也已经在社会的各个角落蓬勃展开了。人们越来越偏爱各种“本地化”的商品和服务，这说明我们已经重新燃起对尼斯比特所说的“中介制度”（家庭、教堂、邻里、学校，以及其他小型的、本地化的社会结构，这些社会结构的共同特点是能够对个人起支持作用，并能保护个人免受各种自然或人为的大规模力量的伤害）的热情。这种热情产生于最为恰当的地方——本地化的层面。在这一层面，不仅社会关系具有最高的强度和频率，而且人们能以最具体的方式感受到这种关系，从而能最直接地体会到自我和社区重新连接的好处。圣母大学助理教授帕特里克·蒂宁是一位经典思想领域的专家，他这样写道：“要想理解一种共同的价值观，并愿意为这种价值观做出实质性的努力（也就是说，既对过去的传承有义务感，又对未来的馈赠有责任感），首先必须在十分亲密的层面建立起这样的价值观。”在本地化的层面，我们能“感性和直观地体会到我们的行动对他人产生的影响，以及他人的行动对我们产生的影响，从而建立起一种感官上的联系”。同样，在本地化的层面上，我们最容易区分市场与非市场，因此也最容易建立和巩固非市场的价值观，比如真实、道德、质量以及社区。

尽管这种本地化的小型社会关系极为重要，但我们同时也应该认识到，这种杰弗逊式的理想化社区形式（小型的、紧密的、亲近的）只是整个社会革新进程的一部分。今天，“本地”已经不能全面地描述我们所生活的世界，因此“社区”的内涵也应变得更广，它应该考虑到国家甚至全球层面的问题，同时应该保持足够的多样性，以全面涵盖所有的人类经验和智慧。比如，我们应该复兴“工作”的理念，重新把工作视为一种真正的社会连接，并把职场视作一种正当及重要的社区空间。拥有强大的工会以及高度团结的职场的时代或许一去不复返了，但如果说中产阶级还有任何被拯救的希望，那么劳动者就必须重新组建一个集体性的、高度连接的、有清晰自我意识并能表达自己声音的社区。

与此同时，我们还应该学会接受各种新的社区形式，虽然其中某些形式（比如数字化社区）是本书某些章节的批判对象。我们应该清楚并坦诚地认识到，虽然数字化的网络环境可能成为社区复兴的渠道之一，但这样的网络环境具有严重的局限性。脸书和推特上的互动永远无法代替亲密的邻里会面、家长教师联谊会的筹款活动以及温馨的家庭聚餐。同样，在社交媒体上“关注”某位政治领袖或某项政治议题也并不代表我们已经履行了参与国家和州立政治事务的公民义务。更重要的是，我们应该认识到，今天的数字化社交网络已经完全吸收了效率市场的精神，因此它表现出所有效率市场的特征：强调快速回报、自我提升，并鼓励可随时抛弃的、不完整的互动形式——而这正是我们希望远离的。然而，如果我们可以在一定程度上容忍数字世界的市场化特点，或者更准确地说，能将这些市场化元素分门别类，让每一位使用者都能够清楚地意识到数字世界中市场化元素的存在（比如我们可以考虑让所有六年级以上学生接受必修的“技术教育”课程），那么这些科技完全有潜力成为社区的基石，也完全有可能用无限的可能性实现各种我们无法想象的社会连接方式。毕竟，互联网产生的初衷便是建立一种新型的社区，在这个社区里聚集着各种渴望逃离主流文化、共享信息的人们。为什么这样的精神不能催生出一种公众交流的新渠道呢？事实上，网上乡镇会议已成为一种正在兴起的新现象，而我们完全可以将其发展为一种规模更大的、更常规化的公众交流模式。

当然，不论数字化技术给我们带来了怎样的财富和灾难，我们都应该认识到，在非数字化的世界中，社区的发展仍存在未被开发的巨大潜力。在美国的战后时期，在数字化技术尚未出现甚至尚未进入人们的想象世界时，美国的社区建设曾达到过惊人的高度，而美国公民的社会参与度和社会资本的积累程度也都创造了辉煌的纪录。因此，我们应该坚信，在"线下"社区的重建方面，美国存在着未被开发的巨大潜力。我们不应该让光怪陆离的数字世界迷乱双眼，更不应该听信数字世界的创造者们对数字社区的不断鼓吹。在数字世界以外的线下世界，存在着无数种建立有意义的重要社会连接的渠道，比如参加志愿者活动，比如参加业余联盟的体育运动，比如多开展远离电子设备的家庭活动等。通过这些现实世界中的渠道，我们可以重新参与社区活动，建立起个人与社区的正反馈关系。

事实上，我们的最终目标应该是重建最广泛意义上的社区。虽然重建较小规模的社区也非常重要，但我们现在急需重新树立广泛的国家社区的理念。在目前陷入困境的庞大民主体系中，这反映了每个人作为公民的义务。虽然大型的国家社区可能缺乏本地社区那种亲密无间的、充满感情的氛围，但由于我们目前面临的许多问题和挑战必须依靠国家层面的力量才有可能解决，因此国家社区的重建是我们别无选择的义务。只有国家社区才可能有足够的资源去解决气候变化、创建新能源体系等问题。更重要的是，只有运行良好、具有适当凝聚力的国家社区才能为整个社会设定更远大的目标。而这种目标的建立反过来又会影响我们在本地层面以及个人层面重建社区的努力。只有国家社区的组织才能把各州和本地的各种改革努力进行政治化和经济化的包装。只有国家社区才能进行长期的有形投资和人力资源配置，并保证这些投资具有理性的、长远的目标。只有国家社区的组织才能在国家和地区之间，以及政府和个人之间建立长期互利的关系。

对许多深受品牌保守主义毒害、习惯于在任何情况下对政府保持无条件不信任的右派人士而言，重建国家社区的理念必然会为他们带来极大的挑战。然而，只要对我们目前的政治文化进行适度的改进（比如调低目前在政治立场上高度分化的媒体的声音），我们就有可能让保守派人士看到去品牌化的政治文化能为我们带来多么巨大的战略利益。去品牌化的政治文化不仅能让人们更具建设性地参与政治，还能促成真正有意义的改变。而这样的变化完全可以促成一种良性循环机制。正如今天很多实用主义的改革派保守人士已经意识到的那样，美国战后的经济奇迹在很大程度上得益于国家与个人之间的良性循环关系。自上而下的大型改革计划（比如社会保险方面的改革、劳动力市场管理方面的改革以及在公共基础设施领域大规模投资的计划）能够重建个人的安全感，重塑民众对未来的信心，并让各种形式的社区在各种层面上获得发展与繁荣。

上述社会投资将为我们带来惊人的“回报率”。正如罗伯特·普特南及其他学者们所记载的那样，在战后的美国，社区的繁荣使公民对社会和政治活动的参与度达到了空前的水平——志愿者精神、爱国主义精神、团队精神以及自我牺牲的精神，正是这些精神的力量让整个美国社会战胜了各种巨大的困难，赢得了各种艰巨的挑战。当然，今天的我们也许仍然能在大选的过程中看到这样的参与精神，在选举过程中，两党自上而下都表现出极强的参与精神（甚至是参战精神）。然而，我们急需建立的是一种更具可持续性的参与氛围，政治领袖和选民都能以更低调、更有建设性、更具可持续性的方式参与政策的辩论与制定过程。在这样的政治氛围下，我们应该禁止极端的媒体声音煽动辩论中的公众情绪，这种极端主义的政治媒体应该被再次边缘化。

也许，目前美国社会中最有希望的迹象是对不平等问题的争论以及公众对不平等现象持续上升的愤怒情绪。随着贫富差距的不断扩大，社区的理念和民主的制度都受到了严重的威胁。由于缺乏经济方面的确定性和安全感，许多民众逐渐丧失了后物质主义的崇高理想，因此他们已经很难走出对狭隘的个人利益的追求而投资社区了。于是，在民众最需要社区支持的时候，社区却在迅速衰退，这个残酷的例子清楚地展示了良性循环是怎样变成恶性循环的。然而，收入不平等问题正是国家社区组织最有用武之地的领域之一。国家社区可以通过坚持不懈的努力重塑市场的公平和平衡，并且可以启动和推行上述各种改革。通过这些行动，我们可以把恶性循环重新推回良性循环的方向。当人们变得更有安全感，当社会真正让民众相信我们的社会确实在意每个人的利益和生活水平时，我们便会更愿意走出自我的狭小世界，将更多的时间贡献给我们的家庭、邻里和学校。同样重要的是，通过缩小贫富差距，我们能够让民众相信，我们的经济并不完全是为富人和有政治权力的人服务的，这样的过程能够帮助我们重建对美国梦以及对整个民主制度的信心。如今，两党的政治领袖都已经开始讨论贫富差距和收入不平等的问题，仅仅是这样的讨论已经能够向那些被社会忽视、对社会充满敌意的人群传递清晰的信号：现在我们可以安全地发出自己的声音了，整个国家团结一致采取行动的时刻终于来了。

确实，在过去的几十年中，由于经济的疲软、政治上的两党纷争、经济上的金融化倾向，由于选民日益将政治视作另一种消费和创造自我身份的渠道，我们几乎很难想象国家社区组织能够建立起来。然而，就在最近，我们看到了一点破冰的可能性——两党之间的短暂妥协可能意味着更大尺度上的和解与合作。当然，必须承认，目前来看希望的火苗是十分微小的，然而这毕竟是一扇机会的窗口。透过这样的窗口，选民们有可能意识到冲动的社会的不可持续性，并认识到我们这个无法完成任何任务的政治体系是多么荒谬。通过创造必要的空间，我们可以客观地审视政治制度的表现有多么糟糕。因此，我们应该开始要求对这样的政治制度进行改善和重塑。即便某些不完美的元素不能完全消除，但我们的政治体系至少应该能履行它应有的功能——引导每位公民的个人利益，将个人的努力汇聚起来，创造出长期的、集体性的产出。

在此，我们将看到另一个良性循环的例子。当一个国家的政治文化开始谈论真正的问题时，我们不再讨论死亡委员会[①]、大麻的合法性或者总统的出生证明，而开始讨论那些真正影响经济与社会命运的问题：我们讨论现代家庭面临的真正挑战，讨论商业道德和职业道德的衰退，讨论创新的不当利用，讨论不受管制的金融市场和竞选资金埋下的定时炸弹……当我们的政治文化能够讨论并解决这些问题时，民众必然会更加关心、接受并认同这样的政治文化。因为这些问题是超越了党派界限的真正重要的问题。由于政治立场的分裂，我们国家的政治地图上镶满了红色和蓝色的补丁，我们可以为这样的现实感到遗憾，然而这样的事实却无法阻止我们寻找和创造共同的价值。这些共同的价值应该穿透我们在立法上的分歧，重申我们对公正、自由社会的基本原则的共同信仰。在这一过程中，我们将关闭极端媒体的声音，将击退两党无法合作的恶性假设，重新发现共同利益所在，重塑中立的政治阵营。也许，在这样的过程中，我们还会逐渐认识到，我们中的大部分人并不像我们想象的那么偏左或偏右，我们之间的共同点远比我们的不同点更多且更重要。

至此，大家不难看出，除了在政治领域，这样的良性循环在其他领域同样可以建立起来；其他的全国性政治议题也同样可以用类似的自上而下，同时自下而上的方式解决。比如，在气候变化问题上，我们的政治机器已经陷入了国家层面上的失灵状态。推行碳排放税的努力受到了金

① “死亡委员会”是指在奥巴马医疗改革的过程中有权决定哪些人能够获得医疗保险的官僚机构。民众对这个机构及整个医改项目不信任，他们认为这些官僚机构能够决定哪些人获得医保，哪些人无法获得医保，掌握着民众的生死大权。——译者注

融化的政治体系的严重阻碍，而正是这种金融化的政治体系让能源行业规避了改变的风险——这是典型的冲动的社会的弊病。与此同时，在地区和州的层面上却出现了各种支持碳排放税的运动。只要有合适的组织和引导，这种地区层面的运动完全可以转化成全国性的运动。比如，在加利福尼亚州，由于居民的生产和生活受气候变化——如干旱、山火、沙尘暴等——影响较大，地区性的环保运动已经成功转化成了有建设性的州政策。这些州政策完全可以成为美国其他州的范本，并有望最终成为联邦政府环保政策的范本——过去马萨诸塞州的医疗系统模式就逐渐进化成了全国医疗系统的统一模式。为了加速这一进程，一个由各地环保积极分子（其中很多成员是千禧一代的年轻人）组成的、快速成长的国家社区通过采取一种全新的“职业”策略，成功地在全国范围内制造了广泛的政治压力。这种策略目前在成熟的绿色团体中已经不多见了。其中影响最广的例子之一是：在这一国家社区组织的运作下，超过 75 000 名环保积极人士随时准备抵制 Keystone XL 项目。该项目是一个输油管道项目，该管道主要用于把将会产生大量碳排放的石油从加拿大的油砂蕴藏地运往美国。在这一全国性抵制活动的威胁下，奥巴马政府最终搁置了对该项目的批准。

也许，这种自上而下，同时自下而上的方式在教育领域最能发挥作用。在冲动的社会的影响下，美国的教育业受到了严重的伤害。和许多工业化程度不如我们的国家相比，美国学龄儿童的学业表现令人十分失望，这样的现状已经严重影响了我们振兴经济以及取得长期经济繁荣的能力。然而，在教育领域存在着大量民众参与、改革提高以及社区建设的机会，这方面的潜力还远远未被完全开发。在国家层面，联邦政府试图在各州的公立学校中推行统一的国家教育标准的运动已经取得了一定程度的成功。虽然很多地区对统一的国家标准持怀疑的态度，但共同核心运动还是赢得了比较广泛的民意支持。在地区层面，改革者们正在实验各种新的办学模式和教育方法，比如特许学校[①]，比如一种让学生在家收看在线教学录像，然后在学校当堂完成作业的“反转型”教学模式。当然，在这些教学方法和办学模式中，有不少仍然具有很大的争议。然而，这些实验和改革措施的存在反映了一种全民参与、自己动手的热情与精神。这种自己动手的热情与精神曾经是整个美国文化最重要的特点之一；只要加以正确的引导和鼓励，这种精神完全可以再次盛行起来。

事实上，在现代社会的所有领域，教育可能是最能激励个人积极参与并采取实际行动的领域。教育常常是成年人走出家庭和邻里的怀抱、正式参与社区活动的第一个机会。教育也常常是我们参与政府活动的第一个机会：当我们对子女的学校教育不满时，我们往往有很强的动机要做出实际的努力。这种努力可能是为添置教室的教学设备而举行的筹款活动，可能是呼吁提高本地征税额度的政治宣传活动，也可能是竞争学校董事会成员席位的竞选活动。我的朋友玛西发现了这样的规律：教育为富有野心的个人提供了一条回馈社区的清晰而平坦的途径。人类天生具有回馈社区与社会的欲望。参与社会活动、创造某种真正具有长期价值的东西的欲望与人类其他更低等、更受蜥蜴脑控制的欲望一样自然。我们缺乏的不是这方面的本能和愿望，我们缺乏的是时间、空间以及正确的鼓励和引导。因此，我们应该坚持不懈地提供这样的时间、空间以及鼓励和引导。并且这种坚持应该来自我们的内心。当我的朋友玛西谈论她放弃高薪工作而成为一名教师的决定时，她向我描述了这样一个转折点。当时她向自己提出了一个非常关键的问题：“如果我不去做这样的工作，那么我们要寄希望于什么样的人来完成这样的工作呢？”

---

① 美国的特许学校是一类介于公立学校和私立学校之间的学校，特许学校可以像公立学校一样获得政府的资金支持，但不必完全遵照公立学校的教学大纲，可以在一定程度上自主决定教学内容和方法。——译者注

冲动的社会不会鼓励我们向自己提出这样的问题。事实上，在一味追求高收益率、被商业利益的永动机所驱动的社会中，我们永远在寻找着更完美、更个人化的满足机会，因此我们根本没有时间考虑任何超出短期自我利益以外的现实情况。当我们走出短期自我利益的狭隘世界，提出这样的问题："若仅为己，我为何物？若非此时，更待何时？"我们事实上否认了市场的逻辑，并坚持了另一套完全不同的、更古老的价值体系。在这套更古老的价值体系中，我们认识到，只有在为某种更伟大的目标奋斗和服务时，个人的自由和权力才能真正实现。更重要的是，通过向自己提出这样的问题，我们便迈出了反叛冲动的社会的第一步，因为我们拒绝了支持冲动的社会存在的核心理念——短视的、自我沉醉的、破坏性的现状是整个社会的最优情况。这条冲动的社会的核心"真理"是一个不折不扣的谎言——要认识到这一点，我们只需要向自己提出一个问题。当然，接下来，我们还需要鼓起勇气来回答这个问题。

THE IMPULSE SOCIETY

致谢

每一本书都是合作的结果，在本书的写作过程中，我尤其需要感谢很多人对我的帮助。本书涉及很多相当复杂的议题，甚至很多议题颇富争议性。为了更深入地了解和剖析这些问题，我与许多方面的专家进行了深入的对话。他们不仅慷慨地向我分享他们的专业知识，还体贴地帮我考虑如何将这些问题嵌入我在整部书中想要描述的大主题中。在此我想特别感谢以下专家的帮助：Dean Baker、Bill Bishop、Robert Bixby、Robert Boyd、Ralph Brown、Keith Campbell、Daniel Callahan、Hilarie Cash、Amitabh Chandra、Jonathan Cohen、Tyler Cowen、Richard Curtain、Richard Davies、Michael X. Delli Carpini、Jake Dunagan、Judith Feder、Andrew Haldane、Dacher Keltner、Bill Lazonick、George Loewenstein、Michael Mandel、Sam McClure、Todd Miller、Manoj Narang、Paul Piff、Clyde Prestowitz、Peter Richerson、Judy Samuelson、Walker Smith、Evan Soltas、Dilip Soman、Kenneth Stone、Richard Thaler，以及 Eric Tymoigne。此外，我还想特别感谢帮我通读本书初稿并提出宝贵意见的人，他们是：Matt Roberts、Molly Roberts、Karen Dickinson、Nina Miller、Claire Dederer、Fred Moody、Paul Bravmann、Susan Kucera、Ralph Brown、Bill Lazonick 以及 Johann Hari。另外还有人与我分享了他们与冲动的社会的第一手故事，这些内容都是本书的珍贵素材，在此尤其需要感

谢 Brett Walker 和 Marcie。

当然，最重要的是，我必须感谢布卢姆茨伯里出版公司的以下工作人员：George Gibson、Laura Keefe、Nikki Baldauf、Rachel Mannheimer、Summer Smith，特别是我的编辑 Anton Mueller。如果没有他们的智慧和好奇心，以及愉快地在深夜和周末加班的精神（后者才是最主要的），本书一定无法与大家见面。

最后，我想感谢那些在本书的写作（以及重写）过程中向我提供鼓励、支持以及餐饮的人，他们包括：整个 Dickinson 部落；Chris Brixey 与 Andrea Brixey夫妇；Eurosports 的 Eric 和 Ben；Luke、Colin 和 Luis；Stephen Sharpe 以及“A Book For All Seasons”书店；Homefires 的 Linda 和 Jake Schocolat 的 Damian 和 Susie；Sage Mountain 的 Susan；Good Mood Food 的 Kurt 和 Nadine；Roy Gumpel；Susan Garner；以及某位骑双人自行车的人。当然，最后我必须感谢对我而言最重要的 Hannah 和 Isaac，如果我的心是一个圆规，你们便是这圆规的双脚。

Alder, Nathan. *New Lifestyles and the Antinomian Personality*. New York: Harper & Row, 1972.

Alexander, Jennifer Karns. *The Mantra of Efficiency: From Water Wheel to Social Control*. Baltimore: Johns Hopkins Press, 2008.

Baker, Dean. *The End of Loser Liberalism: Making Markets Progressive*. Washington, DC: Center for Economic and Policy Research, 2011.

Baker, Dean, and Thomas Frank. *Plunder and Blunder: The Rise and Fall of the Bubble Economy*. San Francisco: PoliPoint Press, 2009.

Bell, Daniel. *The Cultural Contradictions of Capitalism*. New York: Basic Books, 1996.

Bellah, Roberts et al. *Habits of the Heart: Individualism and Commitment in American Life*. Berkeley: University of California Press, 1985.

Bevan, Tom, and Carl Cannon. *Election 2012: The Battle Begins*. The RealClearPolitics Political Download. 2011.

Bishop, Bill. *The Big Sort: Why the Clustering of Like-Minded America Is Tearing Us Apart*. Boston: Houghton Mifflin, 2008.

Bloom, Allan. *The Closing of the American Mind*. New York: Simon & Schuster, 1988.

Bowles, Samuel, and Herbert Gintis. *A Cooperative Species: Human Reciprocity and Its Evolution*. Princeton, NJ: Princeton University Press, 2011.

Bradsher, Keith. *High and Mighty: SUVs—the World's Most Dangerous Vehicles and How*

They Got That Way. New York: Public Affairs, 2003.

Braudel, Fernand. *The Structure of Everyday Life: The Limits of the Possible. Civilization and Capitalism, 15th–18th Century.* Vol. I. Translated from the French by Sian Reynolds. Berkeley: University of California Press, 1992.

Brown, Clair, and Greg Linden. *Chips and Change: How Crisis Reshapes the Semiconductor Industry*. Cambridge, MA: MIT Press, 2009.

Brynjolfsson, Erik, and Andrew McAfee. *Race against The Machine: How the Digital Revolution Is Accelerating Innovation, Driving Productivity, and Irreversibly Transforming Employment and the Economy*. Boston: Digital Frontier Press, 2012.

Burnham, Terry, and Jay Phelan. *Mean Genes: From Sex to Money to Food Taming Our Primal Instincts*. New York: Penguin, 2000.

Calder, Lendol. *Financing the American Dream: A Cultural History of Consumer Credit*. Princeton, NJ: Princeton University Press, 1999.

Carr, Nicholas. *The Shallows: What the Internet Is Doing to Our Brains*. New York: W. W. Norton, 2011.

Chandler, Alfred. *Scale and Scope: The Dynamics of Industrial Capitalism*. Cambridge, MA: Harvard University Press, 1994.

———. *The Visible Hand: The Managerial Revolution in American Business*. Cambridge, MA: Harvard University Press, 1977.

Coates, John. *The Hour between Dog and Wolf: Risk Taking, Gut Feelings and the Biology of Boom and Bust*. New York: Penguin Press, 2012.

Cowen, Tyler. *Average Is Over: Powering America beyond the Age of the Great Stagnation*. New York: Dutton, 2013.

———. *The Great Stagnation: How America Ate All the Low-Hanging Fruit of Modern History, Got Sick, and Will (Eventually) Feel Better*. New York: Dutton, 2011.

Davis, Gerald. *Managed by the Markets: How Finance Re-Shaped America*. New York: Oxford University Press, 2009.

Dionne, E. J. *Our Divided Political Heart: The Battle for the American Idea in an Age of Discontent*. New York: Bloomsbury, 2012.

Donaldson-Pressman, Stephanie, and Robert M. Pressman. *The Narcissistic Family: Diagnosis and Treatment*. New York: Macmillan, 1994.

Fishman, Charles. *The Wal-Mart Effect: How the World's Most Powerful Company Really Works—and How It's Transforming the American Economy*. New York: Penguin Press, 2006.

Frank, Robert. *The Darwin Economy: Liberty, Competition, and the Common Good*. Princeton, NJ: Princeton University Press, 2011.

Frank, Robert, and Philip J. Cook. *The Winner-Take-All Society: Why the Few at the Top Get So Much More Than the Rest of Us*. New York: Penguin Books, 1995.

Frank, Thomas, and Matt Weiland, eds. *Commodify Your Dissent: The Business of Culture in the New Gilded Age*. New York: W. W. Norton, 1997.

Friedman, Milton. *Capitalism and Freedom*. Fortieth Anniversary Edition. Chicago: University of Chicago Press, 2002.

Hacker, Jacob S., and Paul Pierson. *Winner-Take-All Politics: How Washington Made the Rich Richer—and Turned Its Back on the Middle Class*. New York: Simon & Schuster, 2011.

Hammond, Phillip E. *Religion and Personal Autonomy: The Third Disestablishment in America*. Columbia: University of South Carolina Press, 1992.

Hirschman, Albert. *The Passions and the Interests: Political Arguments for Capitalism before Its Triumph*. Twentieth Anniversary Edition. Princeton, NJ: Princeton University Press, 1997.

Horowitz, Daniel. *Anxieties of Affluence: Critiques of American Consumer Culture, 1939–1979*. Amherst: University of Massachusetts Press, 2004.

Inglehart, Ronald. *Culture Shift in Advanced Industrial Society*. Princeton, NJ: Princeton University Press, 1990.

Inglehart,. Ronald, and Christian Welzel. *Modernization, Cultural Change, and Democracy: The Human Development Sequence*. Cambridge: Cambridge University Press, 2005.

Jackson, Tim. *Inside Intel: Andy Grove and the Rise of the World's Most Powerful Chip Company*. New York: Penguin, 1997.

Kanigel, Robert. *The One Best Way: Frederick Taylor and the Enigma of Efficiency*. New York: Viking, 1997.

Katona, George et al. *Aspirations and Affluence: Comparative Studies in the United States and Western Europe*. New York: McGraw-Hill, 1971.

Kling, Arnold. *Crisis of Abundance: Rethinking How We Pay for Health Care*. Washington, DC: Cato Institute, 2006

Krippner, Greta. *Capitalizing on Crisis: The Political Origins of the Rise of Finance*. Cambridge, MA: Harvard University Press, 2011.

Landes, David. *The Wealth and Poverty of Nations: Why Some Are So Rich and Some So Poor*. New York: W. W. Norton, 1999.

Lasch, Christopher. *The Culture of Narcissism: American Life in an Age of Diminishing Expectations*. New York: W. W. Norton, 1991.

Levins, Richard. *Willard Cochrane and the American Family Farm*. Lincoln: University of Nebraska, 2000.

Lichtenstein, Nelson. *The Retail Revolution: How Wal-Mart Created a Brave New World of Business*. New York: Picador, 2009.

Lichtenstein, Nelson, ed. *Wal-Mart: The Face of Twenty-First-Century Capitalism*. New York: The New Press, 2006.

Lindsey, Brink. *The Age of Abundance: How Prosperity Transformed America's Politics and Culture*. New York: HarperCollins, 2009.

Lowenstein, Roger. *When Genius Failed: The Rise and Fall of Long-Term Capital Management*. New York: Random House, 2000.

Lynch, Michael. *True to Life: Why Truth Matters*. Cambridge, MA: Bradford Books, 2004.

Marin, Peter. *Freedom and Its Discontents: ReAections on Four Decades of American Moral Experience*. South Royalton, VT: Steerforth, 1995.

Marsh, Peter, and Peter Collett. *Driving Passion: The Psychology of the Car*. Boston: Faber & Faber, 1986.

Messick, David M., and Roger M. Kramer, eds. *The Psychology of Leadership: New Perspectives and Research.* Mahwah, NJ: Lawrence Erlbaum Associates, 2005.

McCloskey, Deirdre. *The Bourgeois Virtues: Ethics for an Age of Commerce*. Chicago: University of Chicago Press, 2006.

Mokyr, Joel. *The Lever of Riches: Technological Creativity and Economic Progress*. New York: Oxford University Press, 1992.

Morozov, Evgeny. *To Save Everything, Click Here: The Folly of Technological Solutionism*. New York: Public Affairs, 2013.

Noah, Timothy. *The Great Divergence: America's Growing Inequality Crisis and What We Can Do about It*. New York: Bloomsbury, 2012.

Nordhaus, Ted, and Michael Shellenberger, *Break Through: From the Death of Environmentalism to the Politics of Possibility*. Boston: Houghton Mifflin, 2007.

Packard, Vance. *The Hidden Persuaders*. New York: Pocket Books, 1958.

———. *The Waste Makers*. New York: Pocket Books, 1964.

Pelfrey, William. *Billy, Alfred, and General Motors: The Story of Two Unique Men, a Legendary Company, and a Remarkable Time in American History*.

Phillips, Kevin. *American Theocracy: The Peril and Politics of Radical Religion, Oil, and Borrowed Money in the 21st Century*. New York: Penguin, 2006.

Putnam, Robert. *Bowling Alone: The Collapse and Revival of American Community*. New York: Simon & Schuster, 2000.

Rappaport, Alfred. *Saving Capitalism from Short-Termism: How to Build Long-Term Value and Take Back Our Financial Future*. New York: McGraw-Hill, 2011.

Sennett, Richard. *The Culture of the New Capitalism*. New Haven, CT: Yale University Press, 2006.

Shiller, Robert. *Irrational Exuberance*. Second Edition. Princeton, NJ: Princeton University Press, 2005.

Slade, Giles. *Made to Break: Technology and Obsolescence in America*. Cambridge, MA: Harvard University Press, 2009.

Smith, Adam. *The Wealth of Nations*. New York: Penguin Classics, 1982.

Smith, Merrit Roe, and Leo Marx, eds. *Does Technology Drive History? The Dilemma of Technological Determinism*. Cambridge, MA: MIT Press, 1994. Sunstein, Cass R. *Republic.com 2.0: Revenge of the Blogs*. Princeton, NJ:Princeton University Press, 2007.

———. *Why Societies Need Dissent (Oliver Wendell Holmes Lectures)*.Cambridge, MA: Harvard University Press, 2003.

Thaler, Richard H. *Quasi Rational Economics*. New York: Russell Sage Foundation, 1991.

Thaler, Richard, and Cass Sunstein. *Nudge: Improving Decisions about Health, Wealth, and Happiness*. New Haven, CT: Yale University Press, 2008.

Turkle, Sherry. *Alone Together: Why We Expect More from Technology and Less from Each Other*. New York: Basic Books, 2011.

Twenge, Jean, and W. Keith Campbell. *The Narcissism Epidemic: Living in the Age of Entitlement*. New York: Free Press, 2009.

Tymoigne, Eric., and L. Randall Wray. *The Rise and Fall of Money Manager Capitalism: Minsky's Half Century from World War Two to the Great Recession*. Routledge Critical Studies in Finance and Stability. Oxford: Routledge, 2013.

Weiss, Eugene H. *Chrysler, Ford, Durant and Sloan: Founding Giants of the American Automotive Industry*. Jefferson, NC: McFarland, 2003.

Wood, Michael, and Louis Zurcher Jr. *The Development of a Postmodern Self: A Computer-Assisted Comparative Analysis of Personal Documents*. New York: Greenwood Press, 1988.

Selected Articles:

Abramowitz, Alan. "Don't Blame Primary Voters for Polarization." *The Forum: Politics of Presidential Selection* 5, no. 4 (2008).

Abramowitz, Alan, Brad Alexander, and Matthew Gunning. "Incumbency, Redistricting, and the Decline of Competition in U.S. House Elections." *Journal of Politics* 68, no. 1 (Feb. 2006): 75–88.

Abramowitz, Alan, and Morris P. Fiorina. "Polarized or Sorted? Just What's Wrong with Our

Politics, Anyway?" *American Interest*, March 11, 2013. Accessed November 18, 2013. Doi: http://www.the-american-interest.com/ article.cfm?piece=1393.

Auletta, Ken. "Outside the Box." *New Yorker*, Feb. 3, 2014.

Baker, Dean. "The Productivity to Paycheck Gap: What the Data Show," briefing paper, Center for Economic and Policy Research, April 2007. http://www.cepr. net/documents/ publications/growth_failure_2007_04.pdf

———. "The Run-Up in Home Prices: Is It Real or Is It Another Bubble?" briefing paper, Center for Economic and Policy Research, August 2002, http://www. cepr.net/documents/ publications/housing_2002_08.pdf.

Beinart, Peter. "The Rise of the New New Left." *Daily Beast*, Sept. 12, 2013. Doi: http://www. thedailybeast.com/articles/2013/09/12/the-rise-of-the-new-new- left.html.

Brooks, David. "The Opportunity Coalition." *New York Times*, Jan. 30, 2014, A27.

Cecchetti, Stephen G., and Enisse Kharroubi. "Reassessing the Impact of Finance on Growth." Band for International Settlements Working Paper No. 381, July 2012. Accessed August 4, 2013. Doi: http://www.bis.org/publ/work381.pdf.

Cobb, Clifford, Ted Halstead, and Jonathan Rowe. "If the GDP Is Up, Why Is America Down?" *Atlantic*, Oct. 1995. Accessed November 7, 2012. Doi: http:// www.theatlantic. com/past/politics/ecbig/gdp.htm.

Cutler, David, and Mark McClellan. "Is Technological Change in Medicine Worth It?" *Health Affairs* 20, no. 5 (September/October 2001): 11–29.

Daly, Herman E. "A Steady-State Economy." Text delivered to UK Sustainable Development Commission, April 24, 2008.

Davidson, Adam. "Making It in America." *Atlantic*, Dec. 20, 2011.

Duhigg, C. "How Companies Learn Your Secrets." *New York Times Magazine*, Feb. 16, 2012, MM30.

Drum, Kevin. "You Hate Me, Now with a Colorful Chart!" *Mother Jones*, Sept. 26, 2012. Accessed March 14, 2013. Doi: http://www.motherjones.com/kevin-drum/2012/09/you-hate-me-now-colorful-chart.

Easterbrook, Gregg, "Voting for Unemployment: Why Union Workers Sometimes Choose to Lose Their Jobs Rather Than Accept Cuts in Wages." *Atlantic*, May 1983. Accessed September 12, 2013. Doi: http://www.theatlantic.com/past/ docs/issues/83may/eastrbrk.htm.

Edsall, Thomas B. "The Obamacare Crisis." *New York Times*, Nov. 19, 2013. Doi: http://www.nytimes.com/2013/11/20/opinion/edsall-the-obamacare-crisis. html?pagewanted=1&_r=2&smid=tw-share&&pagewanted=all.

Field, Alexander J. "The Impact of the Second World War on U.S. Productivity Growth." *Economic History Review* 61, no. 3 (2008): 677.

———. "The Origins of U.S. Total Factor Productivity Growth in the Golden Age." *Cleometrica* 1, no. 1 (April 2007): 19, 20.

Fisher, Richard. "Ending 'Too Big to Fail': A Proposal for Reform before It's Too Late (with Reference to Patrick Henry, Complexity and Reality)." Remarks by the president of the Federal Reserve Bank of Dallas to the Committee for the Republic. Washington, DC, January 16, 2013. Accessed December 1, 2013, Doi: http://www.dallasfed.org/news/speeches/fisher/2013/fs130116.cfm.

Fleck, Susan et al. "The Compensation-Productivity Gap: A Visual Essay." *Monthly Labor Review*, January 2011. Accessed October 13, 2012. Doi: http:// www.bls.gov/opub/mlr/2011/01/art3full.pdf.

FRED Economic Data. Federal Reserve Bank of St. Louis. "Graph: Corporate Profits after Tax (without IVA and CCAdj) (CP)/Gross Domestic Product (GDP)." March 13, 2014. Doi: http://research.stlouisfed.org/fred2/graph/?g=cSh.

Fullerton, Robert. "The Birth of Consumer Behavior: Motivation Research in the 1950s." Paper presented at the 2011 Biennial Conference on Historical Analysis and Research in Marketing, May 19–22, 2011.

Good, James A., and Jim Garrison. "Traces of Hegelian *Bildung* in Dewey's Philosophy." In *John Dewey and Continental Philosophy*, edited by Paul Faifield. Carbondale: Southern Illinois University, 2010. Available at Google Books.

Hagel, John et al. "The 2011 Shift Index: Measuring the Forces of Long-Term Change." Deloitte Center for the Edge, 2011.

Haldane, Andrew. "Financial Arms Races." Essay based on a speech given at the Institute for New Economic Thinking, Berlin, April 14, 2012.

———. "The Race to Zero." Speech given at International Economic Association Sixteenth World Congress, Beijing, China, July 8, 2011.

Haldane, Andrew G., and Richard Davies. "The Short Long." A speech delivered at Twenty-Ninth Société Universitaire Européene de Recherches Financières Colloquium: New Paradigms in Money Finance, Brussels, May 2011. http:// www.bankofengland.co.uk/publications/Documents/speeches/2011/ speech495.pdf.

Haveman, Ernest, "The Task Ahead: How to Take Life Easy." *Life*, Feb. 21, 1964. Available at Google Docs.

Heller, Nathan. "Laptop U: Has the Future of College Moved Online?" *New Yorker*, May 20, 2013. http://www.newyorker.com/reporting/2013/05/20/130520fa_fact_

heller?currentPage=all.

Jensen, Michael C., and William H. Meckling, "Theory of the Firm: Managerial Behavior, Agency Costs and Ownership Structure," *Journal of Financial Economics* 3, no. 4 (October 1976): 305–60.

Karabarbounis, Loukas, and Brent Neiman. "Declining Labor Shares and the Global Rise of Corporate Savings." National Bureau of Economic Research Working Paper No. 18154, June 2012. Accessed October 4, 2013. Doi: http:// www.nber.org/papers/w18154.

Katz, Daniel. "Quantitative Legal Prediction—Or—How I Learned to Stop Worrying and Start Preparing for the Data-Driven Future of the Legal Services Industry." *Emory Law Journal* 62, no. 909 (2013): 965.

Knowles, John. "The Responsibility of the Individual." *Daedalus*106, no. 1 (Winter 1977).

Krueger, Alan B. "Fairness as an Economic Force." Lecture delivered at "Learning and Labor Economics" Conference at Oberlin College, April 26, 2013. Accessed August 14, 2013. Doi: http://www.whitehouse.gov/sites/default/files/docs/oberlin_+nal_revised.pdf.

Krugman, Paul. "Defining Prosperity Down." *New York Times*, July 7, 2013. http://www.nytimes.com/2013/07/08/opinion/krugman-defining-prosperity- down.html?src=recg.

Kuchler, Hannah. "Data Pioneers Watching Us Work." *Financial Times*, February 17,2014.

Lazonick, William. "The Innovative Enterprise and the Developmental State: Toward an Economics of 'Organizational Success.' " Discussion paper presented at Finance, Innovation & Growth 2011.

Lazonick, William, and Mary O'Sullivan. "Maximizing Shareholder Value: A New Ideology for Corporate Governance," *Economy and Society* 29, no. 1 (Feb. 2000): 19.

Loewenstein, George, "Insufficient Emotion: Soul-Searching by a Former Indicter of Strong Emotions." *Emotion Review* 2, no. 3 (July 2010): 234–39.http://www.cmu.edu/dietrich/sds/docs/loewenstein/InsufficientEmotion. pdf.

Lynd, Robert S. "The People as Consumers." In *Recent Social Trends in the United States: Report on the President's Research Committee on Social Trends, with a Foreword by Herbert Hoover*, 857–911. New York: McGraw-Hill, 1933. Accessed May 11, 2013. Doi: http://archive.org/stream/recentsocialtren02pres rich#page/867/mode/1up.

Madrigal, Alexis C. "When the Nerds Go Marching In." *Atlantic*, Nov. 16, 2012. Accessed Sept. 27, 2013. Doi: http://www.theatlantic.com/technology/ archive/2012/11/when-the-nerds-go-marching-in/265325/?single_page=true.

Mankiw, Gregory N. "Defending the One Percent," *Journal of Economic Perspectives* 27, no. 3 (Summer 2013). http://scholar.harvard.edu/files/ mankiw/files/defending_the_one_percent_0.pdf.

Maslow, A. H., "A Theory of Human Motivation," originally published in *Psychological Review* 50 (1943): 370–96.

McGaughey, William Jr. "Henry Ford's Productivity Lesson." *Christian Science Monitor*,Dec. 22, 1982. Accessed March 11, 2012. Doi: http://www.csmonitor. com/1982/1222/122232.html.

McKibben, Bill. "Breaking the Growth Habit." *Scientific American*, April 2010. Accessed May 8, 2012. Doi: http://www.scientificamerican.com/article. cfm?id=breaking-the-growth-habit&print=true.

———. "Money ≠ Happiness. QED," *Mother Jones*, March/April 2007.

McLean Bethany, and Joe Nocera. "The Blundering Herd." *Vanity Fair*, Nov.2010.http://www.vanityfair.com/business/features/2010/11/financial-crisis- excerpt–201011.

Murphy, Kevin J. "Pay, Politics, and the Financial Crisis." In *Rethinking the Financial Crisis*, edited by Alan S. Blinder, Andrew W. Lo, and Robert M. Solow. New York: Russell Sage Foundation, 2012.

Murphy, Tom. "An Angel and a Brute: Self-Interest and Individualism in Tocqueville's America." Essay for preceptorial on *Democracy in America*. St. John's College, Santa Fe, NM, Summer 1985. Accessed June 8, 2013. Doi: http://www.brtom.org/sjc/sjc4.html.

Noah, Timothy, "The United States of Inequality," *Salon*, Sept. 12, 2010. Accessed September 12, 2013. Doi: http://www.slate.com/articles/news_and_politics/ the_great_divergence/features/2010/the_united_states_of_inequality/the_ great_divergence_and_the_death_of_organized_labor.html.

Parker, Kathleen. "A Brave New Centrist World." *Washington Post*, Oct. 15, 2013. Accessed November 1, 2013. Doi: http://www.washingtonpost.com/opin-ions/kathleen-parker-a-brave-new-centrist-world/2013/10/15/ea5f5bc6–35c9–11e3-be86–6aeaa439845b_story.html.

Polsky, G., and Lund, A. "Can Executive Compensation Reform Cure Short-Termism?" *Issues in Governance Studies* 58 (March 2013). Washington, DC: Brookings Institute.

Purinton, Edward. "The Efficient Home." *Independent* 86–87 (May 15, 1916): 246–48. Available in Google Docs.

Rappaport, A. et al. "Stock or Cash: The Trade-Offs for Buyers and Sellers in Mergers and Acquisitions." *Harvard Business Review*, Nov.–Dec. 1999, p.147. Accessed July 13, 2013. Doi: http://www2.warwick.ac.uk/fac/soc/law/pg/offer/ llm/iel/mas_sample_lecture.pdf

Reguly, Eric. "Buyback Boondoggle: Are Share Buybacks Killing Companies?" *Globe and Mail*, Oct. 24, 2013. Accessed November 4, 2013. Doi: http://www. theglobeandmail.com/report-on-business/rob-magazine/the-buyback-boon- doggle/article15004212/.

Rowe, Jonathan. “Our Phony Economy.” *Harper's*, June 2008. Accessed November 8, 2012. Doi: http://harpers.org/print/?pid=85583.

Schoetz, David. “David Frum on GOP: Now We Work for Fox.” ABCNews, March 23, 2010. Accessed November 18, 2013. Doi: http://abcnews.go.com/ blogs/headlines/2010/03/david-frum-on-gop-now-we-work-for-fox/.

Senft, Dexter. “Impact of Technology of the Investment Process.” Conference Proceedings of the CFA Institute Seminar “Fixed-Income Management 2004.” CFA Institute, 85–90.

Smaghi, Lorenzo Bini (member of the Executive Board of the European Central Bank). “The Paradigm Shift after the Financial Crisis.” Speech at the Nomura Seminar.Kyoto, April 15, 2010. http://www.ecb.europa.eu/press/key /date/2010/ html/sp100415.en.html.

Smith, Hedrick. “When Capitalists Cared.” *New York Times*, Sept. 2, 2012, A19.

Stokes, Bruce. “Europe Faces Globalization—Part II: Denmark Invests in an Adaptable Workforce, Thus Reducing Fear of Change.” *YaleGlobal*, May 18, 2006.

The Economist. “Coming Home: Reshoring Manufacturing.” Jan. 19, 2013. Accessed January 23, 2913. Doi: http://www.economist.com/news/special-report/21569570-growing-number-american-companies-are-moving-their- manufacturing-back-united.

White, Michelle J., “Bankruptcy Reform and Credit Cards,” *Journal of Economic Perspectives* 21, no. 4 (Fall 2007): 175–99.

Will, George F. “Time to Break Up the Big Banks.” *Washington Post*, Feb. 9, 2013. Accessed September 2, 2103. Doi: http://www.washingtonpost.com/ opinions/george-will-break-up-the-big-banks/2013/02/08/2379498a–714e–11e2–8b8d-e0b59a1b8e2a_story.html.

Wohlfert, Lee. “Dr. John Knowles Diagnoses U.S. Medicine.” *People*, May 6, 1974. Accessed April 11, 2013. Doi: http://www.people.com/people/archive/ article/0,20064026,00.html.

Wolfe, Thomas. “The ‘Me’ Decade and the Third Great Awakening.” *New York Magazine*, August 23, 1976.

Wood, Allen W. “Hegel on Education.” In *Philosophy as Education*, edited by Amélie O. Rorty. London: Routledge, 1998.

THE IMPULSE SOCIETY

注释

|第一章|

1. Andrew Nusca, "Say Command: How Speech Recognition Will Change the World," *SmartPlanet*, Issue 7, at http://www.smartplanet.com/blog /smart-takes/say-command-how-speech-recognition-will-change-the-world/19895?tag=content;siu-container.
2. Apple video introducing Siri, at http://www.youtube.com/watch?v=8ciagGASro0.
3. *The Independent*, 86–87 (1916), at http://books.google.com/books?id= IZAeAQAAMAAJ&lpg=PA108&ots=L5W1-w9EDW&dq=Edward%20 Earle%20Purinton&pg=PA246#v=onepage&q=Edward%20Earle%20 Purinton&f=false.
4. Daniel Bell, *The Cultural Contradictions of Capitalism* (New York: HarperCollins,1976), p. 66.
5. James H. Wolter, "Lessons from Automotive History," research paper, presented at the Conference on Historical Analysis and Research in Marketing, Quinnipiac University, New York, 1983, p. 82.
6. Quoted in David Gartman, "Tough Guys and Pretty Boys: The Cultural Antagonisms of Engineering and Aesthetics in Automotive History," Automobile in American Life and Society, at http://www.autolife.umd.umich.edu/Design/Gartman/D_Casestudy/D_Casestudy5.htm.
7. V. G. Vartan, "'Trust Busters' Aim Legal Cannon at GM," *Christian Science Monitor*, Feb. 10, 1959, p. 12.

8. G. H. Smith, 1954, in Ronald A. Fullerton, "The Birth of Consumer Behavior: Motivation Research in the 1950s," paper presented at the 2011 Biennial Conference on Historical Analysis and Research in Marketing, May 19–22, 2011.
9. *Recent Social Trends in the United States: Report on the President's Research Committee on Social Trends, with a Foreword by Herbert Hoover* (New York: McGraw-Hill, 1933), pp. 866–67, at http://archive.org/stream/recentsocialtren02presrich#page/867/mode/1up.
10. Franklin D. Roosevelt Inaugural Address, March 4, 1933, available at History Matters: The U.S. Survey Course on the Web, http://historymatters.gmu.edu/d/5057/.
11. Alexander J. Field, "The Origins of U.S. Total Factor Productivity Growth in the Golden Age," *Cleometrica* 1, no. 1 (April 2007): 19, 20.
12. Alexander J. Field, "The Impact of the Second World War on U.S. Productivity Growth," *Economic History Review* 61, no. 3 (2008): 677.
13. Gary Nash, "A Resilient People, 1945–2005," in *Voices of the American People, Volume 1* (New York: Pearson, 2005), p. 865.
14. "US Real GDP by Year," http://www.multpl.com/us-gdp-inflation-adjusted/table.
15. "US Real GDP per Capita," http://www.multpl.com/us-real-gdp-per-capita.
16. G. Katona et al., *Aspirations and AfAuence* (New York: McGraw-Hill, 1971), p. 18.
17. For 1945 median income, see "Current Population Reports: Consumer Income," Series P-60, No. 2, Washington, DC, March 2, 1948, http://www2.census.gov/prod2/popscan/p60-002.pdf; for 1962 median income, see "Current Population Reports: Consumer Income," Series P-60, No. 49, Washington, DC, Aug. 10, 1966, http://www2.census.gov/prod2/popscan/p60-049.pdf.
18. Nash, "A Resilient People, 1945–2005," p. 864.
19. Gregg Easterbrook, "Voting for Unemployment: Why Union Workers Sometimes Choose to Lose Their Jobs Rather Than Accept Cuts in Wages," *The Atlantic*, May 1983, http://www.theatlantic.com/past/docs/issues/83may/eastrbrk.htm; and Timothy Noah, "The United States of Inequality," *Salon*, Sept. 12, 2010, http://www.slate.com/articles/news_and_politics/the_great_divergence/features/2010/the_united_states_of_inequality/the_great_divergence_and_the_death_of_organized_labor.html.
20. Standard Schaefer, "Who Benefited from the Tech Bubble: An Interview with Michael Hudson," *CounterPunch*, Aug. 29–31, 2003, http://www.counter punch.org/2003/08/29/who-benefited-from-the-tech-bubble-an-interviewwith-michael-hudson/; "Kaysen Sees Corporation Stress on Responsibilities to Society," *The Harvard Crimson*, March 29, 1957, http://www.thecrimson.com/article/1957/3/29/kaysen-sees-corporation-stress-on-responsibilities/; and Gerald Davis, "Managed by the Markets" (New York:

Oxford University Press, 2009), p. 11.

21. “Life Expectancy by Age,” Information Please, Pearson Education, 2007 http://www.infoplease.com/ipa/A0005140.html.
22. Ernest Haveman, “The Task Ahead: How to Take Life Easy,” *Life*, Feb. 21, 1964.
23. Pierre Martineau, “Motivation in Advertising: A Summary,” in *The Role of Advertising* (New York: McGraw-Hill, 1957), cited in Fullerton.
24. Bellah et al., *Habits of the Heart: Individualism and Commitment in American Life* (Berkeley: University of California Press, 1985), p. 108.
25. William Shannon, quoted by Richard Rovere in *The American Scholar* (Spring 1962).
26. “U.S. Federal Spending,” graph, in U.S. Government Spending, http://www.usgovernmentspending.com / spending_chart_1900_2018USp _XXs1li111mcn_F0f_US_Federal_Spending.
27. Cited in Mary Ann Glendon, “Lost in the Fifties,” *First Things* 57 (Nov. 1995): 46–49, http://www.leaderu.com/ftissues/ft9511/articles/glendon.html.
28. A. H. Maslow, “A Theory of Human Motivation,” Classics in the History of Psychology: An Internet Resource, http://psychclassics.yorku.ca/Maslow/motivation.htm.
29. Cited in Ellen Herman, “The Humanistic Tide,” in *The Romance of American Psychology: Political Culture in the Age of Experts* (Berkeley: University of California Press, 1995), http://publishing.cdlib.org/ucpressebooks/view? docId = ft696nb3n8&chunk.id = d0e5683&toc.depth = 1&toc.id = d0e5683&brand=ucpress.
30. Ronald Inglehart and Christian Welzel, *Modernization, Cultural Change, and Democracy: The Human Development Sequence* (Cambridge, UK: Cambridge University Press, 2005), p. 149.
31. Ibid., p. 144.

| 第二章 |

1. “Survey of Consumers,” University of Michigan, Survey Research Center, http://www.sca.isr.umich.edu/fetchdoc.php?docid=24776.
2. Michael C. Jensen and William H. Meckling, “Theory of the Firm: Managerial Behavior, Agency Costs and Ownership Structure,” research paper, http:// www.sfu.ca/~wainwrig/Econ400/jensen-meckling.pdf.
3. Interview with author.
4. Gary Hector and Carrie Gottlieb, “The U.S. Chipmakers’ Shaky Comeback,” CNNMoney, http://money.cnn.com/magazines/fortune/fortune_archive/1988/06/20/70690/index.htm.

5. “GM Speeds Time to Market through Blistering Fast Processors,” FreeLibrary, http://www.thefreelibrary.com/GM+speeds+time+to+market+ through+blistering+fast+processors%3a+General..-a0122319616.
6. “S&P 500: Total and Inflation-Adjusted Historical Returns,” Simple Stock Investing, http://www.simplestockinvesting.com/SP500-historical-real-total- returns.htm.
7. William Lazonick and Mary O’Sullivan, “Maximizing Shareholder Value: A New Ideology for Corporate Governance,” *Economy and Society* 29, no. 1 (Feb. 2000): 19.
8. Ibid.
9. Ted Nordhaus and Michael Shellenberger, *Break Through: From the Death of Environmentalism to the Politics of Possibility*, p. 156.
10. “Work Stoppages Falling,” graph, U.S. Bureau of Labor Statistics, http://old.post-gazette.com/pg/images/201302/20130212work_stoppage600.png.
11. Loukas Karabarbounis and Brent Neiman, “Declining Labor Shares and the Global Rise of Corporate Savings,” research paper, October 2012, http:// econ.sciences-po.fr/sites/default/files/file/cbenard/brent_neiman_LabShare.pdf.
12. William Lazonick, “Reforming the Financialized Corporation,” http://www.employmentpolicy.org/sites/www.employmentpolicy.org/files/Lazonick%20Reforming%20the%20Financialized%20Corporation%2020110130%20(2).pdf.
13. Author interview with William Lazonick, April 15, 2013.
14. Gerald Davis, *Managed by the Markets: How Finance Re-Shaped America* (New York: Oxford University Press, 2009), p. 90–91.
15. Interview with author.
16. “The Rise of Freakonomics,” *Wired*, Nov. 26, 2006, http://www.longtail.com/the_long_tail/2006/11/the_rise_of_fre.html.
17. *The Oxford Companion to American Food and Drink*, edited by Andrew F. Smith (New York: Oxford University Press, 2006), p. 266.
18. “Supply Chain News: Will Large Retailers Help Manufacturers Drive Out Supply Chain Complexity?” *Supply Chain Digest*, June 30, 2009, http://www.scdigest.com/assets/On_Target/09-06-30-2.php
19. Robert Peters, “Chronology of Video Pornography: Near Demise and Subsequent Growth,” Morality in Media, http://66.210.33.157/mim/full_article.php?article_no=175; and Tony Schwartz, “The TV Pornography Boom,” Sept. 13, 1981, http://www.nytimes.com/1981/09/13/magazine/the-tv-pornography-boom.html?pagewanted=all.
20. Press release, “Industry History: A History of Home Video and Video Game Retailing,” Entertainment Merchants Association 2013, http://www.entmerch.org/press-room/

industry-history.html. Accessed February 3, 2014.

21. "'Father of Aerobics,' Kenneth Cooper, MD, MPH to Receive Healthy Cup Award from Harvard School of Public Health," press release, April 16, 2008, http://www.hsph.harvard.edu/news/press-releases/2008-releases/aerobics-kenneth-cooper-to-receive-harvard-healthy-cup-award.html.
22. J. D. Reed, "America Wakes Up," *Time*, Nov. 16, 1981, http://www.time.com/time/subscriber/printout/0,8816,950613,00.html.
23. Personal communication, October 5, 2012.
24. Kurt Eichenwald with John Markoff, "Wall Street's Souped-up Computers," *New York Times*, Oct. 16, 1988, http://www.nytimes.com/1988/10/16/business/wall-street-s-souped-up-computers.html.
25. Dean Baker, "The Run-up in Home Prices: Is It Real or Is It Another Bubble?" briefing paper, Center for Economic and Policy Research, August 2002, http://www.cepr.net/documents/publications/housing_2002_08.pdf; and Dean Baker, "The Productivity to Paycheck Gap: What the Data Show," briefing paper, April 2007, http://www.cepr.net/documents/publications/growth_failure_2007_04.pdf.
26. Peter Marin, "The New Narcissism," Harper's, October 1975.
27. Quoted in book review by Scott London, http://www.scottlondon.com/reviews/lasch.html.
28. Glendon, "Lost in the Fifties."
29. All in Putnam, R. *Bowling Alone: The Collapse and Revival of American Community* (New York: Simon & Schuster, 2000), except visiting and close confidants, which is from McKibben, Bill. "Money ≠ Happiness. QED." *Mother Jones*, March/April 2007, http://www.motherjones.com/politics/2007/03/reversal-fortune?page=3Issue.
30. Ibid.
31. Charles Fishman, "The Revolution Will Be Televised (on CNBC)," FastCompany, http://www.fastcompany.com/39859/revolution-will-be-tele- vised-cnbc.

| 第三章 |

1. Interview with author.
2. Michelle J. White, "Bankruptcy Reform and Credit Cards," *Journal of Economic Perspectives* 21, no. 4 (Fall 2007): 175–99, http://www.econ.ucsd.edu/~miwhite/JEPIII.pdf.
3. Reuven Glick and Kevin J. Lansing, U.S. Household Deleveraging and Future Consumption Growth, Federal Reserve Bank of San Francisco Economic Letter, May 15, 2009, http://www.frbsf.org/publications/economics/letter/2009/el2009-16.html; and "U.S.,

World's Growing Household Debt," research paper, June/July 2004, http://www.marubeni.com/dbps_data/_material_/maruco_en/data/research/pdf/0407.pdf.

4. White, "Bankruptcy Reform and Credit Cards."
5. Richard H. Thaler, *Quasi Rational Economics*, p. 78.
6. Smith, "The Theory of Moral Sentiments." In "Adam Smith, Behavioral Economist", Carnegie Mellon University, www.cmu.edu/dietrich/sds/docs/loewenstein/AdamSmith.pdf.
7. Personal communication.
8. Ibid.
9. Michael E. Lara, "The New Science of Emotion: From Neurotransmitters to Neural Networks," SlideShare, http://www.slideshare.net/mlaramd/science-of-emotion-from-neurotransmitters-to-social-networks.
10. George Loewenstein, "Insufficient Emotion: Soul-Searching by a Former Indicter of Strong Emotions," *Emotion Review* 2, no. 3 (July 2010): 234–39.
11. Richard Sennett, *The Culture of the New Capitalism* (New Haven, CT: Yale University Press, 2006), p. 23.
12. Vivian Yee, "In Age of Anywhere Delivery, the Food Meets You for Lunch," *New York Times*, Oct. 5, 2013, http://www.nytimes.com/2013/10/06/nyregion/in-age-of-anywhere-delivery-the-food-meets-you-for-lunch.html?hp.
13. Hilary Stout, "For Shoppers, Next Level of Instant Gratification," *New York Times*, Oct. 8, 2013, http://www.nytimes.com/2013/10/08/technology/for-shoppers-next-level-of-instant-gratification.html?hpw.
14. Jonah Lehrer, "DON'T! The Secret of Self-Control," *The New Yorker*, May 18,2009, http://www.newyorker.com/reporting/2009/05/18/090518fa_fact_lehrer?cur rentPage=all.
15. Cited in Thomas Frank, *Commodify Your Dissent*, p.32.
16. Leonard N. Fleming, "David Kipnis, 74, Psychology Professor," obituary, Philly.com, http://articles.philly.com/1999-08-29/news/25482558_1_psychology-professor-social-psychology-absolute-power; Kipnis quoted in David M. Messick and Roger M. Kramer, eds., *The Psychology of Leadership: New Perspectives and Research* (Mahwah, NJ: Lawrence Erlbaum Associates, 2005).
17. Fleming, "David Kipnis, 74."
18. Interview with author.
19. Interview with author.
20. Jeremy Laurance, "4x4 Debate: Enemy of the People," *The Independent*, June 23,2006, http://www.independent.co.uk/life-style/health-and-families/health-news/4x4-debate-

enemy-of-the-people-405113.html.

21. Jon Bowermaster, "When Wal-Mart Comes to Town," April 2, 1989, http:// www.nytimes.com/1989/04/02/magazine/when-wal-mart-comes-to-town.html?pagewanted=all&src=pm.
22. "The Sovereignty of the Consumers," Ludwig von Mises Institute, http:// mises.org/humanaction/chap15sec4.asp.
23. "Robert Nisbet and the Conservative Intellectual Tradition," Ludwig von Mises Institute, http://mises.org/media/4211.
24. Bell, *The Cultural Contradictions of Capitalism*, pp. xxiv.
25. R. Putnam, *Bowling Alone: The Collapse and Revival of American Community* (New York: J. Simon & Schuster, 2000) p. 335.

| 第四章 |

1. Interview with author.
2. Interview with author.
3. Interview with author.
4. Leith van Onselen, "Ireland, the Greatest Property Bust of All," *Macro Business*, April 8, 2013, http://www.macrobusiness.com.au/2013/04/ireland-the-greatest-property-bust-of-all/.
5. Matthew Benjamin, "Bond Traders Who Gave Bush a Pass May Ambush Obama or McCain," Bloomberg, Aug. 10, 2008, http://www.bloomberg.com/apps/news?pid=newsarchive&sid=ayrMJ4R.bmLY&refer=home.
6. Bob Woodward, *The Agenda: Inside the Clinton White House* (New York: Simon & Schuster), 1994.
7. Brian J. Hall, "Six Challenges in Designing Equity-Based Pay," NBER Working Paper 9887, July 2003, http://www.nber.org/papers/w9887.pdf?new_window=1.
8. Ben Heineman, Jr. and Stephan Davis. "Are Institutional Investors Part of the Problem or Part of the Solution?" Yale School of Management, 2011. http://www.ced.org/pdf/Are-Institutional-Investors-Part-of-the-Problem-or-Part-of-the-Solution.pdf.
9. Ibid., but see also Sennett, *The Culture of the New Capitalism*, p. 40, who argues that it is from four years in 1960s to four months today.
10. "The Short Long," speech delivered by Andrew G. Haldane and Richard Davies.
11. "Shooting the Messenger: Quarterly Earnings and Short-Term Pressure to Perform," Wharton–University of Pennsylvania, July 21, 2010, http:// knowledge.wharton.upenn.edu/article.cfm?articleid=2550.

12. G. Polsky and A. Lund, “Can Executive Compensation Reform Cure Short-Termism?” *Issues in Governance Studies* 58, Brookings, March 2013.
13. “Shooting the Messenger.”
14. Google Inc. (Nasdaq-Goog), graph, Google Finance, https://www.google.com/finance?cid=694653.
15. Interview with author.
16. “A National Conversation on American Competitiveness,” panel discussion, Wilson Center, March 28, 2012, http://www.wilsoncenter.org/event/regaining-americas-competitive-edge.
17. Gustavo Grullon and David Eikenberry, “What Do We Know about Stock Repurchases?” Bank of America and *Journal of Applied Corporate Finance* 15, no. 1 (Spring 2000), http://www.uic.edu/classes/idsc/ids472/research/PORTFOLI/JACFSU~1.PDF.
18. Patrick Bolton, Wei Xiong, and Jose A. Schienkman, “Pay for Short-Term Performance: Executive Compensation in Speculative Markets,” ECGI Finance Working Paper No. 79/2005, April 2005, http://papers.ssrn.com/sol3/papers.cfm?abstract_id=691142.
19. Al Lewis, “Record Number of Companies Restate Earnings in 2005,” *Denver Post*, Jan. 2, 2006, http://blogs.denverpost.com/lewis/2006/01/02/record-number-of-companies-restate-earnings-in-2005/75/.
20. Interview with author.
21. Bethany McLean and Andrew Serwer, “Goldman Sachs: After the Fall,” *Fortune* Nov. 9, 1998, http://features.blogs.fortune.cnn.com/2011/10/23/goldman-sachs-after-the-fall-fortune-1998/.
22. Bethany McLean and Joe Nocera, “The Blundering Herd,” *Vanity Fair*, Nov. 2010.
23. “Home Equity Extraction: The Real Cost of ‘Free Cash,’ ” Seeking Alpha, April 25, 2007, http://seekingalpha.com/article/33336-home-equity-extraction-the-real-cost-of-free-cash.
24. Interview with author.
25. Sameer Khatiwada, “Did the Financial Sector Profit at the Expense of the Rest of the Economy? Evidence from the United States,” discussion paper, Digital Commons@ILR, Jan. 1, 2010, http://digitalcommons.ilr.cornell.edu/cgi/viewcontent.cgi?article=1101&context=intl; “Wages and Human Capital in the U.S. Finance Industry: 1909–2006,” *Quarterly Journal of Economics* (Oct. 9, 2012), http://qje.oxfordjournals.org/content/early/2012/11/22/qje.qjs030.full; and Thomas Philippon, “Are Bankers Over-Paid?” EconoMonitor, Jan. 21, 2009, http://www.economonitor.com/blog/2009/01/are-bankers-over-paid/.
26. “A Paradigm Shift after the Financial Crisis.” Speech by Lorenzo Bini Smaghi.

27. Stephen G. Cecchetti and Enisse Kharroubi, "Reassessing the Impact of Finance on Growth."
28. Gregory N. Mankiw, "Defending the One Percent," *Journal of Economic Perspectives* 27, no. 3 (Summer 2013).
29. Kevin J. Murphy, "Pay, Politics, and the Financial Crisis," in *Rethinking the Financial Crisis*, edited by Alan S. Blinder, Andrew W. Lo, and Robert M. Solow. (New York: Russell Sage Foundation, 2012).
30. U.S. Chamber of Commerce Foundation, "Manufacturing's Declining Share of GDP Is a Global Phenomenon, and It's Something to Celebrate" March 22, 2012, http://emerging.uschamber.com/blog/2012/03/manufacturing%E2%80%99s-declining-share-gdp; "U.S Manufacturing In Context" Advanced Manufacturing Portal, U.S. government website, http://manufacturing.gov/mfg_in_context.html.
31. Justin Latiart, "Number of the Week," *The Wall Street Journal*, Dec. 10, 2011.
32. Adam Mellows-Facer, "Manufacturing a Recovery," Publications and Records, Parliament.uk, http://www.parliament.uk/business/publications/research/key-issues-for-the-new-parliament/economic-recovery/modern-manufacturing-and-an-export-led-recovery/.
33. Stephen Burgess, "Measuring Financial Sector Output and Its Contribution to UK GDP," *Bank of England Quarterly Bulletin 2011* (Sept. 19, 2011), http://www.bankofengland.co.uk/publications/Documents/quarterlybulletin/qb110304.pdf.
34. Cecchetti et al.
35. All finance shares at L. Maer, et al., "Financial Services: Contribution to the UK Economy" House of Commons, England, August 2012, p4 http://www.parliament.uk/briefing-papers/sn06193.pdf; all manufacturing shares at "Manufacturing, value added (% of GDP)," The World Bank at data.world bank.org/indicator/NV.IND.MANF.ZS.
36. Lydia Depillis, "Congrats, CEOs! You're Making 273 Times the Pay of the Average Worker," *Wonkblog*, *Washington Post*, June 26, 2013, http://www.washingtonpost.com/blogs/wonkblog/wp/2013/06/26/congrats-ceos-youre-making-273-times-the-pay-of-the-average-worker/.
37. Ahmed Abuiliazeed and Al-Motaz Bellah Al-Agamawi, "AOL Time Warner Merger: Case Analysis, Strategic Management of Technology," SlideShare, http://www.slideshare.net/magamawi/aol-time-warnercase-analysis.
38. A. Rappaport, et al., "Stock or Cash: The Trade-offs for Buyers and Sellers in Mergers and Acquisitions," *Harvard Business Review*, Nov.-Dec. 1999,p. 147. http://www2.warwick.ac.uk/fac/soc/law/pg/offer/llm/iel/mas_sample_lecture.pdf

39. According to research by Dean Baker at Center for Economic and Policy Research.
40. William Lazonick, "The Innovative Enterprise and the Developmental State: Toward an Economics of 'Organizational Success.'" Discussion paper presented at Finance, Innovation & Growth 2011.
41. H. Minsky, in E. Tymoigne and R. Wray, *The Rise and Fall of Money Manager Capitalism* (Oxford: Routledge, 2013).
42. "IBG YBG," review of Jonathan Knee, *The Accidental Investment Banker* (Oxford University Press, 2006), in *Words, Words, Words*, http://wordsthrice.blogspot.com/2006/12/ibg-ybg.html.
43. Yexin Jessica Li, Douglas Kenrick, Vladas Griskevicius, and Stephen L. Neuberg, "Economic Decision Biases in Evolutionary Perspectives: How Mating and Self-Protection Motives Alter Loss Aversion," *Journal of Personality and Social Psychology* 102, no. 3 (2012), http://www.csom.umn.edu / marketinginstitute / research / documents / HowMatingandSelf-ProtectionMotivesAlterLossAversion.pdf.
44. Interview with author.
45. William Lazonick, "The Innovative Enterprise and the Developmental State: Toward an Economics of 'Organizational Success.'" Discussion paper presented at Finance, Innovation & Growth 2011.
46. William Lazonick, "Everyone Is Paying Price for Share Buybacks," FT.com, Sept. 25, 2008, http://www.ft.com/intl/cms/s/0/e75440f6-8b0e-11dd-b634-0000779fd18c.html#axzz2r21JdHWo.
47. In Kevin Phillips, *American Theocracy: The Peril and Politics of Radical Religion, Oil, and Borrowed Money in the 21st Century* (New York: Penguin, 2006), p. 312.
48. Richard Fisher, "Ending 'Too Big to Fail': A Proposal for Reform Before It's Too Late (With Reference to Patrick Henry, Complexity and Reality)
49. "Get Shorty," lecture given by Andrew Haldane for the Sir John Gresham annual lecture, 2011. Cited at Financial Services Club Blog http:// thefinanser.co.uk/fsclub/2011/11/get-shorty-andrew-haldane-speech.html.
50. Eric Reguly, "Buyback Boondoggle: Are Share Buybacks Killing Companies?" *The Globe and Mail*, Oct. 24, 2013, http://www.theglobeandmail.com/report-on-business/rob-magazine/the-buyback-boondoggle/article15004212/.

| 第五章 |

1. "Bike + Walk Maps," Portland Bureau of Transportation, City of Portland, OR, http://

www.portlandoregon.gov/transportation/39402.

2. Interview with author.
3. Bill Bishop, *The Big Sort: Why the Clustering of Like-Minded America Is Tearing Us Apart*. (Boston: Houghton Mifflin, 2008), p. 5–6; and personal communication with the author.
4. "2012 General Presidential Election Results," table, Dave Leip's Atlas of U.S. Presidential Elections, http://uselectionatlas.org/RESULTS/.
5. Cited in Tom Murphy, "An Angel and a Brute: Self-Interest and Individualism in Tocqueville's America," essay for preceptorial on *Democracy in America*, St. John's College, Santa Fe, NM, http://www.brtom.org/sjc/sjc4.html.
6. Michio Kaku, "The Next 20 Years: Interacting with Computers, Telecom, and AI in the Future," keynote address, RSA Conference 2011, https://www.youtube.com/watch?v=Y6kmb16zSOY.
7. Nicholas Carr, *The Shallows: What the Internet Is Doing to Our Brains* (New York: W. W. Norton, 2011), p. 117.
8. Kent Gibbons, "Advanced Advertising: Obama Campaign Showed Value of Targeting Viewers," MultichannelNews, Nov. 13, 2012, http://www.multichannel.com/mcnbc-events/advanced-advertising-obama-campaign-showed-value-targeting-viewers/140262.
9. C. Duhigg, "How Companies Learn Your Secrets," *New York Times Magazine*, Feb. 16, 2012.
10. Cass R. Sunstein, *Republic.com 2.0: Revenge of the Blogs* (Princeton, NJ: Princeton University Press, 2007), p. 5.
11. Cass R. Sunstein, *Infotopia: How Many Minds Produce Knowledge* (New York: Oxford University Press, 2006), p. 95.
12. Cass R. Sunstein, *Why Societies Need Dissent (Oliver Wendell Holmes Lectures)* (Cambridge, MA: Harvard University Press, 2003), cited in Bishop p. 67.
13. Interview with author.
14. Putnam, *Bowling Alone*, p. 332.
15. "Community connectedness linked to happiness and vibrant communities" Social Capital Community Benchmark Survey John F. Kennedy School of Government of Harvard University. http://www.hks.harvard.edu/saguaro/communitysurvey/results4.html; This Emotional Life, Public Broadcasting System, January 2010. http://www.pbs.org/thisemotionallife/topic/connecting/connection-happiness.
16. In Putnam, *Bowling Alone*, p. 333.
17. Ibid.

18. Belinda Goldsmith, “Friendships Cut Short on Social Media as People Get Ruder: Survey,” Reuters, Apr 10, 2013, http://www.reuters.com/article/2013/04/10/us-socialmedia-behaviour-survey-idUSBRE9390TO20130410.
19. Christopher Lasch, *The Culture of Narcissism: American Life in an Age of Diminishing Expectations* (New York: W. W. Norton, 1979), p. 47.
20. Personal communication.
21. James A. Good and Jim Garrison, “Traces of Hegelian *Bildung* in Dewey's Philosophy,” in Paul Fairfield, ed., *John Dewey and Continental Philosophy* (Carbondale, IL: Board of Trustees, Southern Illinois University, 2010).
22. Allen W. Wood, “Hegel on Education,” in Amélie O. Rorty, ed., *Philosophy as Education* (London: Routledge, 1998), www.stanford.edu/~allenw/webpapers/HegelEd.doc.
23. Quoted by Ken Auletta in “Outside the Box,” *The New Yorker*, Feb. 3, 2014.

| 第六章 |

1. Alex Aldridge, “Law Graduates Face a Bleak Future at the Bar,” *The Guardian*, Nov. 25, 2011, http://www.guardian.co.uk/law/2011/nov/25/law-graduates-bleak-future-bar.
2. Daniel Katz, “Quantitative Legal Prediction—Or—How I Learned to Stop Worrying and Start Preparing for the Data-Driven Future of the Legal Services Industry,” *Emory Law Journal*, 62, no. 909 (2013): 965.
3. Laura Manning, “65 Students Chasing Each Training Contract Vacancy,” Lawyer 2B, June 28, 2011, http://l2b.thelawyer.com/65-students-chasing-each-training-contract-vacancy/1008370.article.
4. John Markoff, “Armies of Expensive Lawyers, Replaced by Cheaper Software,” *The New York Times*, March 4, 2011, http://www.nytimes.com/2011/03/05/science/05legal.html?pagewanted=1&_r=1&hp.
5. Thor Olavsrud, “Big Data Analytics Lets Businesses Play Moneyball,” ComputerworldUK, Aug. 24, 2012, http://www.computerworlduk.com/in-depth/it-business/3377796/big-data-analytics-lets-businesses-play-money ball/.
6. Daniel Martin, Katz “Quantitative Legal Prediction—Or—How I Learned to Stop Worrying and Start Preparing for the Data-Driven Future of the Legal Services Industry,” *Emory Law Journal*, 62, no. 909 (2013): 938.
7. Gary Burtless, “How Far Are We From Full Employment?” Brookings, Aug. 27,2013.
8. Paul Krugman, “Defining Prosperity Down,” *The New York Times*, July 7, 2013, http://www.nytimes.com/2013/07/08/opinion/krugman-defining-prosperity-down.html?src=

recg; "Median Household Income, by Year," table, DaveManuel.com, http://www.davemanuel.com/median-household-income.php; Robert Pear, "Median Income Rises, but Is Still 6% below Level at Start of Recession in '07," *The New York Times*, Aug. 21, 2013, http:// www.nytimes.com/2013/08/22/us/politics/us-median-income-rises-but-is-still-6-below-its-2007-peak.html; past years' data was adjusted using the CPI Inflation Calculator at the U.S. Bureau of Labor Statistics—http:// www.bls.gov/data/inflation_calculator.htm.

9. John Kenneth Galbraith, "The Winner Takes All... Sometimes," review of Robert H. Frank and Philip J. Cook, *The Winner-Take-All Society* (Free Press, 1995), *Harvard Business Review* (Nov. 1995), http://hbr.org/1995/11/the-winner-takes-allsometimes/ar/1.
10. "The New Normal? Slower R&D Spending," Federal Reserve Bank of Atlanta *Macroblog*, Sept. 26, 2013, http://macroblog.typepad.com/macroblog/2013/09/the-new-normal-slower-r-and-d-spending.html.
11. Adam Davidson, "Making It in America," *The Atlantic*, Dec. 20, 2011, http:// www.theatlantic.com/magazine/archive/2012/01/making-it-in-america/308844/.
12. Patrice Hill, "The Mean Economy: IBM workers suffer culture change as jobs go global Technological advances demand new skill sets, lower labor costs," *The Washington Times*, August 26, 2012, http://www.washingtontimes.com/news/2012/aug/26/innovators-working-their-way-out-of-a-job/?page=all.
13. Vinay Couto, Mahadeva Mani, Arie Y. Lewin, and Dr. Carine Peeters, "The Globalization of White-Collar Work: The Facts and Fallout of Next-Generation Offshoring," Booz Allen Hamilton, https://offshoring.fuqua.duke.edu/pdfs/gowc_v4.pdf.
14. Fareed Zakaria, "How Long Will America Lead the World?" *Newsweek*, June 11,2006, http://www.thedailybeast.com/newsweek/2006/06/11/how-long-will-america-lead-the-world.html; and "Graphic: Going Abroad," *BloombergBusinessWeek*, Feb. 2, 2003, http://www.businessweek.com/stories/2003-02-02/graphic-going-abroad.
15. Sam Ro, "The Case for the Robot Workforce," *Business Insider*, December 4, 2012, http://www.businessinsider.com/robot-density-for-select-countries-2012-11. Accessed February 1, 2014.
16. Interview with author.
17. Bruce Stokes, "Europe Faces Globalization – Part II: Denmark Invests in an Adaptable Workforce, Thus Reducing Fear of Change." YaleGlobal, May 18, 2006, http://yaleglobal.yale.edu/content/europe-faces-globalization-%E2% 80%93-part-ii.
18. Personal communication.
19. John Hagel et al., "The 2011 Shift Index: Measuring the Forces of Long- Term Change," Deloitte Center for the Edge, pp. 10-11.

20. Diana Farrell et al., "Offshoring: Is It a Win-Win Game?" McKinsey and Company: Insights and Publications, Aug. 2003, http://www.mckinsey.com/insights/employment_and_growth/offshoring_is_it_a_win-win_game.
21. Hedrick Smith, "When Capitalists Cared," *The New York Times*, Sept. 2, 2012, http://www.nytimes.com/2012/09/03/opinion/henry-ford-when-capitalists-cared.html?_r=0.
22. William McGaughey Jr., "Henry Ford's Productivity Lesson," *Christian Science Monitor*, Dec. 22, 1982, http://www.csmonitor.com/1982/1222/122232.html.
23. Nathan Heller, "Laptop U," May 20, 2013
24. Interview with author.
25. Interview with author.
26. Lazonick and O'Sullivan, "Maximizing Shareholder Value," p. 31.
27. Personal communication, January 10, 2014.
28. "Coming Home: Reshoring Manufacturing," *The Economist*, Jan. 19, 2013, http://www.economist.com/news/special-report/21569570-growing-number-american-companies-are-moving-their-manufacturing-back-united.
29. Alan B. Krueger, "Fairness as an Economic Force," lecture delivered at "Learning and Labor Economics" Conference at Oberlin College, April 26, 2013, http://www.whitehouse.gov/sites/default/files/docs/oberlin_finalrevised.pdf.
30. Richard Sennett, *The Culture of the New Capitalism*, pp. 4–5.
31. Christopher Null and Brian Caulfield, "Fade to Black: The 1980s Vision of 'Lights-Out' Manufacturing, Where Robots Do All the Work, Is a Dream No More," CNNMoney, http://money.cnn.com/magazines/business2/business2_archive/2003/06/01/343371/index.htm.
32. "Coming Home: Reshoring Manufacturing."
33. "Robots Are Coming, Part 2," SoundCloud discussion on InnovationHub, https://soundcloud.com/innovationhub/robots-are-coming-part-2.
34. Interview with author.
35. NPR Staff, "Tired of Inequality? One Economist Said It'll Only Get Worse," NPR.org, Sept. 12, 2013, http://www.npr.org/2013/09/12/221425582/tired-of-inequality-one-economist-says-itll-only-get-worse.
36. Ibid.
37. Hannah Kuchler, "Data Pioneers Watching Us Work," *Financial Times*, February 17, 2014.
38. NPR, "Tired of Inequality."
39. Paul Sullivan, "Twitter Tantalizes, but Beware the I.P.O." *The New York Times*, Oct. 25, 2013, http://www.nytimes.com/2013/10/26/your-money/asset-allocation/twitter-tanta

lizes-but-beware-the-ipo.html?hpw.

40. "IPO Performance," graph, Renaissance Capital IPO Center, http://www.renaissanc-ecapital.com/ipohome/press/mediaroom.aspx?market=us.
41. Susan Fleck, John Glasser, and Shawn Sprague, "The Compensation-Productivity Gap: A Visual Essay," *Monthly Labor Review* (Jan. 2011).
42. Jacob S. Hacker and Paul Pierson, *Winner-Take-All Politics: How Washington Made the Rich Richer—and Turned Its Back on the Middle Class* (New York: Simon & Schuster, 2011), pp. 3-4.
43. "Graph: Corporate Profits after Tax (without IVA and CCAdj) (CP)/Gross Domestic Product (GDP)," Federal Reserve Bank of St. Louis: Economic Research, http://research.stlouisfed.org/fred2/graph/?g=cSh.
44. Krueger, "Fairness as an Economic Force."
45. Mina Kimes, "Caterpillar's Doug Oberhelman: Manufacturing's Mouthpiece," BloombergBusinessWeek, May 16, 2013, http://www.businessweek.com/articles/2013-05-16/caterpillars-doug-oberhelman-manufacturings-mouthpiece#p4.
46. Lydia Depillis, "Britain's Chamber of Commerce Says Corporations Should Share Their New Prosperity with Line Workers. Wait, What?" *Washington Post*, Dec. 30, 2013, http://www.washingtonpost.com/blogs/wonkblog/wp/2013/12/30/britains-chamber-of-commerce-says-corporations-should-share-their-new-prosperity-with-line-workers-wait-what/.
47. Eliezer Yudkowsky, "The Robots, AI, Unemployment Anti-FAQ," *LessWrong*(blog), July 25, 2013, http://lesswrong.com/lw/hh4/the_robots_ai_and_unem ployment_antifaq/.
48. King, Ian and Beth Jinks, "Icahn seeks $150 million Apple stock buyback," *San Francisco Chronicle*, October 1, 2013. http://www.sfgate.com/business/article/Icahn-seeks-150-million-Apple-stock-buyback-4860812.php.

| 第七章 |

1. "Benefits, Costs, and Policy Considerations of Proton Therapy," *Asco Daily News*, June 1, 2013, http://am.asco.org/benefits-cost-and-policy-considerations-proton-therapy.
2. Dani Fankhauser, "Google Wants You to Live 170 Years," Oct. 24, 2013, Mashable.com, http://mashable.com/2013/10/24/google-calico/; and Harry McCracken and Lev Grossman, "Google vs. Death," *Time*, Sept. 30, 2013, http://content.time.com/time/subscriber/printout/0,8816,2152422,00.html.
3. Amy Goldstein and Juliet Eilperin, "Healthcare.gov: How Political Fear Was Pitted against Technical Needs," *Washington Post*, Nov. 3, 2013, http://www.washingtonpost.

com/politics/challenges-have-dogged-obamas-health-plan-since-2010/2013/11/02/453fba42-426b-11e3-a624-41d661b0bb78_print.html.

4. Lee Wohlfert, "Dr. John Knowles Diagnoses U.S. Medicine," *People*, May 6, 1974, http://www.people.com/people/archive/article/0,,20064026,00.html.
5. John Knowles, "The Responsibility of the Individual," *Daedalus* 106, No. 1, The MIT Press (Winter 1977): p. 59.
6. Ibid., p. 75.
7. Ibid., p. 59.
8. David Brown, "A Case of Getting What You Pay For: With Heart Attack Treatments, as Quality Rises, So Does Cost," *The Washington Post*, July 26, 2009, http://www.washingtonpost.com/wp-dyn/content/article/2009/07/25/AR2009072502381_pf.html.
9. David M. Cutler and Mark McClellan, "Is Technological Change in Medicine Worth It?" *Health Affairs* 20, no. 5 (September/October 2001): 11–29.
10. Interview with author.
11. Fareed Zakaria, "Health Insurance Is for Everyone," *Fareed Zakaria* (blog), March 19, 2012, http://fareedzakaria.com/2012/03/19/health-insurance-is-for-everyone/.
12. Interview with author.
13. Courtney Hutchison, "Provenge Cancer Vaccine: Can You Put a Price on Delaying Death?" ABCNews, July 29, 2010, http://abcnews.go.com/Health /Prostate Cancer News/provenge-cancer-vaccine-months-life-worth-100k/story?id=11269159.
14. Zakaria, "Health Insurance Is for Everyone."
15. Jonathan Rowe, "Our Phony Economy," *Harper's*, June 2008, http://harpers.org/print/?pid=85583.
16. Interview with author.
17. Jeffrey M. Jones, "Majority in U.S. Favors Healthcare Reform This Year," Gallup, July 14, 2009, http://www.gallup.com/poll/121664/majority-favors-healthcare-reform-this-year.aspx.
18. Benjamin Zycher, "Obamacare Inhibits Medical Technology," *Washington Times*, Jan. 9, 2012, http://www.washingtontimes.com/news/2012/jan/9/obamacare-inhibits-medical-technology/.
19. Thomas B. Edsall, "The Obamacare Crisis," *New York Times*, Nov. 19, 2013, http://www.nytimes.com/2013/11/20/opinion/edsall-the-obamacare-crisis.html?pagewanted=1&_r=2&smid=tw-share&&pagewanted=all.
20. Interview with author.
21. Interview with author.

|第八章|

1. Sam Stein, "Robert Draper Book: GOP Anti-Obama Campaign Started Night of Inauguration," *Huffington Post*, April 25, 2012, http://www.huffingtonpost.com/2012/04/25/robert-draper-anti-obama-campaign_n_1452899.html.
2. Ibid.
3. Ibid.
4. "Vote Tallies for Passage of Medicare in 1965," Official Social Security Website, http://www.ssa.gov/history/tally65.html.
5. Alan Abramowitz, "Don't Blame Primary Voters for Polarization," *The Forum: Politics of Presidential Selection* 5, no. 4 (2008), http://www.themonkeycage.org/wp-content/uploads/2008/01/Abramowitz.Primary.Voters.pdf.
6. David Schoetz, "David Frum on GOP: Now We Work for Fox," ABCNews, March23, 2010, http://abcnews.go.com/blogs/headlines/2010/03/david-frum-on-gop-now-we-work-for-fox/.
7. "Q3 2013 Cable News Ratings: Fox #1 Overall, MSNBC #2 in Primetime, CNN #2 in Total Day," *Mediate*, Oct. 2, 2013, http://www.mediaite.com/tv/q3-2013-cable-news-ratings-fox-1-overall-msnbc-2-in-primetime-cnn-2-in-total-day/.
8. Abramowitz, "Don't Blame Primary Voters for Polarization."
9. "Polarized or Sorted? Just What's Wrong with Our Politics, Anyway?"*American Interest*, March 11, 2013, http://www.the-american-interest.com/article.cfm?piece=1393.
10. Interview with the author.
11. Kevin Drum, "You Hate Me, Now with a Colorful Chart!" *Mother Jones*, Sept 26,2012, http://www.motherjones.com/kevin-drum/2012/09/you-hate-me-now-colorful-chart.
12. Steven Pearlstein, "Turned off from Politics? That's Exactly What the Politicians Want," *The Washington Post*, April 20, 2012, http://www.washing tonpost.com/opinions/turned-off-from-politics-thats-exactly-what-the-politicians-want/2012/04/20/gIQAffxKWT_story.html.
13. Alex C. Madrigal, "When the Nerds Go Marching In," *The Atlantic*, Nov. 16, 2012. http://www.theatlantic.com/technology/archive/2012/11/when-the-nerds-go-marching-in/265325/?single_page=true.
14. Michael Scherer, "How Obama's Data Crunchers Helped Him Win," *Time*, Nov. 8, 2012, http://www.cnn.com/2012/11/07/tech/web/obama-campaign-tech-team/index.html.
15. Madrigal, "When Nerds Go Marching In."
16. Tom Agan, "Silent Marketing: Micro-Targeting," a Penn, Schoen, and Berland Associates

White Paper, http://www.wpp.com/wpp/marketing/reportsstudies/silentmarketing/.

17. Interview with author.
18. Schoetz, "David Frum on GOP."
19. Nicholas Confessore, "Groups Mobilize to Aid Democrats in '14 Data Arms Race," *New York Times*, http://www.nytimes.com/2013/11/15/us/politics/groups-mobilize-to-aid-democrats.html?hp=&adxnnl=1&adxnnlx=1384974279-yMZXrvK1b5WLU7mXxrJ6yg.
20. "Data Points: Presidential Campaign Spending," *U.S. News & World Report*, http://www.usnews.com/opinion/articles/2008/10/21/data-points-presidential-campaign-spending.
21. David Knowles, "U.S. Senate Seat Now Costs $10.5 Million to Win, on Average, while U.S. House Seat Costs $1.7 Million New Analysis of FEC Data Shows," (New York) *Daily News*, http://www.nydailynews.com/news/politics/cost-u-s-senate-seat-10-5-million-article-1.1285491.
22. "The Cost of Winning an Election, 1986–2012," table, http://www.cfinst.org/pdf/vital/VitalStats_t1.pdf.
23. "The Money behind the Elections," OpenSecrets, http://www.opensecrets.org/bigpicture/.
24. Alan Abramowitz, Brad Alexander, and Matthew Gunning, "Incumbency, Redistricting, and the Decline of Competition in U.S. House Elections," *Journal of Politics* 68, no. 1 (Feb. 2006): 75–88, http://www.stat.columbia.edu/~gelman/stuff_for_blog/JOParticle.pdf.
25. Cited in A. Lioz, "Breaking the Vicious Cycle: How the Supreme Court Helped Create the Inequality Era and Why a New Jurisprudence Must Lead Us Out," *Seton Hall Law Review* 43, no. 4, Symposium: The Changing Landscape of Election Law, Nov 1, 2013.
26. Sabrina Siddiqui, "Call Time for Congress Shows How Fundraising Dominates Bleak Work Life," *Huffington Post*, Jan. 8, 2013, http://www.huffingtonpost.com/2013/01/08/call-time-congressional-fundraising_n_2427291.html.
27. "Tom Perriello: President & CEO of the Center for American Progress Action Fund, Counselor to the Center for American Progress," staff bio, http:// www.americanprogress.org/about/staff/perriello-tom/bio/.
28. Interview with author.
29. "Finance/Insurance/Real Estate Long-Term Contribution Funds," graph, http://www.opensecrets.org/industries/totals.php?cycle=2014&ind=F.
30. "Ideology/Single-Issue: Long-Term Contribution Trends," graph, OpenSecrets, http://www.opensecrets.org/industries/totals.php?cycle= 2014&ind=Q.
31. Patrick Basham, "It's the Spending, Stupid! Understanding Campaign Finance in the Big-Government Era," Cato Institute Briefing Paper No. 64, July 18, 2001, http://www.cato.org/sites/cato.org/files/pubs/pdf/bp64.pdf.

32. "Ranked Sectors," table, OpenSecrets, http://www.opensecrets.org/lobby/top.php?showYear=2012&indexType=c.
33. Eric Lipton, "For Freshman in the House, Seats of Plenty," *New York Times*, Aug. 10, 2013, http://www.nytimes.com/2013/08/11/us/politics/for-freshmen-in-the-house-seats-of-plenty.html.
34. Ibid.
35. Jeffrey Rosen, "Citizens United v. FEC Decision Proves Justice Is Blind— Politically," *The New York Times*, Jan. 25, 2012, http://www.politico.com/news/stories/0112/71961.html.
36. Ibid.
37. Peter Beinart, "The Rise of the New New Left," *The Daily Beast*, Sept. 12, 2013, http://www.thedailybeast.com/articles/2013/09/12/the-rise-of-the-new-new-left.html.
38. "Man and Woman of the Year: The Middle Americans," *Time*, Jan. 5, 1970, http://www.time.com/time/subscriber/printout/0,8816,943113,00.html.
39. Clifford Cobb, Ted Halstead, and Jonathan Rowe, "If the GDP Is Up, Why Is America Down?" *The Atlantic*, Oct. 1995, http://www.theatlantic.com/past/politics/ecbig/gdp.htm.
40. Beinart, "The Rise of the New Left.
41. Kathleen Parker, "A Brave New Centrist World," *The Washington Post*, Oct 15, 2103, http://www.washingtonpost.com/opinions/kathleen-parker-a-brave-new-centrist-world/2013/10/15/ea5f5bc6-35c9-11e3-be86-6aeaa439845b_story.html.
42. E. J. Dionne, *Our Divided Political Heart: The Battle for the American Idea in an Age of Discontent*: (New York: Bloomsbury, 2012), p. 270.

|第九章|

1. Book 1, chapter 8, http://econlib.org/library/Smith/smWN3.html#I.8.35.
2. Book 2, chapter 2, http://econlib.org/library/Smith/smWN7.html#II.2.94.
3. "The Real Adam Smith Problem: How to Live Well in Commercial Society," *The Philosopher's Beard* (blog), Sept. 12, 2013, http://www.philosophersbeard.org/2013/09/the-real-adam-smith-problem-how-to-live.html.
4. Peter S. Goodman, "Emphasis on Growth Is Called Misguided," *New York Times*, Sept 22, 2009, http://www.nytimes.com/2009/09/23/business/economy/23gdp.html?ref=business&_r=0.
5. Herman E. Daly, "A Steady-State Economy," text delivered to UK Sustainable Development Commission, April 24, 2008.
6. Bill McKibben, "Breaking the Growth Habit," *Scientific American*, April 2010, http://

www.scientificamerican.com/article.cfm?id=breaking-the-growth-habit&print=true.

7. Coral Davenport, "Industry Awakens to Threat of Climate Change," *New York Times*, Jan. 23, 2014, http://www.nytimes.com/2014/01/24/science/earth/threat-to-bottom-line-spurs-action-on-climate.html?hp.
8. Goodman, "Emphasis on Growth Is Called Misguided."
9. Gregg D. Polsky and Andrew C. W. Lund, "Can Executive Compensation Reform Cure Short-Termism."
10. Susanne Craig, "Cuomo, Frank Seek to Link Executive Pay, Performance," *Wall Street Journal*, March 13, 2009, http://online.wsj.com/news/articles/SB123690181841413405?mg=reno64-wsj&url=http%3A%2F%2Fonline.wsj.com%2Farticle%2FSB123690181841413405.html#mod=testMod.
11. Gretchen Morgenson, "An Unstoppable Climb in C.E.O. Pay," *New York Times*, June 29, 2013, http://www.nytimes.com/2013/06/30/business/an-unstoppable-climb-in-ceo-pay.html?pagewanted=all.
12. Diane Stafford, "High CEO Pay Doesn't Mean High Performance, Report Says," *Kansas City Star*, Aug. 28, 2013, http://www.kansascity.com/2013/08/28/4440246/high-ceo-pay-doesnt-mean-high.html.
13. Brian Montopoli, "Ronald Reagan Myth Doesn't Square with Reality," CBSNews, Feb. 4, 2011, http://www.cbsnews.com/news/ronald-reagan-myth-doesnt-square-with-reality/.
14. Peter Beinart, "The Republicans' Reagan Amnesia," *The Daily Beast*, Feb. 1, 2010, http://www.thedailybeast.com/articles/2010/02/01/the-republicans-reagan-amnesia.html.
15. Richard W. Fisher, "Ending 'Too Big to Fail."
16. Evan Pérez, "First on CNN: Regulator Warned against JPMorgan Charges," CNN, Jan. 9, 2014, http://www.cnn.com/2014/01/07/politics/jpmorgan-chase-regulators-prosecutors/.
17. Fisher, "Ending 'Too Big to Fail.' "
18. George F. Will, "Time to Break Up the Big Banks," *Washington Post*, Feb. 9, 2013, http://www.washingtonpost.com/opinions/george-will-break-up-the-big-banks/2013/02/08/2379498a-714e-11e2-8b8d-e0b59a1b8e2a_story.html.
19. Fisher, "Ending 'Too Big to Fail.' "
20. Communication with author.
21. Liz Benjamin, "What Would Cuomo Do to Get Public Financing?" *Capital New York*, Jan. 20, 2014, http://www.capitalnewyork.com/article/albany/2014/01/8539039/what-would-cuomo-do-get-public-financing.

22. Liz Kennedy, “Citizens Actually United: The Bi-Partisan Opposition to Corporate Political Spending and Support for Common Sense Reform,” Demos, Oct. 25, 2012, http://www.demos.org/publication/citizens-actually-united-bi-partisan-opposition-corporate-political-spending-and-support.
23. Chris Myers, “Conservatism and Campaign Finance Reform: The Two Aren’t Mutually Exclusive,” *RedState*, April 24, 2012, http://www.redstate.com/clmyers/2013/04/24/conservatism-and-campaign-finance-reform/.
24. David Brooks, “The Opportunity Coalition,” *The New York Times*, Jan 30, 2014.
25. “2013 Report Card for America’s Infrastructure,” American Society of Civil Engineers, http://www.infrastructurereportcard.org/.
26. In Robert Frank, *The Darmn Economy: Liberty, Competition, and Common Good.*
27. Brooks, “The Opportunity Coalition.”

